谨以此书敬献给唐纳德·沃斯特(Donald Worster)及其夫人贝芙·沃斯特(Bev Worster)。

添富书库
CUAM COLLECTION

汇添富基金·世界资本经典译丛

黑　金

世界石油政治经济史

布莱恩·C. 布莱克
(Brian C. Black) 著

阿德莱德·朱莹
(Adelaide Ying Zhu) 译

上海财经大学出版社

图书在版编目(CIP)数据

黑金:世界石油政治经济史/(美)布莱恩·C. 布莱克(Brian C. Black)著;阿德莱德·朱莹译. —上海:上海财经大学出版社,2023.1
(汇添富基金·世界资本经典译丛)
书名原文:Crude Reality:Petroleum in World History
ISBN 978-7-5642-4077-6/F·4077

Ⅰ.①黑… Ⅱ.①布… ②阿… Ⅲ.①石油工业-工业史 世界
Ⅳ.①F416.22

中国版本图书馆CIP数据核字(2022)第200275号

图字:09—2021—0926号
Crude Reality:Petroleum in World History
Brian C. Black

□ 责任编辑 李成军
□ 封面设计 南房间

黑 金
世界石油政治经济史

布莱恩·C. 布莱克
(Brian C. Black) 著

阿德莱德·朱莹
(Adelaide Ying Zhu) 译

上海财经大学出版社出版发行
(上海市中山北一路369号 邮编200083)
网 址:http://www.sufep.com
电子邮箱:webmaster @ sufep.com
全国新华书店经销
上海叶大印务发展有限公司印刷装订
2023年1月第1版 2023年1月第1次印刷

787mm×1092mm 1/16 17.25印张(插页:2) 290千字
定价:86.00元

总 序

书犹药也，善读之可以医愚。投资行业从不乏聪敏之人，但是增智开慧乃至明心见性才是成长为优秀投资人的不二法门，读书无疑是学习提升的最佳方式。

常有人说投资是终身职业，但我认为投资更需要终身学习。很多人投资入门多年，依然不得其道；终日逡巡于“牛拉车不动，是打车还是打牛”的困境，不得要领。从业多年，我接触过太多这样的投资人士，个中缘由不尽相同，但有一点却非常普遍：或是长期疏于学习，或是踏入“学而不思则罔”的陷阱。

我认为，学习大致有三个层次，亦是三重境界：

第一重是增加知识，拓展基础的能力圈。着眼点是扩大个人对于客观世界的认知积累，这是大多数人的学习常态，这一重固然重要却不是学习的本质。

第二重是提高逻辑，改进个人的认知框架。达到这一境界，已经可以将刻板知识灵活运用，但仍然仅可解释过去却无法指向未来。

第三重是强化洞见，思考从个人出发，无视繁复的信息噪声干扰，穿透过去、现在和未来，最终开始正确地指导现实世界。在这一境界，学习已不只是追求知识，更是追求“知识的知识”。这是无数积累之后的茅塞顿开，更是质量互变之际的醍醐灌顶，不断思考感悟尤为重要。

书籍浩如烟海，书中智慧灿若繁星，而若能由自己抽丝剥茧得到“知识的知识”，将会终身受益。二十多年前，我还是一名上海财经大学的普通学生，对投资有着浓厚的兴趣，可惜国内的投资业刚刚起步，相关资料远没有今天互联网时代这样发达，此时财大的图书馆像是一个巨大的宝库，收藏着大量有关投资的英文原版书籍。我一头扎进了书丛，如饥似渴地阅读了许多经典，通过这一扇扇大门，我对西方资本市场发展窥斑见豹，其中提炼出的有关投资理念、流程、方法的内容潜移默化地影响并塑造了日后的我。时至今日，常有关心汇添富的朋友问起，为什么根植于国内市场的汇添富，投资原则和方法与外资机构如此类似？我想多少应该与我当年的这段经历有关。

今天，我依然非常感恩这段时光，也深深地明白：那些看过的书、走过的路对一个人的人生轨迹会产生多大的影响，特别是在以人才为核心的基金投资行业。今年恰逢中国基金行业二十周年，二十年斗转星移，正是各路英杰风雨兼程、夙兴夜寐才有了今天的局面，汇添富基金是见证者，也有幸参与其中。这些年，我总试图在汇添富重现当年我学生时的氛围，鼓励同事们有空多读书、读好书、好读书。在此，奉上“汇添富基金・世界资本经典译丛”以飨读者，希望大家能够如当年懵懂的我一般幸运：无论外界如何变化，我们都可以不断提升进化自己。

是以为序。

张　晖

汇添富基金管理股份有限公司总经理

2018 年 12 月

致 谢

在环境史领域,很少有人会努力追溯过去30年里少数几位出类拔萃的学者的作品。在此,我特别幸运地说,我的作品获益于唐纳德·沃斯特的著述,并且承蒙他亲自指点。对于我们这些从唐纳德的慷慨和才智中受益的人来说,同时也应该感谢其夫人贝芙·沃斯特。正是他们一道帮助并激励了年轻的史学研究者。因此,谨将此书敬献给唐纳德和贝芙两人,他们的辛勤工作成就了我们。

这份手稿的编写同时得益于我的学生、我的同事,感谢他们默默无闻的付出。他们是亚当·罗蒙(Adam Rome)、约翰·麦克尼尔(John McNeill)、比尔·柏曼(Bill Bowman)、泰·普莱斯特(Ty Priest)、大卫·奈(David Nye)、埃德·雷弗里(Ed Levri)、焦耳·塔尔(Joel Tarr)和马蒂·梅洛西(Marty Melosi)。近年来,许多人都努力拓宽史学家对能源的思考,特别是对全球范围的能源反思。在此,还要特别感谢理查德·塔克(Richard Tucker),正是他的帮助让我最终完成了手稿。

另外,感谢苏珊·麦凯克伦(Susan McEachern)的辛勤工作以及出版社的每一个人,还有我的母校宾夕法尼亚州立大学阿尔图纳(Altoona)分校的老师和同学——托德·戴维斯(Todd Davis)、肯·沃马克(Ken Womack)、卡洛琳·玛翰(Carolyn Mahan)、伊恩·马歇尔(Ian Marshall)等。感谢母校始终为我提供一个教学、写作和学习的圣地。鸣谢克里斯(Chris)、本(Ben)和山姆(Sam)对书中数据的处理工作!

最后要说，每次看到这本书，我就会想起于2007年去世的拉斯维加斯大学的历史学家哈尔·罗斯曼(Hal Rothman)。感谢他毫无保留地向我提供了全面认识问题的背景和视角的方法。20世纪90年代末，我们开车接近阿拉斯加的安克雷奇(Anchorage)时，他转向我说道："要知道，你应该一直做石油方面的史学研究专家，继续写关于石油的文章。"那时，我写完《石油简史》并且准备转向其他不那么棘手的题目。我为过早地失去了哈尔感到遗憾，然而，我很幸运，最终听取了他睿智的建议。

前言

人类与石油的现代关系的核心特征是供给的密切依赖。石油曾经非常便宜，一桶原油只要几美元。人类不仅把石油用作燃料，而且用它简化了从牙膏到水瓶等日常产品的生产。这些产品大多是我们最初在没有石油的情况下生产的，但廉价的石油使它们变得更便宜。换句话说，人类在寻找使石油在日常生活中更加不可或缺的方法。

20 世纪后期，由于种种原因，油价模式发生了转变，石油价格飙升，依赖石油的国家发现自己受制于新的世界秩序。这是目前人类面对的残酷现实。

对原油持续的巨大需求，使其地位从纯粹的资源上升为有能力塑造一种完美生活方式、一种文化的主角。这本书就是讲述人类石油文化构建的故事。如今，大多数国家的民众都生存在这样的“石油生态”：如果没有石油，人类这一物种的基本需求将无法满足，也无法开展生存和发展所需的各种活动。然而，“石油生态”并不是局限于对石油的使用，也包括使用后的影响和问题。全面认识这一问题可以为人类创造更理性的能源未来提供最大的希望。

我们必须了解人类生活与石油相关的历史，这些故事主要发生在 20 世纪和 21 世纪，就发生在我们的周围。对石油的依赖使得人类的需求与有限的石油供给不可避免地发生冲突。仅仅通过每天的新闻，人们就会看到戏剧性的能源转变。这一切可能会以头条新闻的形式宣布“中国将成为可替代能源领域的世界领导者”或者“石油价格升至每桶 100 美元以上，还没有结束的迹象”或者“对

2010年的墨西哥湾漏油事件，英国石油公司被发现有过失行为”。由石油生态所产生的大规模问题，如气候变化，也可能以改变天气模式或升高海平面的形式来定义人类的未来。然而，人类从原油现实中得到的教训可能来自那些与石油似乎无关的事件的叙述。

例如，阿富汗的新闻报道，“美国将军斯坦利·麦克里斯托尔(Stanley McChrystal)蹚过齐膝高的水去查看被炸黑的北约油罐车。当时，一架美国F-15E‘攻击鹰’战机在阿富汗北部昆都士省主城外几公里的地方向油罐车投下两枚500磅(225公斤)重的炸弹”。[1] 这类油罐对阿富汗战争和领土占领至关重要，很容易成为敌视美国和北约部队的塔利班同党劫持的目标。塔利班袭击燃料供给车队，是为了破坏美军的围剿行动，美军试图通过袭击已知的塔利班集会或其隐秘的游击队员来削弱塔利班。在这一天，塔利班和北约部队的计划都彻底失败了。报道继续：

> 随行记者看到大约12个黄色小油罐在爆炸中幸存下来。有几罐仍然装满了燃料。北约调查小组飞越了昆都士河的上空，美军飞机在德国军方的呼叫下轰炸了当地的油罐车，据报道，这些油罐车在试图过河时被卡住了。德国军官说，塔利班劫持了装载着来自邻国塔吉克斯坦的北约燃料供给的这些油罐，可能计划用油罐对昆都士基地附近的军事基地发动自杀式袭击。

计划用于悍马装甲车的这些汽油意味着军事占领的扩大。现在这些废弃的原油被袭击者遗弃，成了当地居民的战利品，他们把这些油舀进小塑料容器里，不是为世人皆知的强大的武器装备提供动力，而是一升两升地倒入居民家里的加热器、灯或炉子里。但为防止燃油落入塔利班手中，一架美国轰炸机误杀了70名拾荒者。

这一航拍的悲剧镜头无意中捕捉到了人类与石油的多方面关系，暗示了人类现代世界对石油的使用和需求的复杂性。本书提供了一些帮助我们解读2012年充斥着世界的复杂事件的背景资料。这些背景资料将帮助我们更好地

---

[1] “US General: Afghan Civilians Wounded at Bomb Site,” *Associated Press*, September 6, 2009.

实现摆脱石油这一挑战性的能源转型。

能源转型的第一步是人类已经认识到石油是地球经历了许多地质年代创造的有机物。在对这一点的相当长的认知中，原油起初只不过被看作某种从地球流出来干扰人类活动的废矿物，例如干扰了农作物的耕种，污染了周边的水源。[1]最初看，超越石油不会非常困难，然而，现在人类已经陷入与原油复杂多维的依赖关系中。

目前，全球人类每天使用 8.5 万桶原油(即 85TBPD)。美国是最大的原油消费国，每天消耗超过 1.9 万桶原油，其中将近 1.1 万桶原油是进口的，而在总消耗中大约 1.3 万桶用于运输。[2] 在石油总消费量方面，中国是世界上唯一一个接近日均 8 000 桶的国家，不到美国消费量的一半。表 0.1 显示十大石油消费国之间的巨大差异。[3]

表 0.1　各国石油消费

国家	日均消费(桶)
美国	19 498
中国	7 831
日本	4 785
印度	2 962
俄罗斯	2 916
德国	2 569
巴西	2 485
沙特阿拉伯	2 376
加拿大	2 261
韩国	2 175

〔1〕 1968 年，当生态学家加勒特·哈丁(Garrett Hardin)在《科学》(*Science*)发表《公共悲剧》[The Tragedy of the Common, *Science* 162 (1968): 1243—48]时，他说的并不是石油，然而，他使用"悲剧"一词的希腊语的本初含义，非常适用于我们与原油之间的现实关系。

〔2〕 U. S. Energy Information Administration, Annual Energy Review 2009: Petroleum, Figure 5. 1. Available at 205. 254. 135. 24/totalenergy/data/annual/index. cfm.

〔3〕 最新数据：从 2011 年至 2020 年，中国石油炼制产量逐年上升，2020 年中国石油炼制超过美国，每天炼制 50 万桶，数据来源于美国能源信息署网站(https://www. eia. gov/todayinenergy/detail. php? id=47296)。中国是世界第一石油进口大国，2020 年中国能源消耗总量达 49. 4 亿吨，信息和数据来源于中国国家统计局网站(http://search. news. cn/mb/sitesenergy)。——译者注

资料来源:美国能源信息署(USEIA)。

如果将表 0.1 的数据用饼状图显示,就更加一目了然,如图 0.1 所示。

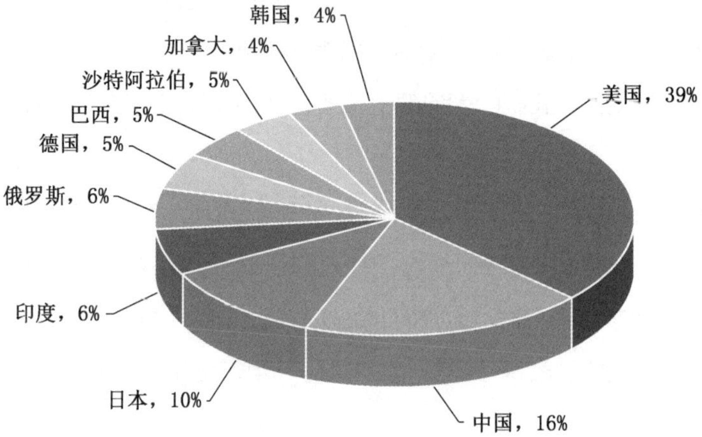

资料来源:美国能源信息署。

图 0.1　2009 年各国石油消费百分比

各国对原油依赖的悬殊源于大多数西方国家令人不安的历史现实,尤其是美国。在早期,对石油的那种依赖其实是可选项,然而,在经历了一个世纪的不明就里的幸福后,这种依赖变得难以摆脱,石油的未来已然成为需要用数学小心求证的问题。对已知石油世界储量的认识可以让数学家估算出世界原油产量的最高点(称为"石油峰值")很可能在我们这一代人的有生之年到来。这一事件可能不是由既自以为是的政治领袖和动辄上街游行的在校生所划分的事件,完全不被注意,然而,它发生了。后人回顾历史方可定义。其实,无论是历史上 2004 年的高点,还是未来 2112 年的高点,原油时代的终结已是彰明较著。

石油消费国所面临的具有讽刺意味的进退维谷的处境由来已久。在过去的一个世纪里,民众认为石油的供应理所当然,这更符合政府、君主制国家和跨国公司的最大利益。在许多国家,人们盲目地认为石油可以轻而易举地获得,这催发了经济的巨大繁荣。历史学家常常与政治经济界串通一气,在对历史的叙述中忽略事物的复杂性,然而,为社会发展提供必不可少的血液的石油经济其实是一个复杂的体系。历史需要被正视。

我们需要知道我们应该如何面对石油现实。

目录

第三部　石油主导的全球化(1960年至今)

第四部　生活在能源有限与能源转型的时代(1980年至今)

开篇:黑稠一摊——登场时其貌不扬

21 世纪初,阿富汗的军政要员深知必须用石油赢得胜利。而他们的对手同样意识到这一必要性,采取了切断石油供给的军事战略。当地居民意外地发现,这一原本无法拥有也无法获得的资源原来有如此巨大的利用价值。石油在现代世界中的角色定位展示了现代工业的显著特征之一:石油消费与石油生产的分离。

石油消费者对石油的勘探定位、收集加工和分销这些环节中的困难几乎一无所知。在一个半世纪的时间里,石油行业其实一直尽力让消费者免受这些细节的影响。而消费者也忘记了石油作为资源的一个最基本的事实,那就是作为一种有机物,石油是自然的产物,出现了,用完了,就没了。

本书以石油是地球地质运动的产物,而且是有限的作为开篇。虽然这似乎是显而易见的,但是当前人类社会的石油文化生态似乎是基于与之相反的假设。从 1859 年第一口油井开采至今,我们一直在消耗原油资源——想象一下你汽车油泵的计数器,从接近 3 万亿桶的起点下跌。一个半世纪过去了,石油仍然是石油,是天地造化生成的有机物,但是石油的用途变化无穷。特别是在 20 世纪,随着人类对原油的使用变得只取决人类的需求,人类对石油的使用完全从自然系统的限制中抽象出来。所以,要想正确理解石油在人类社会传奇般的影响,我们必须首先超越繁荣与萧条、战争与地缘政治的神话,从认识与理解原油的自然特性和事实着手。

从一开始，地质学家就知道每一加仑汽油都来自地表下经历数千年的紧密挤压而后又碎裂了的植物。生成一加仑汽油大约需要 90 吨植物，相当于 40 英亩小麦（不仅包括种子，还包括茎、叶、根，整个植株）。当这种资源作为能源使用时，石油改变了人们的日常生活，改变了社会的文化。石油整体地、深刻地塑造了现代生活，可以说发达国家的民众生活在石油文化中，生活在由石油构建，并且由石油确保运行的网络中。

在过去的 100 年里，石油扮演了一系列复杂的角色，成为执行任务的能源，否则我们的世界不可能是今天的样子；提供了形成可持续数千年或可供应数千年的化合物和材料的化学基础，作为国与国之间经济和政治福祉的交换筹码。石油不仅在宏观层面上重要，在生活琐事的微观层面上也发挥作用，例如，割草机里的一加仑汽油，可能在一个小时内就用完，地球经历无数个世纪形成的产物，就这样在一畦绿草长短变化的一瞬间化为乌有。[1] 人类生活在一个独特的十字路口，那种认为石油文化是理所当然的想法已成往事，然而，日常生活中的很多事情让人类无力扭转这一文化。尽管如此，人类也许可以带着对石油自然属性的充分理解，重塑人类的自我认知，以开启石油文化新的境界。

作为一种有机物，石油的产生很简单。在地球 45 亿年的历史中，地壳板块的运动和地表水、地下水的增减决定了石油的形成过程。各种生物依赖这些水源繁衍生息。数量最多的可能是硅藻，这是一种半植物半动物的生物，通过自我分裂繁殖，可以休眠几个世纪。硅藻玻璃状的外壳沉入水底，与死鱼和其他生物的骨头和牙齿聚集在一起。经过几个世纪，这种有机物质形成了一种物质，地质学家称之为“碳酸盐软泥”。[2] 由于受到强烈挤压，这一“碳酸盐软泥”中的碳实际上呈现各种各样的形式：变成化石，形成更多的固体矿物（如煤）；以气体形式存在（如天然气）；或者变成液体（即石油）。在超过 1 000 万年的时间里，这些固体、气体和液体形态与浮游生物结合，形成了富碳黏液——碳泥，这就是石油的祖先，而后这些碳泥又与火山喷发出的其他元素结合形成石油。

当这些碳泥与疏水的氢熔合时，包含原油、天然气和煤等在内的碳氢化合物

---

〔1〕 Alfred Crosby, *Children of the Sun: A History of Mankind's Unappeasable Appetite for Energy* (New York: Norton, 2006), p. 60—62.

〔2〕 Sonia Shah, *Crude: The Story of Oil* (New York: Seven Stories Press, 2004), xiii.

就产生了。科普作家索尼娅·沙(Sonia Shah)这样解释道：

> 一个碳原子加上几个氢原子就是甲烷，这种质量很轻的气体。三个碳原子构成的碳链是丙烷；四个碳原子组成的碳链是丁烷。由八个碳原子组成的碳链是辛烷。随着碳链和碳环变得越来越长，它们彼此之间的粘附性也越来越强。碳氢化合物变得更稠。30个碳链是蜡质的；炼油厂通过化工反应胶合出更长的碳链来制造塑料。[1]

浮游生物生活在水里，外壳由一层碳氢分子组成的膜包裹。经过数百万年，这些生物的尸体在水体底部形成了深棕色乃至黑色的岩石。一经掩埋，这些堆积的残片在地下被加热(80℃～85℃)，然后慢慢分裂成更轻、结构更紧凑的碳氢化合物。如果被埋得更深，地下热能就会改变其性质，形成各种类型的碳氢化合物。地球上大约五分之一的碳以这种方式被掩埋。[2] 这一堆黏稠物通常被一个厚重的岩石像帽子一样盖住，固定在原地。

以这种形式存在的石油和其他化石燃料是地球上最大的秘密之一。由于不容易被识别，石油基本上没有受到地球物种的干扰。即使是人类，也是在与石油共存很久才开始释放它的能量，让其在人类生活中发挥作用。虽然在早期人类知道原油在哪儿，但当时人们更感兴趣的是那些能满足人类最直接需求的东西。那时，在多数情况下，从地下渗出的原油只是一种阻碍。

本书讲述的是人类对原油价值观的转变——从本质上说，是当下石油文化的构建。人类对石油用途的认识起初很微妙，范围非常有限。然而，正是从开始微不足道的一点出发，层出不穷的新用途以及后续的影响不断向外辐射，在人类的作用下，创造了一波又一波的变换浪潮。可以说，几乎没有哪种资源对人类的生活方式有类似石油这样的影响——构成人类生活的整个文化。随着原油的用途在人类生活中日益广泛和重要，其影响已然跨越了政治边界，进而改变人类这一物种的特征。为了将这些影响分类，我用"石油文化"这一术语，在这一语境下，关系网络螺旋式向外延展，不断地构成额外的连接与联系，而这些连接与联系始于人类对原油最初的简单需求。总之，这一复杂的蛛网以及中间的相互关系勾勒出人类生活与石油之间千丝万缕、相互关联的画像。

石油文化在过去150年里扩大了对人类生活的影响，这是一个动态的范

---

〔1〕 Sonia Shah, *Crude*: *The Story of Oil* (New York: Seven Stories Press, 2004), xv.

〔2〕 Ibid., xvi.

畴——那些展示了人类与石油之间盘根错节的关联的蛛网是自然而然产生的。虽然这种文化包含了对原油的获取和开采，但重点是在获取石油后，不同的人类社会如何使用它。因此，这种文化包括政治、消费、农业、生态影响和法律法规，以及意识形态和伦理等较为模糊的范畴。这一文化的许多结果是人类有意而为之的，然而，还有许多其他的结果显然是无意间造成的，甚至是不想要的。当考虑到石油文化的影响(包括空气污染、河流污染和全球变暖)时，很明显，人类对石油的依赖已经影响了地球维持人类当前生活模式的能力。这些成本和影响与石油文化的元素相结合，形成了一个更大的石油使用世界——一个原油生态系统，在这个生态系统中，反馈循环使人类清楚地认识到对石油依赖的后果。

特别是在 20 世纪，石油文化重新校准了全球经济和政治权力，以及不同社会生活的基本标准。当然，石油文化也造成了国家之间和社会之间的巨大不平等。我探索这些趋势的同时也将为读者提供一个模板，用来分析当前的事件。无论你坐在何处阅读这本书，你都是石油文化的一员，也是石油文化产品的消费者。

通过能源扩展人类的可能性

在大约四万年的生存史中，人类与自然界建立了日益复杂的关系；然而，基本的构建模块是从鸿蒙伊始就保持一致的。从一开始，人类就参与了地球运动的基本过程，即能量循环。石油的故事——本书的主题——只是历史学家最终将人类历史归类为“碳氢纪”的一个部分。

这一“碳氢纪”始于 18 世纪初，在此之前的几千年里，人类以各种创造性的方式从太阳那里获取能量。人类的身体是第一个将光合作用转化为产品的设备，并且，很快就使用了动物来替代自己劳动。在生物体利用太阳能量的时代，每一源自太阳热量而诞生的“产物”也都利用太阳的能量劳作。当然，农业经历了不同的时代，对世界许多地区的生态可持续性逐渐产生严重的影响；然而，以本书的视角看，农业从未失去它给人类这一物种带来的基本力量——对世界的控制力。

虽然风力和水力等主要能源为大规模扩张提供了极小的机会，但它们仍然成倍地增强了人类的能力。这种变化是如此之大，以至于历史学家将工业革命归类为人类生活中的下一个重大转变，然而，与农业革命不同的是，工业革命显然源自利用能源方面的深刻的新思想。起始于1300—1500年，工业文明的早期阶段明显不同于当人类开始利用被历史学家阿尔弗雷德·R. 克罗斯拜(Alfred Crosby)称作“化石阳光”的能源物质的时期。[1] 事实上，工业文明早期的大部分时间人类都是与可再生能源打交道，即与生物体利用太阳能量最相关。因此，一些历史学家把工业革命单独列出作为人类文明进入那个随后被称为“大变革”时期的标识，这一时期包括各种技术腾飞的时刻。

源于“对自然资源做到物尽其用”的考量，“大变革”之后，人类文明中的工业发展便开始大量使用化石燃料提供动力。[2] 英国的工业化进程是以水力来推动，但是在18世纪托马斯·纽科门(Thomas Newcomen)和詹姆斯·瓦特(James Watt)以蒸汽机推动工业化进程的时候，所使用的近乎无限的动力依赖的正是从化石燃料煤中获得的能量。从对煤的利用开始，伴随大变革而来的新兴工业席卷了英国和欧洲大部分地区的城市。到了19世纪中期，美国利用燃煤这一手段悄然将本国的经济增长有机地与人类文明的发展结合起来，同时也使其在世界上储量居首位的无烟煤发挥出最大优势。工厂使用以煤为动力的蒸汽发电机来执行无数的任务。同样的蒸汽机被安装在车轮上，并被用作支持美国19世纪晚期经济扩张的交通运输的基础。到了19世纪末，美国和欧洲的发明家使用同一种原动力创造了迄今为止最灵活的能源形式：电。人类生活中的每一种显著变化几乎都是发生在工业革命时代。

在这个工业化的时代，不同的文化强调不同的能量来源，并创造了子类别。历史学家约翰·R. 麦克尼尔(John R. McNeill)将人类生活的这种结构特征称为每个社会的“能量体系”。麦克尼尔将这种体系定义为“一系列安排的集合，即能量从太阳(或铀原子)采集、归向、储存、购买、出售、用于工作或浪费，并最终耗散”。[3] 因此，在每一社会中，人类使用和管理用于发电的自然资源所凭据的理念具有广泛的影响。通常情况下，这些模式及其影响形成了那些将一种人类社会与另一种人类社会区分开来的特征，这些特征甚至可能将参与同一能量体系

---

〔1〕 Sonia Shah, *Crude: The Story of Oil* (New York: Seven Stories Press, 2004), p. 59.

〔2〕 Ibid., p. 110.

〔3〕 John R. McNeil, *Something New under the Sun: An Environmental History of the Twentieth-Century World* (New York: Norton, 2000), p. 298.

的不同文化区分开来。

无论哪种能源完成了这一事业，工业革命都被一种发展的哲学所定义，而这一哲学理念影响了西方世界，尤其是欧洲。欧洲人为验证其民主思想所建立的国家——美国，最终为这种新的掌控方式明示了最适宜的土壤，最终突破了大自然对于人类世世代代的限制。推动美国发展的是一种面向所有公民的扩张和发展的意识形态。然而，在全球范围内，这种工业转型——或者说是人类发展道路上的岔路口——将推动一些国家获得难以想象的进步和发展，而将另一些国家远远地抛在了后面。罗伯特·马克斯(Robert Marks)和其他全球历史学家将这些社会之间的裂痕称为“贫富差距”。[1] 虽然这种发展差距在19世纪中期就已经出现了，但新的行为方式和新能源的出现进一步拉大了这一差距，以至于到了20世纪初，两边的国家看起来可能完全没有联系——各自的居民被认为几乎是不同的物种。

能源是扩大人类之间这种差距的关键。麦克尼尔认为，一旦深入工业时代，发达国家的问题就是“在正确的地点和正确的时间获取有用的能源，以满足我们可能希望做的任何事情”。[2] 一些国家比其他国家更好地掌握了这一过程，其经济和政治地位也发生了变化。一些社会把对能源不计成本的使用作为一种文化特征——有人指出其实是一种肆意挥霍。麦克尼尔认为，在19世纪工业扩张期间，世界范围内的能源收益增加了大约5倍，20世纪在此基础上增长了16倍！[3] 他得出以下结论：

> 在人类历史上，没有任何一个世纪——任何一个千年——可以与20世纪在能源使用方面的增长相提并论。自1900年以来，人类使用的能源可能比1900年之前人类历史上使用的能源总和都要多。粗略计算表明，20世纪，全球消耗的能源是公元1900年之前1 000年的10倍。从农业出现到1900年的1 000年间，人们只用了在20世纪里所使用的能源的2/3。[4]

---

[1] Robert Marks, *Origins of the Modern World: A Global and Ecological Narrative* (Lanham, Md.: Rowman and Littlefield, 2007), pp. 2—6.

[2] John R. McNeil, *Something New under the Sun: An Environmental History of the Twentieth-Century World* (New York: Norton, 2000), p. 10.

[3] Ibid., pp. 14—55.

[4] Ibid., pp. 14—15.

尽管现代人类与早期人类仍属同一物种,但是现代许多人已经以全新的方式来使用能源。这种巨大的变化是什么样的呢?在20世纪当我们开始强调当代人类生活的这套观点时,有一个不可辩驳的支撑人类这种高能生存方式的最清晰的公众面孔,那就是石油。

原油的性质和汽油能量

我们大多数人既不是挖掘油井的冒险家,也不是石油地质系的学生,但是我们对原油性质的了解程度却是惊人的。石油的气味、颜色,甚至通常的产地来源,都与我们对原油最清楚的认知——价格——紧密相关,而大多数人认为石油在一定程度上是供应充足的产物。由于我们自身对石油文化的参与——当然参与时通常并未怀有感激的心理和珍视的态度,因此我们对石油的基本了解比对大多数其他资源都要多。其中一些信息来自我们作为石油消费者的亲身体验,另外还有一些知识和教训则颇为微妙地来自新闻对石油的相关播报或来自石油在流行文化中的应用,尤其是故事片。在整本书中我会用许多具体的细节来讲述石油如何在20世纪塑造人类生活的故事,但是同时我也将提到那些帮助我们形成石油文化并向我们灌输有关原油本质的基本知识的电影。

商品化

每一个环境中都存在对生态系统中其他成分具有基本价值的资源。商品具有附加价值,它反映的是从市场中衍生出的价值,而这种市场的实质是在一个更大的贸易或交换体系中对资源价值定价的其他经济实体。石油作为一种资源已经存在了数千年,在19世纪中期发展成为一种商品。由于其用途以及附加到其用途上的价值千变万化,石油作为一种商品的地位一直是动态变化的。而现在,作为一种关键资源,石油影响着发达国家的国家安全,也影响着任何希望缩小差距并成为发达国家一员的国家的安全。

詹姆斯·迪恩(James Dean)在大片《巨人》(Giant)中扮演杰特·林克(Jett Rink),这是他的最后一部电影。《巨人》讲述的是美国西部的一个转型故事,以主人公林克来代表一个转型的世纪,即石油变得越来越有价值从而取代牧场等产业。在一个意味深远的场景中,林克站在极富标识性的旧日美国西部大牧场的走廊上,身上滴着罢工时被淋的石油。简单地说,土地的基本价值已从作为肉类供应源的牧牛的生息之地变成具有一种更高价值的资源的通道。这一刻呈现了一种商品化的行为。这是财富和机遇的愿景,一份跨越文化和世纪的展望。

“捕获规则”以及随后的繁盛

为什么石油的开发方式与其他资源如此不同?要回答这个问题,你只需要回想一下2008年的电影《血色将至》(There Will Be Blood)中的主角丹尼尔·普莱恩维尤(Daniel Plainview)那著名的咆哮:“我喝了你的奶昔。”石油的许多独特故事都源于它作为一种地下液体的存在,尽管各国对其法律地位的处理有所不同。普莱恩维尤宣称,他径直抓住了这样一个事实:作为一种流动资源,石油既不作为其他矿产资源存在,也不适用于现行物权法。虽然大多数政府认为国家对地下权益保有管辖权,但美国和其他一些国家如墨西哥(曾经在较短时期)、南非,允许凭借物质的流动挥发特征以“攫取规则”来决定石油的法律地位。根据这个法律标准,人们有权探入地球攫取石油,而当原油呈现在地球表面,所有权即可适用。因此,谈到原油,总是有竞争!

石油的废物、降解和产物

2009年电影《阿凡达》(Avatar)的背景是在与地球类似的星球——潘多拉星球——上实施采掘,以获取宝贵的超导矿。虽然这是不同的物品,但人类社会寻找矿物的文化与石油文化有着很强的相似性。开采的必然结果是退化,特别是环境退化。此外,石油150年的使用在原油开采和消费过程中产生了大量的不得不处理的废弃物。

我们生活在一个能源转型的时代,在这个时代,人类正试图调整与原油的内在关系——浪费。本书的文化叙述部分既包含能源的浪费,也包含节约用能和资源保护。这里存在一种当人类开始意识到对石油的依赖的代价时所产生的复杂的文化焦虑。

稀缺

对原油资源定位的困难,导致了一种冠之以“繁荣”的文化和社会现象,特别是在20世纪初。资源的稀缺使人们做事超乎寻常，正如1940年的电影《繁荣小镇》(Boom Town)所描述的在世纪之交美国得克萨斯州东部的人们对原油的抢购。影片中演员斯宾塞·特雷西(Spencer Tracy)和克拉克·盖博(Clark Gable)扮演的主人公对社区教堂下发现的石油——这一黑金——的万般可能性异常着迷，他们在教堂里布满的为祷告者祈祷所准备的长凳之间搭起了一个油井铁架台，人们在石油生产的隆隆声中继续生活中的文化活动——出席教堂的礼拜。而这，对于这片油田的居民来说已经变得习以为常。

在一个石油资源稀缺的世界里，必须动用复杂的商业和外交手段以获取石油。在电影《迷中迷》(Syriana)里，美国中央情报局的工作是确保大型石油公司在全球网络中的政治关系，从伊朗到得克萨斯，到西班牙，到华盛顿，到瑞士。美国中央情报局之所以越来越多地介入，是由于中国获得了一个由奥苏巴家族(al-Subaai)统治的王国的原油开采权，该家族此前只与美国合作。在一个复杂的计划安排中，为了获得必要的影响力，中情局完全置实际应用和道德于不顾：政府与大型影子公司合作，以塑造稳定的商业运作和尽职调查的形象。为获取石油资源，至关重要的全球影响力更多的是基于对经济体的影响和控制。随着资源稀缺性的增加，这种影响力的重要性也在增加，而且会通过军事力量来实现。

结论：能源转型

当享受了一个世纪的廉价石油时，人类对石油的依赖并没有引起什么不适。然而，到了21世纪初，却必须接受这样一个事实，即人类正处于一个由石油驱动的文明江河日下的末期。沉迷于短暂而有限的结果后，必须面对原油的基本现实，并由此产生了人类依赖它的悲剧。然而，眼前的现实只是故事的一部分。

多亏了石油，发达国家的民众在20世纪享受了一段奇妙的旅程。现在，石油有限供应的现实常被称作“石油峰值”，这是基于“哈伯特峰值”(Hubbert Peak)的假设，在第八章中将有详细描述。简而言之，现代技术使我们如今能够知道石油储量的程度——位置、规模和深度。基于这些知识，壳牌石油公司研究部的一位石油地质学家在20世纪50年代计算出美国国内石油产量将在20世纪70年代达到峰值。这些计算结果已被证明是正确的，并已应用于全球石油供应的评估。全球石油峰值出现在 2004 年至 2010 年间，然后，人类接下来的生活将在原油供应不断下降的情况下度过。

石油终结的现实为组织构建人类生活提供了一个新的范例。为了恰当地定义人类历史上的下一个时代，人类需要清楚地认识到我们所经历的生活范式——这是一个注定要结束的能源饕餮的狂欢。因此，在这本书的最后几章，读者也会阅读到能源转型的证据。石油峰值的现实与气候变化等概念结合在一起，从根本上重新定义了人类的存在。本书依据原油的本质以及人类与原油之间关系非同寻常的历史，描述了人类生活与原油千丝万缕的联系，并且指出在没有原油供应的未来，人类会遭遇的重重困难。

第一部

文化变迁

（1750—1890年）

基本框架:钻井开挖咸水

钻探原油的前身是钻探盐卤。尽管历史学家认为人类的这一活动可以追溯到5 000年前,但第一个有记录的挖掘的咸水是在大约2 250年前的中国四川。当时,那里开发了一个基于开采盐卤的产业链,把地下的卤水汲到地表,用热蒸发掉水,留下盐。

2 000年前,中国的盐矿工人开始第一次使用冲击式顿钻凿井,最终被称为"凿井"。村民用竹制的钻机,由两个人站在木板上,开凿盐井,钻入地下459英尺(140米)。两个人分别站在木板的两端,轮流向下踩踏。就像跷跷板一样,这一动作使钻杆上升然后下降。钻头冲击岩石,把岩石磨得粉碎。后来,这种实心的竹竿被一种薄、轻、有弹性的竹筒所取代。这大大降低了钻柱的重量,使其更容易从地面提起。到18世纪,四川井的深度通常在984到1 312英尺(300到400米)。1835年,四川境内的燊海井是世界上第一口深度超过3 281英尺(1 000米)的井。相比之下,当时美国最深的井大约是1 641英尺(500米)深。四川制盐工业的中心是自贡市,从那里辐射出大量的竹制管道网络来输送盐卤天然气。

这种钻探盐和水的方法被称为自流井,在18世纪被整个西方世界采用。塞内卡岩石油公司(Seneca Rock Oil Company)寻求从地下获取另一种液体资源的方法时,他们发现凿井的钻探法是必然的选择。

第一章　从黏糊糊的黑到金灿灿的黑

如果一个人想获得石油——纵观人类历史的大部分时间里，这一选择并不是经常发生，那么如何在没有任何设备的情况下采集到石油？

八英尺长，四英尺宽，两英尺深，这一在宾夕法尼亚州西北部的油溪(Oil Creek)平地发现的地表洼陷，在一般人的脑海中可能不会一下子想到这是一块宝地。事实上，当地居民多少代人对这一地理洼陷都熟视无睹，没人知道这些洼地存在的理由和意义。在距离这一洼地几英尺远的地方，隆隆的钻探声应和着世界对原油的喁喁需求，这片山坳就在这片此消彼长的轰鸣声中一时繁荣一时衰落。然而，没有人问起那一片山谷的一处处洼陷。当此地用进废退之后，第一口油井的钻探点就成了德雷克油井博物馆(Drake Well Museum)的所在地，一个露天庭院里面摆满了各个时期使用的各种石油采集工具。例如，有展示给博物馆参观者的早期的石油采集方式——抽水蒸汽机，这种设备在刺耳的嘟嘟声中通过释放出积压的蒸汽作为动力。在博物馆附近，有一些没做标记、也没什么观赏价值的残坑，只有当游客猎奇去博物馆附近步道探险时才能够看见。

对于遗留在这一带的残坑的疑问，当地人猜测——大概是早期人们对这一带自然渗出的石油感兴趣，挖了一些收集槽，让石油自然地逐渐填满。但是，到底是谁想要这些黑乎乎的软泥呢？又用来做什么呢？多年来不断发现的零零散散的文字记载显示,世界各地都有迹象表明:在许多地方,早期人类就已经发现了石油或沥青(一类焦油状的原油)的用途。有鉴于此,专家们把目光投注到了宾夕法尼亚州的泰特斯维尔(Titusville)。最初的调研始于 20 世纪 30 年代,在 70 年代又展开了更仔细的研究,研究显示宾夕法尼亚州的这些坑标志着石油工业的一个重要开端。考古学家发现,这些坑原本由木桩围成,是早期人类设计用来收集在这一偏远地区非常接近地表的原油的装置。[1] 这些坑的使用时间可追溯到 550 年前乃至 600 年前,即公元 1450 年左右,考古学家认为:"早在 1600 年欧洲人踏上美洲大陆之前这些坑就被充分利用了。"[2]

拼凑一段早期的石油史需要重要的历史猜想,这只是一个例子。其实,我们除了可以确信世界各地的人在接触到大地奉献给人类的原油的那一刻起就开始欣赏这一物质的独特能力之外,其他情况都难以断定。而通常,这些用途几乎无关石油固有的能源潜力,当然也有例外。在人类早期的文明进程中,石油被清楚地认识并鉴别为一种黑色黏稠物。石油价值革命性的转变是基于人类社会所发展出的能力,即人类有了把石油从相对毫无价值的状态转变为有重要价值的状态的科技之后。对此,一个标识性的符号是始于 19 世纪晚期盛行的对石油的称谓——"黑金"。将原油重新包装成"黑金",首先出现在世界上最灵活的经济体——美国。美国的发展模式与石油神秘而昂贵的特性非常吻合,于是,原油的早期商业开发自然而然地源自美国。

这本书追溯了石油从一种已知的甚至被使用的资源到一种具有明确价值的商品的转变过程,当然,这里所涉及的其明码标价的商品身份只是石油未来价值的一小部分。商品化是人类经济生活中一个动态的组成部分,是一种以市场和普遍应用为基础的为资源赋值的文化行为。这一过程产生出人类文明时代之间的显著差异,如青铜时代或航海时代,而在这个过程中,社会对资源商品化(如金属或风能)的参与程度可以从一个时代跨越到另一个时代。环境史学家和文化地理学家利用这其中的联系来实现超越政治界限的人类历史的叙述。

从某种意义上说,这些商品化的模式从一开始就帮助构建了世界历史;当西方文明的基本范式作为一种社会的组织手段让位于其他形式时,世界史学家和

---

〔1〕 Karen A. Selsor et al., "Late Prehistoric Petroleum Collection in Pennsylvania," *American Antiquity* 65, No. 4(Oct. 2000): 780—781.

〔2〕 Ibid., 782—783.

全球史学家经常强调人类文明中体系制度的转变，这以往是地理学家和考古学家研究中所关注和考量的重点。类似于将相机的镜头调至放大聚焦，以历史观，但是不考虑边界或时代，来对焦一种特定的商品的历史演变，研究者由此可以澄清事物之间一定的衔接性，当然同时也会模糊一些众所周知的，但是在这一历史叙述中已然不那么重要的事实 。本书以下的内容就是通过展示历史的瞬间快照，将历史观聚焦于石油这个跨国界、跨文化的资源上。这些关于石油的故事被串接在一起构成一桩历史的叙述，展示诸如宾夕法尼亚州泰特斯维尔村庄外洼陷的油槽这类文物，以此为轴心将不同的人和时代贯穿于历史的衔接中，呈现人们对原油的认识。

有机能源与早期人类

在过去的100年里，对世界原油储备的定位帮助地质学家更好地了解地球的历史。如今，对于地球的发展进程，科学家们有一个共识，那就是，碳氢化合物曾经汇集于遍布在全球的每一方水体中。这一对地质的基本了解使得现代地质学家能够绘制出早期陆地和水体形态的演化图。特别是辛梅利亚(Cimmeria)古亚高地和冈瓦纳(Gondwana)古大陆之间形成的地质海洋特提斯(Tethys)水体曾汇集大量的由碳氢元素构建的这类有机物。这一点可以由包括现在中东地区在内的，远古时期当海水退去后形成的陆地上残留下来大片的有机沉积物所证实。在20世纪，这些富含沉积有机质的片区构建出人类整个现代文明。当然，除了作为人类现代原油世界的中心，这些区域也是考古学家们所认同的人类这一物种原始祖先生息繁衍的属地。科普作家索尼娅·沙(Sonia Shah)写道："很快，早期的人类发现了那片古老而又富饶的海洋的遗迹。在一片阳光沐浴下的沃土，有原油慢慢渗出。"[1]尽管世界多地发现人类使用石油的证据和记录，但是现代人发现，早期人类对石油的应用极其有限，几乎不涉及由发现地点向外输出的行为。

在传统历史研究中，人类对石油类物质的使用鲜有描述。唯一的例外是近东地区，在那里，古代美索不达米亚(Mesopotamian)文明中人们传统的生产、生

---

〔1〕 Sonia Shah, *Crude*: *The Story of Oil* (New York: Seven Stories Press, 2004), p. xxi.

活包含对石油所谓的使用,这些石油就是从土壤渗出后被收集起来的黑色黏稠物质。在波斯帝国之后和伊斯兰教扩张期间,史料中对石油的提及变得更加频繁。[1] 例如,阿拉伯历史学家详细挖掘并探讨了当原油的收集与开采变得广为人知后,在历史上阿拉伯的法律曾为制定采矿特许权而做了大量工作。在这些社会里,包括石油在内的所有没有暴露于地表的有价值的矿物都属于苏丹,不管它们是在哪里被发现的。历史学家 R. J. 福布斯(R. J. Forbes)写道:"10 世纪和 11 世纪的阿拉伯律师经过长时间的讨论,认为对于汇集在地表或地表浅层的露天矿如石油和沥青,苏丹同样可以将特许权分配给其他臣民。"[2]在这些历史学家的著作中,对于石油起源的认识通常来自古典时期的文明撰述者,包括亚里士多德,例如他认为石油是一种"凝结的露水"。此外,大约 2 000 年以前,在整个这一地区,包括亚历山大港和叙利亚,都对黑色黏稠物做过蒸馏实验。[3] 阿拉伯人和蒙古军队在这里厮杀的年代时,在该地区蕴藏丰富的石油,由于其易燃往往在战火中导致更大的火灾。

事实上,欧洲人对石油的认知可能来源于世界上一些未知地方的认识:商人和探险家马可·波罗以其基于 13 世纪初的旅行撰写的游记让许多欧洲人了解到东方的异国情调和活跃的贸易。在这本出版于 1298 年的著作中,马可·波罗对当地人和商品贸易的描述中最早提及了石油是有多种用途的一种资源。例如,他看到在宙赞尼亚(Zorzania,即当今的格鲁吉亚地区)有一个自喷石油间歇泉,当地人用喷发出来的油治疗皮肤发炎和防止伤口溃烂,他们还燃烧这种油来照明。后来声名远播的巴库(Baku)就是仰仗这里的石油资源。马可波罗还描述了一种缓慢燃烧的石头(其实就是今天我们说的煤)和焦油在适于远航的舰船编队中的应用。[4]

许多早期的人类文明社会把这种焦油用作沥青。早期的美索不达米亚人能够挖掘出超过 50 000 千克的石油泥,他们主要用这些油泥来封住小船上的洞。一种更轻的液态油被发现,历史学家普林尼(Pliny)记录到,这种油被发现是可

---

[1] R. J. Forbes, *Studies in Early Petroleum History*, vol. 1(Westport, CT: Hyperion, 1958), pp. 6—8.

[2] Ibid., pp. 28—30.

[3] Ibid., p. 9.

[4] J. H. Thomson and Sir Boverton Redwood, *Handbook on Petroleum for Inspectors under the Petroleum Acts*, (London: Charles Griffin, 1901), pp. 5—6.

燃的，由于这种危险，“完全不适合使用”。[1] 普林尼，也称老普林尼，是罗马帝国重要的历史学家，他的作品可以追溯到大约公元 50 年。虽然在欧洲的许多地方都发现了石油，但他发现只有特兰西瓦尼亚（Transylvania）和下萨克森州（Saxony）的德国人采集石油，并将其放在铁锅里煮，用作药物。当地关于石油的这种认识和用法随后传播开来。

根据普林尼的观察结果，德国科学家乔治斯·阿格里科拉（Georgius Agricola）在 1546 年出版了《矿物学教科书》（*The Textbook of Mineralogy*），他在书中称这种“油滑的汁液”为沥青，已知它以各种形式存在于液体和固体之间。他观察到，特别油滑的液体沥青被称为“石油”，因为它是从岩石中流出来的。他又观察到，一些文明部落把这种物质称为“沥青”，另一些称之为“挥发油或者石脑油”。[2] 这种物质“非常易燃”，让许多文明部落意识到，可以燃烧它而产生光亮，所以出现了各种颜色的灯。此外，普林尼发现，如果把油涂在铜上，可以防止氧化。普林尼成为早期石油知识的资料中心，他还观察到巴比伦人发现石油有许多医疗用途，如治疗伤口的药膏，以及治疗痛风和麻风病。然而，他观察到，当马喝了大量的混有石油的水，它们就会变得狂野而难以驾驭。当时没有专门在各个领域从事科学研究的人汇集相关的知识，人类形成更广泛的关于石油的文化知识的最早例子之一便是由像普林尼这样的历史学家提供的。

考古发现世界各地都有原住民使用石油的情况，这些发现是对人类使用原油历史的文字记载一个很好的补充。例如，考古学家一直在考证、探究埃及和美索不达米亚文明在乌鲁克（Uruk）文化晚期（即红铜时代）对沥青的使用情况，焦点集中在现代土耳其境内的安纳托利亚（Anatolian）的哈辛内比（Hacinebi）山丘遗址。在这些文明中，沥青被用于建房以及芦苇船的防水。而在时间上与现代更近一些的可以追溯到公元前 1200 年到 400 年的奥尔麦克文明（the Olmec civilization）更是吸引了众多考古学家来到中美洲海湾沿岸的热带低地，研究中美洲文化中沥青的使用。迄今为止，中美洲文化考古发现的最古老的沥青（混有其他材料）是从圣洛伦佐（San Lorenzo）和埃尔马纳提（El Manati）的奥尔麦克遗址中发现的。沿墨西哥湾海岸的冲积平原不断有天然沥青渗出，而深入墨西哥高

---

〔1〕 R. J. Forbes, *Studies in Early Petroleum History*, vol. 1(Westport, CT: Hyperion, 1958), p. 46.

〔2〕 Georgius Agricola, *The Textbook of Mineralogy*, (Basel, 1546), p. 73.

资料来源:美国国会图书馆印刷品与图片部,档案号 LC-M33-14390。

图 1.1 世界各地总有持续不断的自燃现象。这张照片拍摄于 1932 年,这是伊拉克石油公司在距离其北部城市基尔库克(Kirkuk)以南 5 英里的一处油田的油井,不断地有天然气泄漏表明这里的石油储量非常有潜力。

地的一些遗址也发现了考古学上的沥青遗迹。这一重要发现表明,早期人类文明贸易网中就有石油的存在。考古学家卡尔·温特(Carl Wendt)和山-潭·卢(Shan-Tan Lu)证实,多处发现于奥尔麦克文明遗址中的石油渗出可以与其他文明社群发现的沥青联系起来,而这些文明社群地域本身没有自然的沥青源。[1]

最后,资料还表明,中国人早在公元前 600 年就知道石油。史料中有一些来自大约公元 300 年的描述推测,当中国人用钻井方法寻找盐或水时,在开采中发现混有石油。然而,在古代,原油从来就不是中国钻井人的目标,也没有任何已知的文字记载讨论过原油在中华文明发展中的用途(尽管上面讨论的盐业钻井人无意中获得了石油)。[2]

如前所述,在北美洲石油供给提供了一个相对清晰的人类社会早期使用石

〔1〕 Carl J. Wendt and Ann Cyphers, "How the Olmec Used Bitumen in Ancient Mesoamerica", *Journal of Anthropological Archaeology*, 27, No. 2 (2008): 175—191.

〔2〕 David T. Day, *A Handbook of the Petroleum Industry* (New York: John Wiley & Sons, 1922), www. archive. org/stream/handbookofpetrol01dayduoft/handbookofpetrol01dayduoft_djvu.txt.

油的记录——虽然缺乏书面文件记载。在美国宾夕法尼亚州西北部的深山，最早居住在这里的人注意到了原油渗出的现象。宾夕法尼亚州西北部曾是早于塞尼卡人(the Seneca)几个世纪的土墩建造者社群(the Mound Builder society)的临时家园。公元 1400 年以前，林地时期(the Woodland period)的古印第安人(Paleoindians)从其发源地俄亥俄河谷(the Ohio Valley)出发，常常沿着五大湖前往油溪，在那里他们大量收集石油用于宗教仪式。虽然没有文字记载，但众所周知，最初的欧洲探险者在这一地区发现了沿油溪挖掘的狭长凹槽。因此，北美的原油渗出纪实为我们提供了人类文明初期对石油的不同的文化反应的例证之一。塞尼卡人把石油看作一种资源，他们已经学会把毯子当海绵从水面收集石油或把容器浸入水中收集。他们收集石油主要是用作油膏或皮肤染色剂，并没有试图用石油与其他社群交换物品。[1]

欧洲探险家也注意到了石油并从 1755 年起将宾夕法尼亚河命名为油溪，1755 年发布的著名的刘易斯·埃文斯地图(Lewis Evans map)[2]对该地域的异常地貌有明确记录。据说，经过这里的游客和士兵会浸泡油泉来治理关节疼痛，甚至把石油作为一种另类蓖麻油来喝。随着原油的声誉越来越广，从旧世界移民到美洲的欧洲人开始试图把美国资本主义市场的逻辑用在这一独特的地质物质上。定居于宾夕法尼亚州西部的欧洲人开始采集从他们落脚的这块土地上喷发出来的原油，他们采用在溪流中一小片一小片筑坝的方式采集石油——在筑坝时保留石块间的缝隙让水流缓缓流过而浮油被阻挡下来。19 世纪 40 年代中期，一位企业家注意到，医生为他生病的妻子所开的一种处方药与混杂在他们家位于宾夕法尼亚州匹兹堡市郊外的盐井里的一种物质颇有相似之处。1849 年，他开始将盐井里的这种废物装瓶，并将其作为一种神秘的万灵药在美国东北部销售。尽管萨缪尔·基尔(Samuel Kier)获取石油的方式是非常类似于前人使用的撇油技术，但由于盐井可以持续产油，其供应很快超过了需求。有了多余

---

〔1〕 Brian C. Black, *Petrolia: The Landscape of America's First Oil Boom* (Baltimore: Johns Hopkins University Press, 2003), p. 23.

〔2〕 刘易斯·埃文斯地图正式出版物名称为《英国在美洲大陆中部的殖民领域全图》(*General Map of the Middle British Colonies in America*)，与相关的一篇地理学学术论文一同出版于 1755 年。这份珍贵的文献由出生于英国威尔士、后移民美洲的自然观察家和地理学家刘易斯·埃文斯(Lewis Evans)等人联合绘制出版。地图的绘制是根据刘易斯·埃文斯在北美洲从 18 世纪 40 年代中期至 1754 年十多年的地理学探险旅行观察考证绘制而成。该地图在英国和法国在北美洲的战争(即法印战争)中为英方决策发挥了重要作用。——译者注

的石油,基尔开始了有组织的实验,把石油用作光源。

无论是在宾夕法尼亚州还是特兰西瓦尼亚,这些做法绝对不是那些在石油方面有过不愉快的经历的文明部落的反应。然而,基尔等人证明美国的资本主义模式对于石油行业的创业者来说可以说是如鱼得水。工业发展和经济扩张文明开始向石油靠拢。[1] 然而,人们对这种原油所知甚少。随着企业家们对石油了解得更多,尤其是伴随着供给的增加和便捷程度的提高,石油逐步成为适于美国经济发展的商品。尽管世界各地都发现了这种资源,但是资本的力量实现了石油作为一种矿物的价值。然而,这种价值的实现不同于其他珍贵的矿物,这是由于石油的易逝性或者液态性质。

使石油大展"才华"的化学

在世界上每一处发现并使用石油的文明中,有关石油的知识都在不断增加。然而,直到 19 世纪早期,人们才开始分享这一知识,于是,一门新的科学——地质学——应运而生。这一时期,北美出现了积极的石油勘探开发活动,这推动了人们更积极地应用不断增长的科学知识。当人们把对原油的创业兴趣与地质学结合起来后,便创造了历史性的融合,就这样第一口商业油井诞生了,这见证了人类第一次致力于专门开挖钻探石油。随后,在这些地区几乎每个人都在研究采用石油照明的方法,这就创造了化工产业,这样以石油为原料开发新的应用进而拓展出新的化工产业的情况一直延续到今天的石油工业中。那时,特别是在加拿大,一些人将地质知识汇集起来,然后向有财力勘探开发石油的投资人提供服务。

19 世纪中期,亚伯拉罕·格斯纳(Abraham Gesner)等人以"民科"的身份展开旅行调研,用游记的形式描述对新的资源尤其是能源的田野调研和实验。格斯纳的研究重点是新斯科舍省(Nova Scotia)和新布伦瑞克省(New Brunswick)的煤炭。然而对于石油文化来说,最重要的是,格斯纳成为一种由煤制成的合成

〔1〕 Brian C. Black, Petrolia: *The Landscape of America's First Oil Boom* (Baltimore: Johns Hopkins University Press, 2003), pp. 40-45.

产品的普及者，这就是煤油。[1] 1853 年格斯纳在纽约涉足煤油照明市场营销，1854 年开始在纽约生产和销售煤油。[2] 后来，作为一名受人尊敬的科学家，格斯纳为该产品带来了信誉，并为其作为光源的可行性带来了可信度。煤油越来越受欢迎，这激起了开发商对现有资源的重新考量，特别是石油，因为石油似乎能够让煤油制造商跳过将煤炭转化为液体的阶段。

在分析煤油的出现时，历史学家保罗·卢西尔(Paul Lucier)强调了"阿尔伯特矿物"(Albert Mineral)的重要性，这种矿物在 1858 年成为波士顿城外炼油厂转化煤油最有效的原料。这一从新布伦瑞克省阿尔伯特的煤衍生出来的"阿尔伯特矿物"很可能深受格斯纳的影响。[3] 一场煤油热潮席卷了美国东北部，卢西尔写道："煤油业开始控制美国灯油和润滑油市场。正如一位观察家所说，'现在在美国一周内从煤中提炼出的灯油和润滑油比全美的捕鲸者在最好的捕鲸年份里所能获得的油都多'。"[4]重要的是，合成油为新的竞争者打开了市场。在这一系列的可以提供光源的材料中，石油脱颖而出，因为相对于复杂的化学提炼或者在公海猎捕，石油似乎更容易获取。由此，化学家和律师之间便建立了早期联系，因为从原油中提取煤油所需要的特殊技术和化学反应促成了这种联系的建立。不过，风险极高。

持有美国石蜡专利的詹姆斯·杨(James Young)与煤油的发明人格斯纳就陷入了煤油业明争暗斗的法律关系上的对峙，石蜡实际上涵盖了可用作煤油的能源。煤油类产品之间的这种难以区分的差别，至少在两个方面促进了石油的发展：首先，这些差异限制了煤油类产品如其早期那样的扩张；其次，刚结案的这起法律纠纷表明了这一时代工业与科学知识之间的新联系。卢西尔写道："煤油的案例显示科学与实践的不同发现和研究与应用的不同活动是那样随心所欲，如同其他社会活动的差异一样。一些科学家和发明家努力划分和捍卫分隔两者

---

[1] 亚伯拉罕·格斯纳(1797 年 5 月 2 日－ 1864 年 4 月 29 日)是加拿大医生和地质学家，出生于加拿大新斯科舍省，他发明了煤油。虽然伊格纳茨·库普塞维茨(Ignacy Kukasiewicz)发明了现代煤油灯，开创了世界石油工业，但格斯纳被公认为煤油灯发明的奠基人。——译者注

[2] Paul Lucier, *Scientists and Swindlers*: *Consulting on Oil and Coal in America*, 1820－1890(Baltimore: Johns Hopkins University Press, 2009), p. 146.

[3] Ibid., p. 151.

[4] Ibid., p. 152.

的边界,而另一些人则同样在努力消除这些界线。”[1]

因此,一种明确的商业开发文化围绕着北美石油储备,而这在世界其他地方根本没有发生过。尤其是科学研发和法律领域,宾夕法尼亚州原油产业成为试验场,这些将最终应用到世界上任何一处有原油渗出的地方。这些是原油商品化的早期阶段,商品化过程提升了原油的价值,超越了原油作为似乎不足以为道的资源的状态。

鉴于 19 世纪 50 年代美国法庭上的煤油案例,众所周知的宾夕法尼亚州溢油事件便成为一个不可多得的商机。对溢油的当地状况了解至关重要,不过,宾夕法尼亚州原油供应链的开发其实需要来自外界的力量,这些人中的大多数具有其他领域的商业头脑。新罕布什尔州的居民弗朗西斯·布鲁尔(Francis Brewer)博士 1851 年去了泰特斯维尔,作为股东之一在当地的一家木材公司工作。在泰特斯维尔期间,布鲁尔与当地居民签署了第一份石油租约,收集渗出地面的石油。然而,承租人没有钻探,只是挖沟将石油和水输送到中心盆地。回到新英格兰州之后,布鲁尔把一小瓶原油留给了达特茅斯学院(Dartmouth College)的化学家迪西·克罗斯拜(Dixi Crosby),克罗斯拜随后把它拿给年轻的商人乔治·比塞尔(George Bissell)看。以石油为中心的关系网在熟悉照明油市场的人中不断扩大,石油文化变得日新月异。

石油与煤炭和鲸油的相似性立刻让比塞尔感到震惊。在原油商品化的关键时刻,他与布鲁尔签署了一份租约,在该木材公司的土地上开发石油,但比塞尔首先需要筹集 25 万美元。由于石油的功用尚未被人们了解,比塞尔的任务几乎不可能完成。因此,他开始通过获取关于这一怪异物质的科学知识满足自己和他人的好奇心来减少一些风险。在这一领域,紧随格斯纳的是美国耶鲁大学的小本杰明·西利曼(Benjamin Silliman Jr.),他也是世界上最著名的化学家之一。与格斯纳类似,西利曼也曾受雇于初创公司,验证这些公司潜在产品。

总部位于纽约的宾夕法尼亚岩石石油公司(Pennsylvania Rock Oil Company of NY)雇佣西利曼时,他们想要一份让投资者对石油的未来用途有更大的信心的报告。对此,1855 年 4 月西利曼的报告发布,报告的内容如下:“以我所见,我

---

[1] Paul Lucier, *Scientists and Swindlers*: *Consulting on Oil and Coal in America*, 1820—1890(Baltimore: Johns Hopkins University Press, 2009), p. 185.

们有充分的理由相信您所要投资的这一公司拥有一种原材料，以这一材料为基础通过简单而不是昂贵的过程，他们可能制造出非常有价值的产品。”[1]西利曼估计，从收集的原油中，至少有50%可以蒸馏成一种令人满意的用于莰烯灯的光源，而这其中90%可以制成具有商业前景的蒸馏产品。1855年9月18日，比塞尔加入了宾夕法尼亚岩石石油公司，在康涅狄格州成立了一家分公司，这是第一个专门从事石油潜在价值投机的机构。鉴于西利曼的专业声誉和他对该公司在开发宾夕法尼亚州油溪谷及其周边地区地下原油时给予的有力支持所树立起来的沉稳可靠形象，该公司选举西利曼为总裁。

接下来的任务是确定由谁来进行到宾夕法尼亚的考察之旅。这是一个巨大的挑战，因为没有人知道如何找到石油，也没有人知道什么工具可以帮助他们找到石油。于是，问题就是选择第一口油井的司钻最重要的标准是什么？纽黑文的银行家、康涅狄格州宾夕法尼亚岩石石油公司的领导人之一詹姆斯·M. 汤森(James M. Townsend)给出了免费铁路旅行的答案。1857年，他请埃德温·L. 德雷克(Edwin L. Drake)去泰特斯维尔监督一项开采原油的工作。德雷克曾是纽黑文铁路公司的一名售票员，因健康原因离职，不过，他有一张免费火车旅行的通行证。

1859年夏天，德雷克给纽黑文发电报要求更多的钱。纽黑文那边回复说只提供他回家的旅费。岩石石油公司试图转战其他地方开启石油时代。不过，这位从火车售票员转行的探矿者以非凡的勇气获得了一笔贷款，并继续留在了那里。他写信给汤森，说不能放弃：“你们都有自己的合法生意。我把所有的钱都押在了这个项目上，现在却发现自己破产了，也没钱了。”

他的勇气得到了回报，但并不是在地下的黑色黄金喷涌。1859年8月27日，钻头在一次反冲后突然下降了5英尺。德雷克的助手比利·史密斯(Billy Smith)认为钻头钻穿了地下裂缝。当然，即使是他，对第一口井将会以怎样的形式出现心里也没底。没有因为压力骤减而向上喷发的石油，钻头突然下沉就成了石油史上的历史性时刻。不过，有意思的是，德雷克和史密斯并没有为这一历史时刻欢呼雀跃，而是以为又折断了一根管子，于是在周末停止钻探，以便德雷克能在安息日参加教堂活动。随后的事情非常戏剧化，周六傍晚，史密斯和儿子

〔1〕 Paul Lucier, *Scientists and Swindlers: Consulting on Oil and Coal in America*, 1820—1890(Baltimore: Johns Hopkins University Press, 2009), p. 200.

在油井旁边闲逛,发现了井里漂浮着墨绿色淤泥。自从史密斯把家安顿在引擎机房旁边的临时住所后,他的活动半径就以油井为中心,从不远离,这一次的饭后散步让他们惊讶不已。尽管原油不是遮天蔽日地喷射,但这些淤泥表明,他们已经钻出了石油。

消息很快传遍了宾夕法尼亚州西北部。石油热潮席卷了油溪,并沿着阿勒格尼河(Allengheny River)传到下游的富兰克林(Franklin),镇上的人争先恐后地回忆周边的饮用水中哪一种味道最像石油。或者,他们很难记起该地区哪些传统的盐井曾经是产油的盐井。随着第一口油井的投产,德雷克和史密斯为该地区带来了戏剧性的变化,尽管他们自己的油井从不是一口高产油井。

德雷克发现油井后的两年内,石油行业的技术开始发生变化。轻便蒸汽机成为油溪谷钻井的标准,这使油井的挖掘达到了新的深度。这些更深的油井中的天然气形成了第一批"自喷井",伴随着天然气的溢出,石油向地面上涌。喷油井极大地增加了市场上的原油供应量。杂志《维南戈投机商人》(*Venango Speculator*)讨论发现石油储备剧增带来的影响——从 1860 年的每天 1 200 桶大幅

资料来源:美国国会图书馆印刷品与图片部,档案号 LC-USZ62-63520。

图 1.2　1860 年宾夕法尼亚州泰特斯维尔外的油溪谷附近,油井沿着山坡陆续建起来。这张 19 世纪的图片显示的是位于油溪的一条支流——先锋河(Pioneer Run)——下游的鞋业皮革石油公司(the Shoes & Leather Petroleum Company)和福斯特农场石油公司(the Foster Farm Oil Company)。

增加到1861年的每天5 000多桶,到了1862年则达到了天文数字。

尽管全世界的人都认识到了原油的价值,但只有美国资本主义体制提供了最灵活的体系,在这个体系中,资本开发原油并将其连接到大型贸易网络中。随着工业的发展和工厂的扩建,在19世纪出现了昂贵的商品市场。尽管发生了内战,但铁路等技术为整个地区提供了良好的宏观发展环境,为特定产品和资源提供了微观发展机遇。于是,在19世纪60年代,一种扩张文化主导了美国。

美国优先考虑要做的事情可能是将废除奴隶制之类的想法付诸实施,或者发展诸如铁路技术等。当这种扩张精神用于特定的资源,如果各种条件适宜,那么事情可以一飞冲天。不过,要充分利用这一时机,这种资源需要满足两个重要标准:需求和供应。需求,意味着这种资源必须是有用的,消费者才会喜欢它;供应,这种资源可以大量使用,融入日常生活。就石油而言,19世纪美国发生的事情和模式交汇在一起,有效地满足了这两个标准。

第一次能源转型:捕鲸业与石油开发

当然,美国的创业企业并没有因此自动激增。与其他创业的企业家相同,石油行业的创业一样面临巨大的风险。在美国的体制下,企业家可以自由地接受一个想法,并将其变成有利可图的生意,但是,许多想法在发展的不同阶段会不了了之。虽然一些想法可能会成功,成为有利可图的生意,但大多数会失败。在19世纪50年代,石油属于后者,特别当缺乏稳定可靠的供应时。

不断增加的供应是石油难题的关键部分,但是化学家们仍然只有有限的资金用于在宾夕法尼亚州开采石油。当然,机器中金属齿轮的润滑并不需要大量的石油。对于潜在的投资者来说,由于缺乏对石油的认识,这意味着在他们看来这种资源既不稳定也不确定,然而,人们又能看到,这种资源有一点希望。

为了使石油得到广泛使用,使石油工业腾飞,这种黑色的黏稠物需要适应现有的消费市场。在美国,民众对照明的需求对于石油工业的发展可谓正逢其时。19世纪中叶,全球对以煤炭制造的煤油的需求已发展出成熟的市场。由于地理位置的幸运,宾夕法尼亚州的石油产区与煤炭产区重叠或相邻。据1860年的一项估计,大型煤油制造商每天消耗6万蒲式耳的煤。大公司在距离石油产区最近的城市匹兹堡建立了生产煤油产品的蒸馏厂。《匹兹堡邮报》(*Pittsburgh*

Post)在 1860 年报道:“没有比优质煤油更好或更便宜的照明能源可以生产出来了,而且此地为贸易中心,这对匹兹堡来说非常重要。”[1]石油开发商面临着煤油竞价的挑战,但关键因素是充足的原油供应支撑下的低价格。

作为煤炭和原油两种原材料的供应源,宾夕法尼亚州是这场能源转型的起点,然而,炼油和航运技术在其他地方也在进步。特别是在阿塞拜疆的巴库,在那里技术进步让石油产业得以生存并发展。此外,巴库等地区的石油储备有助于全球石油市场的创建,而最终,宾夕法尼亚石油也能进入其中。虽然在 1860 年从煤炭提取的煤油成为继鲸油之后的下一个重要能源,然而,更便宜的从石油中提取的煤油有能力捷足先登,成为继鲸油之后的重要油品资源。煤油,从石油裂解出来,可以在类似于其他光源的灯里燃烧。因此,消费者适应这一转变无须费力。这一重大能源转型依赖于 19 世纪 60 年代诸多因素的汇合。

不管煤油的来源是什么,世界上最广泛使用的照明油仍然是鲸油和抹香鲸油。这些油都是从鲸鱼身上提取的,然后提炼成用于照明的油。从 17 世纪后期开始,原料供应和将鲸油变成商品所需的技术创新再一次集中在美国。事实上,在七年战争期间,法国和英国都试图引诱美国捕鲸船到各自的前哨阵地。尽管有这些威胁,美国保留了舰队和工业中心——马萨诸塞州的新贝德福德(New Bedford)。因此,几个因素历史性地叠加在一起,再一次推动美国照明市场发展。然而,鲸油和石油之间的复杂关系远远超出了现有照明能源市场的转型过渡。

19 世纪 60 年代,捕鲸活动受到了多方面的压力。长达一个多世纪的行业发展,捕鲸已经成为一种将全球市场和不同种族联系在一起的文化。随着捕鲸船采集范围的扩大,在遥远的异国他乡贸易站和采集站逐步形成——从夏威夷群岛到北冰洋的沿海村庄。尽管是一个全球性的系统,但是所有的鲸油最终都要回到新贝德福德的炼油厂。从这里,有些鲸油要运到国外做贸易,特别是欧洲。然而,事情的发展总是会出现瓶颈:那就是,鲸油和抹香鲸油的供应不能充分地有规律地扩大,以跟上工业扩张的新时代。而完善从石油中提炼煤油的技术使捕鲸船的处境更糟。

尽管捕鲸的实际技术与早期相比变化不大,但到 19 世纪 60 年代,鲸鱼的供

---

[1] Paul Lucier, *Scientists and Swindlers*: *Consulting on Oil and Coal in America*, 1820—1890(Baltimore: Johns Hopkins University Press, 2009), p. 211.

资料来源：美国国会图书馆印刷品与图片部，档案号 LC-DIG-pga-00392。

图 1.3　在 19 世纪，为了寻找鲸油，美国的捕鲸者被带到了很远的地方。这张照片显示，为了追逐露脊鲸，捕鲸者进入白令海峡和北冰洋。

应发生了明显变化。一些学者估计，鲸鱼的整体数量当时正在减少；另一些学者则关注鲸鱼的自然迁徙，这使得新英格兰的捕鲸船难以接近它们。[1] 而对于美国捕鲸船来说，内战也使得出海捕鲸变得困难重重。

1861 年，美国政府购买了 40 艘老旧捕鲸船，在船上装上石头，故意在查尔斯顿(Charleston)和萨凡纳(Savannah)港口附近击沉这些船。这样可以阻碍偷偷穿越封锁线的船只，因为行船变得不安全了。装载石头是防止沉于航道的船体以后被水流抬高或冲走。作为一项封锁策略的试验，这一创新举措令人质疑，但作为消耗捕鲸业资源的举措，被证明是非常成功的，正如它被称为"壮观的石舰队"(当然，这不是工会联盟领导人的意图)。虽然政府直接购买了这些船，但沉掉这些船在捕鲸船队的队伍中径直留下一个空缺，而这个空缺一直没有被填补。不过，这一损失是在计划内的，此外，作为工会联盟最重要产业的代表，为寻找鲸鱼远涉太平洋和北冰洋的美国捕鲸船长期以来的远航其实是一种处于非保护下的航行。

最主要的原因是战争本身直接迫使捕鲸船远离海洋，从而扰乱了捕鲸业。其实，唯一一次针对捕鲸船的实际攻击发生在 1865 年 6 月 28 日，在罗伯特·E. 李(Robert E. Lee)将军在弗吉尼亚州阿波马托克斯(Appomattox)投降一个多月之后。在白令海峡附近航行时，"布伦瑞克号"(Brunswick)捕鲸船遭遇了意想

---

〔1〕 Lance E. Davis, Robert E. Gallman, and Karin Gleiter, *In Pursuit of Leviathan: Technology, Institutions, Productivity, and Profits in American Whaling*, 1816—1906, (Chicago: University of Chicago Press, 1997), pp. 29—31.

不到的风浪,撞上了冰山。其他的捕鲸船聚集过来瓜分船上的货物,此时,一个观察者突然发现一艘汽船远远驶来。几个捕鲸者认为这艘船可能是美国南方联盟的突袭船,1865 年 2 月在澳大利亚海域有人看到它装了帆索。很快,怀疑被证实是正确的,从舰船上卸下五艘武装船只后身穿军服的南方联盟士兵开了过来。士兵们对停在原地的船上的船员们宣布,他们已经成为南方联盟士兵舰船"雪兰多号"(CSS Shenandoah)的战利品。士兵们命令船员放弃他们的船只,以战俘的身份登上舰船,否则会受到炮击,被轰离这片水域。惊慌失措的捕鲸者们走到汽船旁,士兵们砍开鲸油桶,放火烧了其余的捕鲸船,一艘都没有放过。

两艘捕鲸船用来转运船员,有八艘捕鲸船被烧毁在北冰洋的冰山之间,作为"雪兰多号"和大势已去的美国南方联盟的战利品。"雪兰多号"的战俘捕鲸人不断尝试说服李将军的部下投降。最终,6 月 23 日"雪兰多号"的航海日志显示被俘获的捕鲸船中的一艘船上的捕鲸人利用报纸上的消息让这艘美国南方联盟的突袭船的士兵相信李将军在弗吉尼亚州阿波马托克斯已经投降。[1] 最终,南方联盟的士兵放弃了突袭,驶向利物浦的一个安全港口。[2] 尽管没有做进一步的突袭,但是在"雪兰多号"俘获这批捕鲸者的袭击中,捕鲸船队遭受了巨大的损失:一千多名水手被俘,25 艘船被毁,价值约 150 万美元的货物化为灰烬。1861 年,新贝德福德捕鲸船队有 186 艘捕鲸船,这次损失的 25 艘,加上在南北内战中损失的 21 艘和"壮观的石舰队"项目中故意击沉的 40 艘,捕鲸业受到了严重削弱。就在鲸油业最无力承受失去在照明市场上的领先地位的时候,19 世纪 60 年代的战争和不稳定的局面直接使鲸油生产瘫痪。[3]

这些因素促成了能源从鲸油转型。大多数历史学家还认为当时的市场压力迫使捕鲸者在 1870—1871 年捕鲸季在北冰洋停留的时间比平时更长。鉴于 1870 年照明市场背景,捕鲸船深入北极的急迫之旅是源于竞争对手的出现,即

---

〔1〕 Elmo Hohman, *The American Whaleman: A Study of Life and Labor in the Whaling Industry* (Clifton, N. J.: Augustus M. Kelley Publisher, 1972), p. 234.

〔2〕 John Bockstoce, *Whales, Ice, and Men: The History of Whaling in the Western Arctic* (Seattle: University of Washington Press, 1995), p. 125. 作者根据船长詹姆斯·沃德尔(James Waddell)的个人日记和《雪兰多航海日志》的记录重述该事件。

〔3〕 这一插曲的结束是以美国宣布被"雪兰多"号摧毁的捕鲸船的总成本为 1 400 万美元,英国要对此负责,因为英国参与了美国南方联盟战舰的建造和下水。国际仲裁法庭予以认可并判处价值 1 550 万美元的黄金赔偿。引自 Paul H. Giddens, "Derricks and Sabers," *Petroleum Today, Summer* 1961, pp. 12—13。

不仅从煤中提炼出了煤油，接着又从石油中提炼出了煤油。在美国捕鲸史上这个脆弱的关头，捕鲸者盯着逼近他们船只的冰山，克制着离开的冲动，等待着命运的抉择。在1871年的捕鲸季，美国捕鲸船队的大部分被冻在北冰洋的冰层中并最终被压碎。这支捕鲸舰队的命运代表着一个历史交汇的时刻：各种因素的交汇创造了一个具有历史意义的时刻。

当美国的捕鲸者不顾自己判断的局限性，并且无视该地区的季节气候模式的基本事实继续留在北冰洋时，他们的恐慌表明在美国、英国和其他一些工业化国家，整个能源领域开始发生变化。考虑到无限的能源供应解除了对工业产能的限制，研究工业化的历史学家将化石燃料能源的采用称为“起飞”。因此，1871年被抛弃的捕鲸者所象征的转变存在于整个人类活动的转变中，不仅体现在能源来源方面，而且体现在人类基本活动方面，如用作照明。

石油储备的大发现以及规范

照明市场吸纳了来自油溪河谷的大量原油，很快，宾夕法尼亚地区就被称为“石油王国”。加拿大的一个小镇也被授予了类似的名字，后来南美的一些小镇也被授予了类似的名字。然而，宾夕法尼亚州的这个名字，很快就不仅仅代表着一个相似的地点，的确，“石油王国”是一个行业，在这个行业里，对于这些地点的任何其他考虑都交给了个体企业，他们的主要任务就是将更多原油从地下开采出来并推向市场。技术支持了这种开采原油的热潮。

随着原油价格的上涨，来这里捞金的人已经没有耐心使用冲击式钻井技术来勘探油井。新技术被设想出来并立即应用于油田。特别是在19世纪60年代宾夕法尼亚州的繁荣时期，关于石油地质的知识和开发石油的技术都是以“土办法”，而且通过反复尝试发展起来的。一旦那些众所周知的渗油点开采出石油，对于任何一个沉着并且敢想敢做的人来说就有着强烈的吸引力，发现石油是一个迅猛增长的行业。探矿占卜起源于法国，指的是根据水文（因为水和石油一起出现）来确定油井的方法。通常情况下，刚剪下的分叉的小树枝会被探矿占卜者拿在手里，据说，探矿占卜者能感觉到树枝里的新鲜植物汁液流向地下水系统的拉力。探矿占卜的背后可能有点科学性，不过“石油嗅探者”并不能提供其中的科学性,但是,在早期宾夕法尼亚州的石油繁荣中,他们忙得应接不暇。[1]

采掘石油需要用泵开钻,也就是井架。井架的总体设计采用了中国传统的开采盐井的模式。不过,这个装置的名称来源于英国一个死刑执行官的姓氏。在伊丽莎白时代的英国,死刑执行官托马斯·德里克(Thomas Derrick)设计了一种悬挂梁的方法,用顶吊和滑轮代替了老式绳索悬梁法处决犯人,他用这种装置处决了 3 000 多名罪犯。现在,这一装置的使用目的则完全不同了,德里克当时用于悬挂的框架现在被用来支撑油井钻探开凿的设备,而开凿出的石油再用管道和蒸汽机泵出,这些设备也需要框架的支撑。于是,这些高高耸立的井架便成为石油勘探开发的公认标志。

寻找石油的紧迫性需要把复苏干枯的油井和火药结合起来,激发出石油行业早期最奇特的技术整合,尽管这样会使油田充满火灾威胁。E. A. L. 罗伯茨(E. A. L. Roberts)上校提出在石油开采上使用炸药,他认为时机已经成熟。这位从战场上回来的上校在战争结束后把他的炸药知识应用到在找寻石油中遇到的不确定性问题上。1865 年 1 月 28 日,罗伯茨成功地用两枚 8 磅重的鱼雷引爆了泰特斯维尔附近沃森(Watson)平地的一口干涸的油井。这次爆炸没有喷出石油。但当把碎片清理后,一口几近枯竭的油井开始源源不断地涌出石油。罗伯茨很快成立了自己的公司,公司的业务是帮助人们寻找石油。他们在一口干涸的油井周围布满并深埋"鱼雷",最初,这些鱼雷是装满火药的铁烧瓶,后来用硝化甘油代替火药。点燃鱼雷的方法是将一个重物悬挂在井架上,然后沿着悬吊线释放重物下冲到"鱼雷"雷管上。通常情况下,他们会向井眼注水,以保持含油砂岩地层中的爆炸力。每次爆破收费 100 到 200 美元,罗伯茨同时享有每口井流出石油量 1/15 的特许费。尽管鱼雷爆破技术经常导致事故,但是在 1870 年之前,这是石油开采的标准做法。

尽管增加了定位油井的可能性,但是鱼雷极大地危及在附近生活或工作的人。对大多数社区来说,在易燃的石油周围使用炸药似乎是不可容忍的,然而,石油产区的首要任务不是为居民创造一个安全的生活环境,而是开采石油。所以这一简化了开采过程的危险方法,也让人们乐得其所地采用。

基于同样的理念,企业家很快意识到石油产业要想最大限度地发展下去,基

---

[1] Harold Williamson, Arnold Daum et al., *The American Petroleum Industry*, vol. 1(Evanston, Ill.: Northwestern University Press, 1963), pp. 89—92.

础设施的开发和控制必须成为该行业的一部分,即便宾夕法尼亚州石油资源供应最终衰减。大量的原油自然储量意味着宾夕法尼亚州必将遵循一种非常激进的开发模式,不过,宾夕法尼亚州的石油开发也明确了一些油田开发手段,这些手段与方法可以在未来发现有石油储备的任何地方使用。振兴城镇便是这其中最重要的一个方法。

资料来源:美国国会图书馆印刷品与图片部,档案号 LC-USZ62-4847。

图 1.4　和其他类似的公司一样,世邦德奇(Spondulix)石油公司通过投机或投资,将宾夕法尼亚州的石油开发风险分散给众多的金融家。

19 世纪 60 年代早期,市场无法消化过剩的石油产能,而新的投资在 1864 年和 1865 年仍不断涌入,资本的预期超出了油溪的生产能力。[1] 这意味着对石油的投机正沿着油溪所形成的采集运输的发源地向外拓展。在距离这个石油开采中心大约 10 英里的地方,最受关注的是皮特轰油溪(Pithole Creek)沿岸的两个农场,这两个农场以霍姆登(Holmden)家族的名字而闻名。[2] 在这里,承租人共同努力成立了美国石油公司。当第一口油井投产时,时机就是一切。在石油繁荣的头五年,类似的开发在油溪山谷此起彼伏,围绕着这些油井形成了许多为提供油井开发所需的商品和服务的新兴城镇。然而,在 1865 年初的几个月里,联邦军队遣散了数千名士兵。这些人涌向最有可能找到工作的地方。就像

〔1〕 *Oil City Register*, November 24, 1864.

〔2〕 Lease, Thomas Holmden to James Faulkner Jr., Venango County Deed Book Z, 19, recorded May 2, 1864.

上演戏剧一样,最大的新兴城市皮特轰突然出现在舞台上,意味着最大的可能和前景性,这个小城突然间迎来了前所未有的繁荣。

到夏天结束时,已经有 3 000 名卡车司机现场随时待命,用货车把油运出皮特轰。[1] 附近唯一的建筑是霍姆登两兄弟的家和一个寡妇的小木屋。这样的环境使得成群工人没有地方吃或住。除了为工人们开火做饭之外,霍姆登兄弟开始每天为近 200 名参观者提供餐食。1865 年 5 月,来自石油城的两名商人 A. P. 邓肯(A. P. Duncan)和乔治 · C. 普拉瑟(George C. Prather)购买了油田附近的土地。他们对石油投机不感兴趣,他们想创建一个可以从当地人口激增中获利的城镇。

在这个一切可以从头再来的城市,第一批房地产租赁反映出普遍的“短平快”的行业理念。租赁一家商店或企业 6 个月,租金为 50 美元,每年为 100 美元,可续租三年。除了一个条件之外,这一价格使得租赁合约可以快速变动,即在三年合约期满时,承租人有权拆除自己建造的房屋,或按土地所有者给出的价格将其出售给土地所有者。即使企业主认为自己可能不会永远待在一个地方,通常,他们也希望有一个坚固或可以被很好保留下去的建筑;然而由于知道他们建造的任何东西最终都会归他们租用的土地所有者,因此他们所建造的房屋几乎没有值得保留修缮的价值。整个城镇定居的过程其实是鼓励租户考虑短期利益和快速获利。虽然这一模式也可能用于其他行业,不过,皮特轰确实正在创造一个会渗透到石油所及的每一边界的新兴城市的模式。

新兴城市设计的一个关键部分是它的扩张能力,然后在需要撤离时像帐篷一样倒塌。皮特轰的石油产量在 1865 年 10 月达到了顶峰,据报道在 6 000 桶至 8 000 桶。在托马斯 · 霍姆登的农场里,79 份租约里包括 81 口油井,其中 11 口一直有石油产出,另外还有 3 口产量不太大。其实皮特轰原油供应的一半以上仅仅是来自两口油井。在一个石油的生产是构成该地区每一项经济发展的全部理由和动力的地方,这两口油井便支撑着油区最大的城镇,而当这两口油井的产量开始下降时,世界上首例石油开发的末端效应出现了,即从盛至衰。

持续开采使得石油储备不断减少以及取代城镇劳动力零担运送的石油输送管道的建造,使得皮特轰这个在 1865 年 5 月平地一声雷从无到有的城镇,在三

---

[1] *Titusville Morning Herald*, August 16, 1864; Pithole City Directory, 1865—1866, 6.

年多一点的时间里经历了从繁荣到崩塌。皮特轰的繁华犹如昙花一现,太短的成功竟然没能出现在人口普查记录中。在1860年的人口普查中,皮特轰的人口数据自然不存在,而在1870年的人口普查中,该镇人口已经降至281人。在十年一次的人口普查的夹缝中轰然坍塌,皮特轰曾经的繁华只留给那些亲身经历和目睹的人来讲述。到1877年8月,这里已经渺无人烟,于是,地区法院废除了其行政区,仿佛从地表被砸入地下,从此,世上再无皮特轰。

皮特轰的消失体现了石油开采的理念:可以用中国人的话说,就是“飞鸟尽,良弓藏”。既然这块地在石油的生产中发挥了作用,现在石油开采完成,它就没有继续存在的理由。在石油生产的这盘棋中,与其相伴而生的城镇无外乎是一种“附属品”——需要时重要,物尽其用时则成为不必吝惜的一枚弃子。这种发展模式本身就是旨在让其他行业的发展与石油开采供应同步,兴衰相依。

美国的扩张与得克萨斯州石油产业兴盛并行

在整个19世纪末期,石油的使用还是很有限,虽然石油开发扩展到了其他地区。在其他地区,仿照宾夕法尼亚州新兴城市的模式一个一个出现了。当代许多观察家将得克萨斯州与美国的石油开发联系在一起。其实,美国的工业首先从宾夕法尼亚州扩展到其他州,包括阿肯色州、加利福尼亚州和俄亥俄州。19世纪末投机商对得克萨斯州仔细盘算时,国际上其他地方也有了重要的石油开发。

美国模式的石油开发中,大多数地区是应声而起,不过,加利福尼亚州的情况略有不同。历史学家保罗·萨宾(Paul Sabin)写道:“19世纪晚期石油产业进入加利福尼亚州,政治形势和政策决定了其进入市场的速度,同时也刺激了消费者迫不及待地使用石油。”[1]当时的改革者认为,作为一个产业,缺乏持久性基本上是石油的生产特性。[2]然而,美国石油开发背后的力量并不打算改变这一行业繁荣兴盛的步伐,加利福尼亚州在很大程度上是个特例。事实上,美国模式即将在得克萨斯州的石油开发领域迎来决定性时刻,并重振那份曾在宾夕法尼亚州折戟沉沙的士气。得克萨斯石油业的投机商形象地再现了基于个人主义

---

〔1〕 Paul Sabin, *Crude Politics: The California Oil Market*, 1900—1940 (Berkeley: University of California Press, 2005), p. 2.

〔2〕 Ibid., p. 18.

和个体机遇的美国产业开发模式。

在19世纪晚期,帕蒂洛·希金斯(Patillo Higgins)从得克萨斯州东部的一片开阔地的盐丘上看到了希望。他认为最有可能开采出石油的盐丘是纺锤顶(Spindletop),和德雷克很像,希金斯花了数年时间筹措资金和技术援助做勘探调查。与德雷克那时不同的是,希金斯已经可以利用更多的信息传递渠道发展石油开采事业。他在杂志上刊登广告,请人在"大山"上钻孔,当地人管纺锤顶叫"大山"。但是,唯一的响应是来自曾在得克萨斯州勘探过盐丘中的矿盐和硫黄的安东尼·F. 卢卡斯(Anthony F. Lucas)上尉。

凭借与石油行业的关系,卢卡斯满怀希望地与标准石油公司的代表商讨开发纺锤顶这一地点,不过他得到的只是哄堂大笑。标准石油公司的一名地质学家在给卢卡斯的报告中说:"他在俄罗斯、婆罗洲(Borneo)、苏门答腊和罗马尼亚发现了石油,但没有任何迹象表明得克萨斯州东南部的大草原上会有原油。"[1]

于是,在几乎没有同行支持的情况下,卢卡斯在酸泉丘(Sour Spring Mound)和博蒙特(Beaumont)地区的其他地点钻探。从1900年10月直到1901年1月,一直坚持着将钻杆尽可能深地钻入地下、被称为"硬脖颈儿"的卢卡斯的钻井队费尽千辛万苦终于穿透坚硬的油沙层,这是阻碍了先前钻探工作的关键一层。在石油勘探开采历史的这个阶段,钻工通常是在套管内钻孔,然后滑进更深的井眼。这种钻头由蒸汽或汽油发动机驱动,根据每一层遇到的岩石的硬度,以不同的速度移动。转眼到了1901年年初,博蒙特外的钻井变得特别奇怪——钻杆急剧下降,然后又大幅减速。钻工们认为这是由沙层造成的;不过事后看来,这种起伏应该是由相伴在庞大的石油储存带周围的天然气气层造成的。

1月10日在纺锤顶,开始有泥浆从钻井里冒出。在场的四五个工人拼命地想看个究竟,因为他们听到的声音像开炮。接着是一声巨响,而后石油突然从井洞里喷出来,带着岩石、沙子甚至钻机的零件飞向空中。就这样,史上著名的卢卡斯石油间歇泉在地下1 139英尺处被发现,喷出的石油超过100英尺高,直到9天后被封住。产油期间,这口油井每天的出油量估计为10万桶,远远超过了之前所见的任何油井的产油量。这一事件标志着美国石油行业进入了一个新时

---

[1] Judith Walker Linsley, Ellen Walker Rienstra, and Jo Ann Stiles, *Giant under the Hill: A History of the Spindletop Oil Discovery at Beaumont, Texas, in* 1901 (Austin: Texas State Historical Society, 2002), p. 73.

代,尤其是对博蒙特的居民来说。其中一位名叫查尔斯·伯利(Charles Berly)的人后来回忆那天他站在附近一座圆顶上看到的景象:

> 这口井简直要发疯了……大概能喷射到150英尺高的空中。当时没有人意识到它的重要性。那时我们还不知道石油是一种燃料。当时,石油是作为车轴上的润滑油和灯用煤油使用的。人们对这一片狼藉非常不安,石油挟着各种东西从地下喷射到地球表面,到处都是。人们担心石油会杀死小溪里所有的鱼,而且妨碍农业生产。[1]

1月19日,当卢卡斯最终控制住石油间歇泉时,一个巨大的水池——实际上是一个石油湖——包围着它。

从卢卡斯1号油井流出的原油与石油工业以前所见过的任何情况都不同:每天出产石油超过75 000桶。随着石油喷涌的消息传遍全球,得克萨斯州的石油繁荣开始了,模式与皮特轰以及其他油田如出一辙。成群结队的石油勘探者、投机商和看热闹的人蜂拥而至,把博蒙特变成了得克萨斯州第一个石油新兴城市。土地价格忽高忽低。几个月后,纺锤顶上开凿了两百多口油井。1901年年底,得克萨斯州的石油投资共约有2.35亿美元。

就像19世纪60年代一样,美国模式在1901年引发了公众投机。急于寻找矿藏的投资者,在这个号称孤星之州的得克萨斯州为寻找石油和天然气花了数百万美元。到1902年,有500多家得克萨斯联合集团在博蒙特做生意。由纺锤顶开始,得克萨斯州在石油开发方面享誉全球。作为这里新兴城市的领头羊,博蒙特的形成与发展围绕着自由交易的威士忌、现金和原油。不过,作为临时住所,新兴城市的发展设计并没有长久的考量,仅仅基于原油预期供应的几年而已。在接下来的几十年里,石油的开发使得整个得克萨斯州的新兴城市大同小异。这是石油产业开发的"大时代",也表明了更大的文化模式在形成。大量的石油开采使油价下降,迫使开发者寻找石油的新用途。特别是,标准石油公司的主要投资者洛克菲勒(Rockefeller)等人注意到了法国和德国的发明家开始制造用于个人运输的设备——汽车,这在后面将有专门讨论。

在发现石油近半个世纪后,最终,源源不断的供应让石油与人类社会形成了

---

〔1〕 Judith Walker Linsley, Ellen Walker Rienstra, and Jo Ann Stiles, *Giant under the Hill: A History of the Spindletop Oil Discovery at Beaumont, Texas, in* 1901 (Austin: Texas State Historical Society, 2002), p. 114.

千丝万缕的联系。从全球各地进入美国交易市场,美国模式是石油扩张供应一目了然的原因。今天看来,大规模的石油资源供给定义了20世纪的人类生活。强调个人投机从细节上体现出了石油的本质,而灵活变通使石油成为适应美国发展模式的完美商品。

结论:原油及其美式开采体系和发展模式

石油最初开采于宾夕法尼亚州油溪沿岸,但是石油产业爆发则始于1901年的得克萨斯州大草原。石油的出现意味着美国照明用油不再受制于有限的海上狩鲸业,那时,宾夕法尼亚州的石油商已然引领石油产业进入爆炸性的、蓬勃发展的阶段。在确保利润的情况下,完善原油的收集、储存、运输和提炼技术,是新石油工业必须面临的挑战,同时也意味着对勇于冒险创新的企业家的巨大承诺。石油的开采是在细致的计划和组织下:在国家能源和照明需求方面受训良好的投机商和市场战略人士联手推动了寻找稳定石油的储备。宾夕法尼亚州的石油是一种不受从单一哺乳动物身上提取油脂数量限制的商品,不管这种哺乳动物有多大,而是受制于地下谜一样的石油储量。如果能首先找到并驾驭这块地,便给人以无限的机会和承诺。

把机会变为现实,实现石油无所不能的承诺,必须先找到石油。与捕鲸类似,定位油井基本靠运气。尽管一些手段,包括“嗅油”和“用新鲜的树苗占卜”,在宾夕法尼亚州油田已经相当普遍,但是人们对地下石油的情况还是知之甚少,所以唯一真正有效的采油其实是紧随在一口口油井成功地开凿之后的行动。一旦有油井出现,人们便在距离这口井尽可能近的地方再开凿。这一做法基于石油深藏地下不可见的本性。最初,这样的做法常常引起法律纠纷,因为开采石油的人发现油井后就会想办法限制其他人在这一地段跟风。

人们希冀寻求法律权威来控制这种不计后果恣意妄为的发展,然而,石油的本质又诱使人们难以自拔地这样做。在英国和美国法院,人们发现地面物权法不适用于以地表为边界的地下矿带的产权。油田的游戏规则变得无法可依,然而,这一做法又确保了美国石油业的繁荣。此法被冠以“捕获既得规则”,即产权人对石油的合法所有权只有其将石油开采输送到地表后才被授予。由此一来就不必惊讶,原油的出现造成了在一口油井成功开凿之后总是有冒险家蜂拥而至的局面;早期的欣欣向荣的石油开发是获取原油的主要机制。

美国的资本主义制度没能解决石油资源与土地的非依赖性本质。事实上,随着在美国各地(如宾夕法尼亚州、加利福尼亚州、俄克拉荷马州和得克萨斯州等)上演的石油繁荣,石油开发的美国模式已然成为一种无序、危险,而且不计后果地寻找财富的状况。这是一个丑陋的状况,尤其是考虑到新的系统化的现代商业理念。然而,美化了的石油繁荣,让美国模式延续了民众对该行业的无限憧憬,并成为石油神话的一部分。同时,另一模式也在出现,这一模式源自美国人的思想,并最大限度地体现在该行业的全球发展上。

无序带来了疯狂繁荣,而系统化可以消除在寻找、采收、加工和运输石油时的某些风险,还可以使石油的利润最大化。系统化的这一特点引起了俄亥俄州克利夫兰一名贩卖水果的年轻人的兴趣,他是正在出现的商业新时代的化身。虽然减少浪费和使制造业系统化已经使一些实业家获得了巨大财富,但石油似乎是工业界的一匹野马——不可驯服。本书将在第二章讨论老约翰·D. 洛克菲勒(John D. Rockefeller)以系统管理的眼光看待石油,以及他对这一资源的巨大影响。

然而,美国的地下石油抵制了这种现代敏感性。对于19世纪的实业家来说,像钢铁这样的产品容易把控——只要资本在手,就可以轻而易举地推断出需要哪些矿山和铸造厂来协助自己生产。但是,对投机和繁荣的无限度依赖,使石油生产处于飘忽不定的状态。在美国石油发展中,应对石油这种谋事在人成事在天,分布并不均匀一致的特性的主要办法就是钻更多的井。

不带着真正的约束或控制的秩序让许多人将“捕获既得规则”称为“丛林法则”。最终,新兴城市成为这一行业发展理念的一种手段和方法。就像是捕鲸船的远亲一样,新兴城镇作为地处偏远的人们开掘资源的一种手段,始于宾夕法尼亚州的油田,成为石油公司在各地巧妙获取石油资源的手段。一旦石油被发现,城镇就会发展;否则,这座城市就会成为一片废墟,在一夜之间消失。石油的本质使这些“捕获既得规则”得以具体再现;然而洛克菲勒却不为所动。

洛克菲勒对石油勘探高度不确定的状况嗤之以鼻,他把宾夕法尼亚州的产油区描述为“劳动营”。在一个思维缜密的商人头脑中,石油是失败的:作为一项事业,它缺乏组织;作为一种资源,它不易变通;作为一种商品,其供应并不可靠。因此,在更大范围内开发石油——新工业时代最大的挑战之一——需要的不仅仅是毅力、决心和运气。

第二章　横跨洲际　增加供给

建筑材料与在远东地区占主导地位的由自然材质建造的小屋形成鲜明对比:蓝色锡罐堆叠、支撑或粘在其他有机物上。在中国和印度的部分地区,以及缅甸和苏门答腊等地,在19世纪晚期之前,人类居住条件简单。显然,这种新的建筑材料是不速之客,从邈远之地穿越时空而来,宛若隔世。只使用一次就丢弃,这些锡罐来自一个遥远的、拥有强大的制造能力的国度,能够利用金属等宝贵原料制成一次性物品。在一个仍旧砍柴生火做饭而且教育程度有限的地方,这些锡罐有了用武之地。这些地方的制成品如此之少,意味着任何废料都可能有新的用途,比如把这些锡罐用作建筑材料。如果仔细看那块被撕破的锡罐,会看到上面的文字:"加利福尼亚州标准石油公司"。

无论是在缅甸还是在阿肯色州,若想改变人类与原油的关系,显而易见的第一步是增加石油储备。到了19世纪晚期,鉴于德雷克最初坚韧不拔的勘探以及石油投机商的技术革新,这一步已经开始了。在得克萨斯州1901年的油井开凿表明,增加石油储备需要工业基础设施的稳定增长。石油与美国扩张精神的同步关系永远不会完全消失;然而,另一种方法显然是存在的。例如,皮特赛这样的新兴城市仍然是石油工业的一部分,因为新兴城市富于发展弹性,企业家可以充分利用新的机会先发制人。繁荣与萧条成为行业发展的必经之路,然而,并非每个地区的经济发展都严重依赖在石油领域发掘个人机会。与早期遍及美国的例子不同,石油对围绕集中规划和系统化所组织起来的资本大开方便之门。具有讽刺意味的是,这种国际发展模式的范例来自以锡罐为代表的美国的原油经验。

应对高度不确定性的繁荣与萧条周期,洛克菲勒标准石油公司成了其他国家的榜样(当然,这些人也是他们的竞争对手),设计出利用原油资源实现繁荣的方法。在其他地区,国家自行开发或与现有的石油公司合作(包括标准石油公司)。通常,遵循国际模式的企业对独立投机商和散兵游勇投机取巧的石油勘探者依赖要小得多。这些由国际企业所围绕的大体系往往是根据需要建立起来的:由于缺乏本国的石油储备,一些强国寻求技术和政治机制从任何有石油出现的地方获取石油。在德雷克挖到第一口商业油井一个半世纪后,英国、荷兰和法国以上的这种做法预示着一个石油短缺的时代将降临到所有国家。19 世纪晚期,石油直接被归结为重商主义传统中的一种资源,尽管开采复杂。20 世纪早期,重商主义传统被称为殖民主义,国际模式通常是欧洲石油公司与产油区的王室或行使殖民权力的政府合作。

到 19 世纪晚期,石油的用途没有多大变化,但新技术帮助建立了一个开发石油的高度组织化的国际模式,具体做法是,无论煤油是从哪里开采的石油中衍生出来的,首先优化把煤油分销到世界各地的方法。原油的采收和分销的每一环节都需要大量资本,将原油带到集中处理和精炼地点的输油管道等技术对资本的需求最高。油罐车可以更容易地运输成品油到使用点或装运点。在全球范围内,石油资源储备明确后,石油分销就成了问题,当然石油分销也会成为商机和获取利润的新领域。所有的一切必须到位,才能将原油从得克萨斯或宾夕法尼亚运往世界各地。这与个人的坚韧和运气没有多大关系,相反,它依赖于精细复杂的企业组织。在这种模式下,洛克菲勒和其他石油企业家在考虑石油未来的发展时,就不是建造一个油罐的规模。然而,不可否认的是,原油的发展之路始于那个不起眼的罐子,它既是原油的输送渠道,同时也是连接生活方式和文明的桥梁。

将原油标准化并抽象为商品

石油无法通过任何现有的商业模式实现增长。由于地质原因,石油的地理分布极为分散，由此，石油的开采就要求公司在开采收集上拥有一定的规模，以便方法和手段在任何需要的地方都可以发展和利用，比如新兴城市。尽管老约翰·D. 洛克菲勒比任何其他人都更明白——所有的恶意最终都会集中在他身上，但是他仍然要做下去。当然，他并非单枪匹马。洛克菲勒的标准石油信托公司创造了一种模式，其他人会效仿，也会试图与之竞争。他将其企业描述为“一体化”，总的来说，其组织机构试图克服美国原油开发模式所包含的不确定性。

发财的机会吸引了成千上万的投机商涌入油田，但是洛克菲勒所寻求的是稳妥而确定的石油储备。为了实现这一目标，他既不全然否认也不全盘接受石油的这一本质，相反，他的企业体系容忍这一点。由于自己在贸易和运输方面的专长，洛克菲勒明确了控制和系统化石油生产的方法，从而使他的企业成功和个人财富最大化。尽管在接下来的一个世纪，洛克菲勒所建立的运行框架为全世界所使用，但是在当时他的计划并未显现出优势。

在 19 世纪 60 年代后期的大部分时间里，洛克菲勒在南促公司(The South Improvement Company)工作，为在石油开采后控制整个行业的每一步而奠定基础。最初，个体生产商和商人联手避开标准石油公司努力建设的框架。开始的时候这种联手抵制还很有效，直到 19 世纪 70 年代石油在宾夕法尼亚州油溪河谷的成功不胫而走，在美国的其他州乃至其他国家流传开来。在 19 世纪 70 年代早期，在那场“石油战”中，独立派成功击败了洛克菲勒。通过这场争执，石油行业背后的企业融资逐渐与宾夕法尼亚州油田的早期劳动者分离。其他地区的炼油商也支持“石油王国”的工人反对南促公司。洛克菲勒的公司计划只保留克利夫兰和匹兹堡作为宾夕法尼亚州原油的必要精炼点。由于没有运输合同，油溪地区的诸多炼油点关停业务终止接活，而且大部分石油生产也不再继续。但是，40 天后，他们摧毁了垄断，生产又重新开始了。业内人士意识到了联手反对的积极结果。石油的未来显而易见。在向以石油作为主要能源的转变过程中，这一时间点至关重要。洛氏集团的做法是接手规模相对较小的企业，为其提供资金和组织管理，以扩大商品的规模和范围。

“石油王国”对南促公司的胜利没能持续很久。洛克菲勒制定了能使其方法更加耐久的新计划。运油卡车司机们的团结一致实际上直接促成了他的新计划。为了调整战略，洛克菲勒于 1870 年成立了俄亥俄州标准石油公司。后来，在 1872 年，洛克菲勒为自己能够控制整个石油行业奠定了基础，即利用“方铅矿符号”(Galena-Signal)这样的公司来达到目的。传记作家罗恩·切尔诺(Ron Chernow)写道:“他不再只关注自己的企业,而是开始把这个行业想象成一个巨大的、相互关联的机制,并从战略联盟和长期规划的角度思考。”[1]俄亥俄标准公司的股份公司,由老约翰·D.洛克菲勒担任总裁,威廉·洛克菲勒(William Rockefeller)担任副总裁,亨利·M.弗拉格勒(Henry M. Flagler)担任财务部部长,由此股份公司能够规避许多州禁止公司拥有州外利益的法律。标准石油公司以其原始股控制了美国炼油业约10%的股份。洛克菲勒把他的目标说得很简单:“标准石油公司总有一天会提炼所有的石油,制造所有的油桶。”[2]

南促公司是一个空壳公司,洛克菲勒利用这个公司实施计划,并且把精力和资本用于引发其炼油厂的竞争对手之间的相互竞争上。铁路公司也是这番操作的主要工具。虽然铁路公司提高运输价格,但对属于南促公司成员的炼油厂的报价不变,南促公司的成员甚至还会获得部分返还的运费。此外,标准石油公司还会收到当非会员炼油厂发货时铁路方面的“退赔款”。铁路公司同意向标准公司提供有关竞争对手运输石油数量的信息。铁路公司同意这样的安排的原因很简单。答案是,洛克菲勒做足了功课,他的商业智慧远远超出了石油领域。仔细研究了那个时代的大规模经济发展,标准公司的领导人意识到,铁路的发展使得各公司处于极不平衡的状态。南促公司同意充当一个“平衡者”,平衡不同公司之间的石油运输,从而使整个铁路业务受益和平衡。几乎是扮演了运输部门的调节员或裁判员,标准石油公司平息了美国南北战争后石油行业的价格战。洛克菲勒在1871年的一封信中写道:“一个在生活中取得成功的人有时必须逆流而上。”[3]当然,公众并不知这套做法,直到亨利·弗拉格勒向记者艾达·塔贝尔(Ida Tarbell)披露此事。即便如此,洛克菲勒也从未承认非法管理石油市场。“我知道这是良心的问题,”他回忆说,“良心就在我和我的上帝面前。如果明天我必须又要做这件事,我也会以同样的方式再做一遍,甚至再做一百遍。”这样的循环重复着:没有加入南促公司的炼油商境遇越来越糟,直到标准石油公司迅速介入,以冷酷无情的低价收购,将这些个体炼油商轻而易举地收入囊中。在洛克

---

〔1〕 Ron Chernow, *Titan: The Life of John D. Rockefeller, Sr.* (New York: Random House, 1998), p. 130.

〔2〕 Ibid., p. 132.

〔3〕 Ibid., p. 137.

菲勒的思维中,这关乎效率。当然,实施这样的计划需要相当大的资金和影响力。

到1879年,标准石油公司控制了美国90%的炼油能力,涉及东北部城市中心之间的大部分铁路线,以及分散在各个石油投机点的众多租赁公司。在整个19世纪70年代和80年代初,标准石油进一步巩固了其在炼油行业的统治地位,到1882年,它成立了标准石油信托公司(Standard Oil Trust),这是一种商业整合方面的创新,给予公司更多空间和渠道实施扩张并垄断行业和市场。在石油业,单打独斗的个体小公司逐渐被淘汰出局,因为无法与标准石油公司的规模和范围相抗衡。洛克菲勒的石油精炼厂体系发展得如此之大,以至于在19世纪末,他可以要求铁路公司降低费率以及提供更高的回扣。就像电脑操作软件一样,洛克菲勒控制着美国国内贸易和生产的经济基础设施。这既不公平也没有达到资本主义建立竞争市场的目标。

就石油而言,这一新模式为未来的成功提供了蓝图。洛克菲勒企业模式的效率和设计促使石油行业在规模和范围上呈现令人难以置信的增长,尤其是在技术输出和全球开发方面。就标准石油公司而言,其控制和指令必须以强有力的手段施加给现有行业,常常是经历对抗和公开竞争(其实有时是非法)。显然,这些做法遭到了石油工业基层和联邦法律的抵制。不过,这些都是其他公司可以学习的经验。第一次开发石油资源的地区可以从开始就嵌入公司结构和控制。

现代石油公司的股份制形式其实起源于17世纪的重商主义时期,由欧洲皇室在地理大发现中所创立。然而,如今的大型石油公司都是跨国公司,基本上不受监管,它们寻求的只有一样东西:原油。与重商主义模式中的运营方式一样,石油开发要求商业利益从本土向外延伸,承担不熟悉的任务。在一个行业发展的早期阶段,也许需要个体探索未开发区域,然后与当地首领谈判。如果发现了原油供应,那么沟通与谈判往往会转向国家外交程序中最高级别的对话。尽管石油的主要用途仍然是照明,但只要有"黑金"出现,石油大亨们就会启动开发的滚滚车轮。效仿宾夕法尼亚州油田的新兴城镇在世界各地出现,远至阿塞拜疆、婆罗洲或苏门答腊岛。[1] 然而,通常情况下,这些新兴城镇不像皮特霍那样是

〔1〕 Daniel Yergin, *The Prize: The Epic Quest for Oil, Money, and Power* (New York: Free Press, 1993), pp. 117－119.

在一个地区自然成长起来的城镇,而只是来自遥远国度的大的联合企业资源开发战略的一部分。

在20世纪初,全球原油市场的竞争一般发生在联合企业实体之间,后者利用标准石油公司模型划分世界已知石油储量。19世纪晚期,标准石油公司采用水平整合模式,控制石油运输和加工的方式。这一模式在美国国内运行良好,但是在开发全球石油储备上存在许多额外的挑战。此外,当标准石油公司受制于诸多法律限制(当然,这些法律限制衍生于所谓自由企业的美国理想)时,国际实体则会随时挺身而出。国际公司的构架是建立在大型企业和其所依赖的殖民势力之间的激烈竞争之上。

在20世纪前十年的法律纠纷之前,标准公司就发现它缺乏许多竞争对手的一个共同特点:政府或王室的支持。从1880年到1910年,在这种支持下,规模庞大的石油公司把整个世界变成了一个棋盘(当然,他们需要入丛林,踏冰苔)。这盘棋上,这些庞大但不失弹性的公司实体相互竞争。

巴库与全球商品的形成

仿佛一颗石子投入池塘后泛起了层层涟漪,美国石油商品化由国内向国外辐射,在全球掀起了石油开发热潮。1861年,第一批由原油制成的煤油从费城运往伦敦。[1] 尽管很担心船上货物的安全,但是一旦旅程平安无事,加之煤油又非常实用,欧洲人就叫嚷着需要更多,进而,"新光"的消息又传遍俄罗斯和其他地方。19世纪60年代和70年代,大多数煤油都是标准石油公司生产,锡罐包装,并且源自宾夕法尼亚州油田。然而,很快,石油开发活动开始在那些人类早已发现石油但随后又沉睡了很久的地方迅速升温。寻求将这些分散的石油储备整合到全球市场的过程中,有几个商人的作用非同凡响,而且他们的名字时至今日仍极具影响力,如罗斯柴尔德(Rothschild)、诺贝尔(Nobel)等。这些商人以从事宾夕法尼亚州以外的石油资源开发而闻名。

在高加索山脉延伸至里海的巴库地区,石油储备完全在一个独立的大公国内部,这个大公国在19世纪初已被俄罗斯吞并。这里,采收石油最原始的方法

〔1〕 Daniel Yergin, *The Prize: The Epic Quest for Oil, Money, and Power* (New York: Free Press, 1993), p. 56.

早就有，到 1829 年，该地区已有近 100 处人工挖掘的石油采集坑在收集渗出的原油。19 世纪 70 年代，俄罗斯沙皇政府向竞争激烈的私营企业开放了这一领域。[1] 1871 年，第一口油井顺利开凿，从瑞典移民到这里的罗伯特·诺贝尔(Robert Nobel)，最终使巴库一跃成为石油霸主。很快，居住着鞑靼人、亚美尼亚人和波斯人的巴库成为诺贝尔家族和俄罗斯帝制合作的焦点。

诺贝尔的创新建立在宾夕法尼亚州石油经验之上，他一度使俄罗斯的石油产量超过美国。他遵循洛克菲勒的模式，专注于运输，将石油从这个偏远地区开采出来。在巴库长途跋涉运输石油过程中铁路建设这一部分涉及另一大商业家族，即法国的罗斯柴尔德家族。就是他们的里海和黑海石油公司，即以里海与黑海石油公司的俄语名称的俄文单词的首字母命名的“布里托(Bnito)”公司，直接与诺贝尔的公司竞争。此外，俄罗斯石油的崛起引起了标准石油公司的注意，1885 年左右标准石油公司也开始了在该地的商业活动。到 19 世纪 80 年代末，为了与欧洲石油企业竞争，标准公司已经成为一家真正的跨国企业。转运俄罗斯的石油成了这些竞争对手的主战场。[2]

支持罗斯柴尔德家族的是有着巨大影响力的伦敦商人马库斯·萨缪尔(Marcus Samuel)，他的航运系统贯穿整个远东地区。正是他对这个航运系统的掌握和对新电报的整合，使罗斯柴尔德家族相对于标准石油公司具有明显的优势。他希望，这可以阻止其石油价格被标准石油公司压低，压价是洛克菲勒在 19 世纪 90 年代取得商业成功的关键。此外，萨缪尔做石油的大宗交易而且以大型油罐进行货轮运输，从而降低将石油装入锡罐的包装成本。开拓这个新市场的风险是包装锡罐的缺乏，然而，大型油罐运输这一石油贸易中的重大创新显然让标准石油公司在远东陷入了困境。最初的时候，萨缪尔并不发送任何货物，而是回收用户使用过的包装锡罐。

简而言之，当马库斯·萨缪尔在 1891 年让一支油轮舰队通过苏伊士运河时，他以为消费者会自己装满油罐。毫无例外，所有的罐子都是之前装满标准石油公司进口原油的空罐。萨缪尔没有意识到标准石油公司的锡罐本身已经成为

---

[1] Steve Le Vine, *The Oil and the Glory: The Pursuit of Empire and Fortune on the Caspian Sea* (New York: Random House, 2007), p. ix.

[2] Ibid., pp. 16—24.

整个远东地区人们的战利品。[1] 萨缪尔迅速做出调整,以保持他为罗斯柴尔德家族赢得的竞争优势,他立即派出满载生锡的船只,制造加工成大容器。他的红色锡罐很快也被用于居家建筑和其他用途,与曾经携带的石油完全无关。显然,这是不同世界跨越时空的相遇。

全球勠力开发伊朗原油

如果永远只盯着一种特定的商品,跨国石油公司不必选择政治伙伴,历史学家丹尼尔·耶金(Daniel Yergin)以这一观点为核心著书而斩获普利策奖。20 世纪初,在一些发现有石油储备而政治上并不稳定的地区,大型企业在这样的地方开展工作总有鞭长莫及之感。例如,英国和南非的布尔战争(Boer War)就是造成石油企业在这些地区开发遭遇重重困难的范例。在某些情况下,壳牌公司的设施遭到破坏或抢劫。此外,当苏门答腊岛的油井开始生产盐水而不是石油时,荷兰皇家银行几乎垮掉了。石油公司的地质专家们近乎疯狂地寻找新的石油资源储量——并且找到了。然而,皇家荷兰银行发现与标准石油公司竞争比以往更困难。这种竞争迫使荷兰皇家提出国际发展模式的基本问题:为了在不同地区发展类似的石油企业,石油集团是否要扩张?

对此的回应是肯定的,荷兰皇家石油公司和壳牌石油公司两家公司已经开始考虑合并,以控制俄罗斯和远东地区的大部分石油。然而,事实证明,组织安排这样的强强联合极具挑战性。最大的挑战在于谁来领导这些公司。尽管萨缪尔与标准石油公司也进行了可能的谈判,但真正完成合并的是荷兰皇家石油集团和壳牌石油集团,并在 1902—1903 年更名为荷兰皇家石油集团。谈判并没有就此结束,更进一步的,在 1907 年,他们正式成立了荷兰皇家壳牌集团,通常简称为“大集团”。[2] 当然,目标是创建一个足以在全球范围内与标准石油公司竞争的石油企业集团。到 1910 年,大集团已成熟稳定,可以将业务扩展到美国西部,正面攻击洛克菲勒的标准石油公司。

20 世纪伊始,以储量为基础,以市场需求来区分,石油这一大宗商品重新整

---

〔1〕 Steve Le Vine, *The Oil and the Glory: The Pursuit of Empire and Fortune on the Caspian Sea* (New York: Random House, 2007), p. 68.

〔2〕 Ibid., pp. 122—123.

合与划分了世界。几乎每个国家,特别是那些没有石油资源的国家,都在寻求自己的石油储备。英国进入这一领域相对较晚,但是力求通过一家有政府背景的公司后来居上,而且从尚未开发的地区将石油运出。后来众所周知的英国石油公司是通过在澳大利亚采矿发了财的冒险家威廉·诺克斯·达西(William Knox D'arcy)的努力发展起来的。听说波斯帝国(现在中东地区)有石油冒出之后,1901 年达西从波斯掌权的大臣那里获得了一份在奥斯曼帝国的大部分地区勘采石油的特许权。由于需要额外资金,达西接受了英国海军部成员的援助,在 1905 年成立了一个特许石油联合集团。那里,第一处重要的油井是 1908 年 5 月在波斯西南部的苏莱曼清真寺(Masjid-i-Suleiman)发现的。历史学家阿拉什·卡扎尼(Arash Khazeni)谈到这一油田的开发对文化的影响:

> 那些冬季在油田附近放牧的居民被迫,但是又很快适应了一个彻底改变的环境。放眼望去是陆续建起的井架和输油管道,新铺的道路蜿蜒于盘亘的山岭之间。曾经,只有羊群和黑山羊绒帐篷静静点缀着的山丘,如今布满了新建的带有自来水的房子、学校和医院。当地原本放牧的居民,有许多成了油田工人,留在低地,不再随着季节的改变,带着羊群迁移。[1]

以此为起点,达西等人成立了盎格鲁—波斯石油公司(Anglo-Persian Oil Company),开始在整个中东地区勘探石油。

成立于 1909 年的盎格鲁—波斯石油公司试图证实人们长期以来的猜测——这一处人类文明的发祥地埋藏着大量石油。虽然他们找到了一个多产油田,但在其他方面,特别是炼油这一环节遇到了很大问题。而且,该公司缺乏一个运输船队和产品分销网络。冒着被一家更稳定的全球石油公司收购的风险,盎格鲁—波斯石油公司与一家公司建立了联系。1912 年,他们与荷兰皇家壳牌集团签署了一项为期 10 年的营销协议。专注于波斯的油田,英国把石油行业从与国家领导人进行幕后政治交易的时代带入全面的石油殖民时代。寻找和开发已知的石油储量成为首要任务;而这一新扩张背后的强有力支撑是石油的一个新的应用——航运燃料。盎格鲁—波斯石油公司被授予皇家特许权之后又有了一个新名字:英国石油公司(BP)。

---

[1] Arash Khazeni, *Tribes and Empire on the Margins of Nineteenth-Century Iran* (Seattle: University of Washington Press, 2009), p. 112.

从1900年到1920年，大量的新增探明石油储量对单打独斗的石油开采者形成了强势挤压，同时也形成了一种日益活跃的企业文化。然而，在这一时期与美国国内的石油产量同样令人瞩目的是发生在国际石油产业的革命——英国、荷兰和法国等利用壳牌、英国石油等公司开始在世界各地开发石油。通过与世界各国政府的密切联系，这些经济实体成了开采和使用石油的扩张机制。欧洲帝国的强权集中在石油殖民后，发现石油储备并占有便成为首要任务。显然，这些有着盘根错节关系的石油公司施展的能量很快就使他们的企业具有一种更新的国际规模。[1]

无论在哪里开发石油，都需要政府和资本之间的合作。这种合作关系在19世纪末发展为殖民主义，有诸多例子为证。最著名的可能就是1890年在荷属西印度群岛成立的荷兰皇家石油公司。大约在此之前十年，东苏门答腊烟草公司的一名经理不经意地撞见当地人在荷兰烟草种植园的池塘里收集石油。于是，在获得了荷兰国王威廉三世和各大银行的支持后，烟草公司修建了一条输油管道，把在丛林中开采的石油输送到巴拉班(Balaban)河沿岸的炼油厂，产出的产品命名为"皇冠石油"。

交通运输为新兴企业成功地获取石油提供了关键的渠道。1895年，萨缪尔凭借他在航运方面的经验，来到更为偏远的东印度群岛开发石油，具体地址就是东婆罗洲库泰(Kutei)。因为距离最近的存储仓库有一千多英里，于是让工人生生在丛林里辟出一条四英里长的路直达油井区域，当地人称为"墨点"，以便将开采的石油顺利地利用车辆运出丛林。这些工人以华人劳工为主，许多人因劳顿染疾而亡。在1897年勘探出石油后，萨缪尔成立了一家新公司，专门负责运出石油以及开展海外业务，在可能的地方抢占先机。在不断增长、竞争激烈的商业环境中，萨缪尔旗下的壳牌公司也加强了与运作俄罗斯石油资源的罗斯柴尔德家族的关系。

以资源的丰富与匮乏为基础调整人类在地球上的生息地点并非是一个新想法，只是这次是以石油资源为基础。每一次这类革命性的发展，民族和国家永远是一个可以充分利用的概念，也就是说可以宣称用安全可靠的资源供应来确保国家的利益。贸易公司曾经利用欧洲民族国家的资本建立种植园和殖民地，到

〔1〕 William Engdahl, *A Century of War: Anglo-American Oil Politics and the New World Order* (London: Pluto Press, 2004), pp. 23－27.

了19世纪晚期,这一逻辑被运用到石油的开采上。这种模式可以提高行业发展效率,然而,代价是各国对其本国资源开发的控制完全被切断。特别是在石油领域,实现石油资源的价值需要一个国家与有能力开发这种资源的国际公司签约。其实,壳牌、英国石油公司以及标准石油公司在某种程度上背后都有国家利益,当然更有国家利益的旗帜下的集团利益。[1]

世界范围内陆地石油储量的大发现

当标准石油公司和其他石油集团在全球范围内努力使石油重新成为一种可交易的商品时,为数不多的已探明具有石油资源储量的几个国家评估了各自的石油供给能力,并力求设计一种方法从发展石油产业中获利。对利润的渴望促使他们采取行动,其实这种迫不及待也来自石油的自然属性。"捕获既得规则"没有国界,所以跨国公司的商业提议或大举的商业进攻本质是资本在尽可能寻求对资源的控制。一些国家力求通过谈判达成最佳协议,一些国家则尽可能地垄断信息和独享控制权,外来的开发商无法插手。

石油往往成了内部政治变革背后的复杂因素。这并非是靠掌控石油资源而获得政权并为我所用的独裁时代(后来被称为"石油独裁者"),而是当各国努力从王室传统中转型或努力融入现代政权理念时,石油资源必然作为重要的考量因素的时代。通常,帝国物权法体系是抵制或促进外来实体进入并发展的手段。不过,事实是人们无法抗拒外来的压力和机会。与全球石油开发相伴的是对油气资源所在地的居民的剥削和当地的环境退化。当地居民变为临时劳动力,但是在他们的生活和社会活动中其实几乎不使用石油,而且在石油开发中他们获利极少甚至没有。特别是在石油开发的最初几年,多数交易是不公平的,石油公司往往直接向与石油公司谈判的政治领导人付款或支付特许权使用费。

阿塞拜疆巴库

前面所讨论的国际企业发展的第一个成功的例子是整个19世纪处于俄罗

〔1〕 William Engdahl, *A Century of War: Anglo-American Oil Politics and the New World Order* (London: Pluto Press, 2004), pp. 38—42.

斯控制之下的巴库。其发展始于 19 世纪 70 年代,那时当局放宽了许可,允许更长的租期。[1] 当诺贝尔、罗斯柴尔德和其他欧洲企业实体开发煤油时,俄罗斯通过征收关税保护这个行业,目的是打压美国公司,尤其是标准石油公司。欧洲公司支持地区石油巨头,包括穆萨·纳吉耶夫(Musa Nagiyev)、穆尔图扎·穆赫塔洛夫(Murtuza Mukhtarov)、沙姆西·阿萨杜拉耶夫(Shamsi Asadullayev)和赛德·米尔巴比耶夫(Seid Mirbabeyev)。纳吉耶夫和阿萨杜拉耶夫的公司分别成立于 1887 年和 1893 年,是巴库最大的石油生产商。这些公司拥有油田、炼油厂和油轮。到下个世纪初,有一百多家小型石油公司在巴库运营。从 1856 年到 1910 年,巴库的人口增长速度快于伦敦、巴黎或纽约。

以"黑色之城"而闻名,这个被污染的工业中心在周围的城市中脱颖而出,其内部社会差异巨大。在诺贝尔家族和俄罗斯政府的影响下,巴库成为全球石油化学领域的中心。建成后的炼油厂区被称为"黑镇",与航运港口相距约 8 英里。[2] 考察了宾夕法尼亚正在使用的输油管道后,路德维格·诺贝尔(Ludvig Nobel)在格拉斯哥建造了一条输油管道,并于 19 世纪 70 年代末将这条输油管道安装在巴库。在巴库当地,互相鄙视的阿塞拜疆突厥人和亚美尼亚人存在分歧,强烈的种族分歧把焦点落在输油管道上。而在油田工作的人无非是要保住那份养家的营生,无论是当货车司机还是当油桶工。无论怎样,这条民族断裂线在很大程度上解释了开发巴库石油为何困难重重。

大多数亚美尼亚人是富裕的中产或商人。这一地区的劳动力则以阿塞拜疆人为主,富裕程度和受教育程度都远不如中产的亚美尼亚群体。历史学家史蒂夫·莱文(Steve Le Vine)写道:"与诺贝尔不同,其他实业家以令人发指的漠视对待以阿塞拜疆人为主导的劳动力。"[3]在石油产业的帷幕下,古老的种族冲突在 20 世纪初如雨后草原上的蘑菇,特别是在经历了一位年轻的格鲁吉亚劳工领袖组织的罢工之后,此人就是尽人皆知的约瑟夫·斯大林(Joseph Stalin)。

从 1903 年开始,布尔什维克利用庞大的石油运输网络分发列宁的革命报纸《伊斯克拉》(*Iskra*)。巴库很快就成为秘密军队的驻地,他们被称为"黑众",对

---

〔1〕 John D. Grace, *Russian Oil Supply: Performance and Prospects* (London: Oxford University Press, 2005), p. 6.

〔2〕 Steve LeVine, *The Oil and the Glory: The Pursuit of Empire and Fortune on the Caspian Sea* (New York: Random House, 2007), p. 19.

〔3〕 Ibid., p. 30.

管道和炼油厂实施各种袭击。1905年,闹革命的"黑众"在圣彼得堡领导起义之后,巴库油田的种族分裂加剧,其结果之一就是油田被点燃。对石油商来说,社会不稳定因素使巴库的石油储备朝不保夕,不值得投以商业关注。

奥地利加利西亚

在欧洲大陆,最有名的石油储备位于当今的乌克兰境内,而一百多年前属于奥地利加利西亚,该地油储之丰富达到了地表自然冒出的状态。这里对石油的商用早于美国,加利西亚人一直用石油作润滑剂。有两位化学家让·哲(Jan Zeh)和伊格内西·卢卡西维茨(Ignacy Lukasiewicz)的研究成果使这里的人能够将石油提炼成煤油用于照明。1853年,此地的利沃夫总医院(the Lviv General Hospital)是世界上第一个完全由石油灯照明的公共建筑。尽管炼油工业在当时已经是一门大生意,但直到1880年斯坦尼斯拉夫·什切潘诺夫斯基(Stanislaw Szczepanowski)引入蒸汽动力钻井技术,加利西亚的石油开采才真正起飞。19世纪90年代,在加利西亚中部,特别是鲍里斯拉夫(Boryslaw)和德隆霍比希兹(Drohobycz)等小城附近,加拿大工程师威廉·亨利·麦克嘉伟(William Henry MacGarvey)引进尖端的钻井技术使石油产量翻了两番,油井深钻使这里已然现代化的石油业如虎添翼。到1909年,加利西亚成为世界第三大石油产区。[1]

历史学家艾莉森·弗兰克(Alison Frank)描述19世纪晚期的加利西亚对于四处寻找机会的石油开采者来说简直就是天赐良机。加利西亚有自治权,尤其是1867年以后,允许土地所有者(无论是来自贵族还是农民阶级)有权阻止政府对石油的垄断,尽管中央政府对该省的其他采矿权已实施了垄断。弗兰克描述,这一时期的加利西亚与宾夕法尼亚石油开发初期非常类似。经常被称为"地狱",中央控制的缺席使得资源浪费非常严重,石油产业在开发之初总让人感觉似乎是无穷的。各自为政勘探攫取石油造成不当开采,结果对人的健康和环境造成破坏。虽然大多数采油火点被扑灭,但也有一些火点持续了数月,甚至成为

〔1〕 尽管这里200万桶原油产量只是美国和俄罗斯原油产量的九牛一毛(美国产量为1.85亿桶,俄罗斯产量为6 500万桶)。

景点，其中一处被描述为“大火和柱状烟雾就像一座火山”。[1] 从环礁湖流出的石油流入小溪和河流，污染了水源，毒死了鱼，污染了土壤。紧接着石油产业出现生产过剩和效率低下。总结了这几十年，弗兰克写道：

> 每个有足够资金获得对一小块土地采矿租赁权的人都有机会成为石油商。这种划地为产的土地切割会给当地农民一种赋权感，也会让大地主对自己的产权感到更安全，但它也会让石油生产商在数十年里失去关涉协调石油生产的所有优势——与其他地方的竞争对手形成鲜明对比。[2]

总的来说，弗兰克发现加利西亚人对外国资本持怀疑态度，包括来自奥匈帝国其他地区的资本。尽管有这些怀疑，这个时期的加利西亚石油产业仍然是把不同种族的企业家和来自国外的移民劳工结合在一起，他们通常合作得很好。波兰人加入了技术工人的行列，一些犹太人发现很难与他们相同阶级的其他工人合作，这预示着未来的冲突。

1909 年，当一个同业联盟成功地控制了生产和炼油时，加利西亚石油资源开始集成化，并与奥匈帝国政府达成一项协议，由政府购买大量石油实现铁路和军事现代化。然而，这一状况并未持续多久，第一次世界大战的爆发对石油有了新的需求，油田储量迅速地被消耗。

奥地利和匈牙利的战争中，加利西亚为奥地利军队提供了 60% 的石油供应。但是运输非常困难，因为开采地位于偏远的地方。弗兰克在书中写道，问题是生产过剩，导致价格偏低，引发战争。这种情况的一个结果则将帝国置于第一次世界大战后的世界中非常有利的地位。弗兰克写道：“生产过剩激发了帝国内部较早地转向石油使用，使石油能够在工业、铁路和海军中与煤炭竞争。”[3]然而，随着需求的增加，加利西亚的石油产量在 1909 年至 1918 年间持续下降。弗兰克认为，即使在冲突期间，基层民众仍认为中央集权是致命的，“根本无法有效地控制石油的开采和分销”。[4]

---

[1] Alison Frank, *Oil Empire: Visions of Prosperity in Austrian Galicia* (Cambridge: Harvard University Press, 2005), p. 152.

[2] Ibid., p. 18.

[3] Ibid., p. 174.

[4] Ibid., p. 21.

从这场战争对加利西亚境内及其周边战区和东欧石油资源的威胁,可以看出资源的战略意义。陆军元帅冯·麦肯森(von Mackensen)指挥德国军队在罗马尼亚作战,而后对斯迪欧·罗马纳(Steaua Romana)这一家原本由英国、荷兰、法国和罗马尼亚合营的炼油厂加以重组,使其完全成为德国公司。第一次世界大战期间,正是这里的输出确保了德国空军、坦克部队以及潜艇舰队的用油。[1]

墨西哥和美洲其他国家

就墨西哥而言,石油的发展与风起云涌的政治和社会革命相伴。阿兹台克人和玛雅人在前哥伦布时代使用过从地表渗出的石油,那里的第一口油井则开凿于1869年。这是外国石油公司介入墨西哥石油产业的标识,这家公司是韦拉克鲁兹(Veracruz)的墨西哥湾勘探公司。然而随后的发展并没有跟上。接着在1884年,法律将石油资源的所有权授予那些拥有该地产权的人。这引起了美国和英国石油公司的兴趣。1901年左右油井开始产油,大部分利润便流向了在之前买下这里的土地所有权的外国公司。例如,亨利·克莱·皮尔斯(Henry Clay Pierce)名下有一个标准石油公司的子公司,之前,这家公司垄断了墨西哥的石油进口和炼油。1901年后,皮尔斯邀请美国石油商爱德华·L.多哈尼(Edward L. Doheny)参与,一同创建了墨西哥石油公司。随后的20年,多哈尼的公司在墨西哥不断扩大的石油产业中占据了主导地位,其中包括1916年在塞鲁阿苏尔(Cerro Azul)建造全球最大油井。

两项重要的墨西哥法律确保了英国和美国在墨西哥稳固地开发石油,那就是1901年颁布的允许在公共土地上授予特许权的《石油法》和1909年颁布的重申土地所有者开发地下资源的权利的《采矿法》。此外,墨西哥政府还取消了钻探设备的进口税,并免除石油公司的资本利得税。所有这些立法有利于外国人将墨西哥石油工业控制在手中,并且让其控制权抓得更紧。1910年,墨西哥湾中部海岸小镇图斯潘(Tuxpán)附近的帕努科—埃巴诺(Panuco-Ebano)和奥拉带(Faja de Oro)被确认是油田地带。外国公司(主要是美国公司)对油井系统的

[1] William Engdahl, *A Century of War: Anglo-American Oil Politics and the New World Order* (London: Pluto Press, 2004), p. 38.

勘探让以前散兵游勇的勘探相形见绌。1911年,墨西哥成为石油出口国。

由于战争和机动运输设备的增加,工业化国家对石油需求越来越大,1921年石油业继续扩张。这期间,墨西哥几乎所有产油的土地都归外国人所有。1921年之前,墨西哥人曾经想要回他们的石油。1917年,《宪法》第27条规定,在地下发现的任何石油或与能源有关的物质都属于国家。外国人可以租用地下开采权,但不能实际拥有土地。到1921年,墨西哥的石油产量仅次于美国,已经成为世界主要的石油出口国。历史学家米娜·圣地亚哥(Myrna Santiago)以石油开发史解释从1910年至1938年墨西哥革命时期的政治和社会模式。她写道:"1920年出现的新国家机构给石油公司带来了新的压力。他们试图从石油商手中夺回对资源的控制权,于是涉及一项基于对自然资源的保护为平台的民族主义发展计划,结果加剧了革命政府和石油企业之间的冲突。"[1]圣地亚哥认为,石油工人作为社会和政治革命的力量,抵制外国公司于20世纪10年代在墨西哥石油产业的主导地位。她补充说:"墨西哥石油产业国有化是源于这批人。"[2]这就是在20世纪的前几十年石油资源的经济力量。

以墨西哥石油为例,国有化最初导致产量下降。政治不稳定加上邻国委内瑞拉发现石油资源,墨西哥的石油产量开始下降,到了1930年,石油产量只有1921年的20%。1932年在韦拉克鲁兹附近又发现波查里卡(Poza Rica)油田后,石油产量开始回升,接下来的几十年,这个油田成为墨西哥石油的主要来源。这导致墨西哥政府与外国公司(尤其是美国石油公司)之间的冲突,直到20世纪30年代这个问题得到解决。

同样,在20世纪早期几家石油公司迅速进入委内瑞拉。他们是在胡安·文森特·戈麦斯(Juan Vicente Gomez)的授意下前来,戈麦斯在1908年成为独裁总统,他将石油开采权授予其亲信。这些特许权由加勒比石油公司(该公司由荷兰皇家壳牌所有)在20世纪10年代开发和经营,之后又转手给外国公司,到1935年,委内瑞拉的石油出口量从2%上升到90%以上。特别是,1922年的马拉开波(Maracaibo)罢工使委内瑞拉成为世界第二大石油出口国之一,到了1929年仅次于美国。然而委内瑞拉在戈麦斯的领导下,石油产业以外的基础设施和

---

[1] Myrna Santiago, *The Ecology of Oil: Environment, Labor, and the Mexican Revolution, 1900—1938* (New York: Cambridge University Press, 2006), p. 7.

[2] Ibid., p. 8.

经济方面毫无建树。基于 1950 年之前委内瑞拉的经验,经济学家硬生生造出“荷兰病”这一经济术语,来解释这种一边倒的经济发展。

1943 年,委内瑞拉新总统颁布了《委内瑞拉碳氢化合物法》,外国对委内瑞拉石油的控制开始受到限制。这部法律并没有将委内瑞拉的资源国有化;相反,它引入了政府和石油工业平分利润的概念。这种可以不断增长的股份分配为委内瑞拉在 20 世纪后期将石油国有化奠定了基础。

英国使石油成为必不可少的物资

从整个欧洲到南北美洲,新的开发石油的国际模式大幅增加了石油的供应。这种繁荣与石油新用途的出现共同为跨国石油公司的扩大提供了推动力。发达国家民众的生活是以石油为中心的,鉴于此,石油新用途在规模和范围上为这一产业发展打开了新篇章。部分是源于技术和企业创新,部分是源于民族国家的新角色和个体独立的思想,这一刻开启了一个清晰可见的石油文化时代。

煤油的普及曾经让石油发挥出更大的价值,但那只是 19 世纪末的片刻之光。随后欧洲和美国的科学家将电力应用于各种目的,光源便来源于电能,例如,美国发明家托马斯·爱迪生(Thomas Edison)等人把由煤或化石燃料生成的电力转化为未来最有可能的光源。19 世纪 90 年代,石油的用途主要在润滑和制造领域。与此同时,全球开发和获取石油的努力越发强劲。为此,在 20 世纪的第一个十年,政治人物首先千方百计地设法让石油更有用,甚至使石油在润滑以外的其他方面成为不可或缺的因素。美国和英国的政治和军事当局公开操纵此事。早在 1910 年,石油就是确保国家在全球实力较量中的战略手段,用于确保海上霸权。

16 世纪以来,航运的掌握主要是关于技术和帆船的设计。葡萄牙和西班牙清晰地展示了一个跨洋涉海相互关联的时代。19 世纪末,燃煤发动机出现,内燃机船只与帆船开始陆陆续续地共享海域。航运是在世界各地运输货物的主要选择,这意味着石油文化继续扩张。当石油被用于驱动车辆和舰船,它使扩张更为灵活便捷,事实证明,这简直是一种新型武器。于是,一个国家的战略优势体现为是否具有在战争的各个层面使用石油的能力。

在认识到这一点后的几十年里,对石油的追逐变得类似于一场国际军备竞赛。更重要的是,在世界各地开发油田的国际公司在一定程度上获取了其他生产商所不知道的重要信息。到了20世纪20年代,这种在人类社会早期几乎毫无用处的产品已成为美国和英国国家安全的命脉。英国、荷兰和法国将石油视为殖民的一部分——既要获取,又要利用石油来管理帝国。

这一新的时代开启于1903年7月,英国皇家海军"汉尼拔号"(HMS Hannibal)的船员克服困难,跨越一个技术上的关键分水岭——在多年以燃煤提供蒸汽动力从朴次茅斯港出航之后,开始以石油为动力。历史学家耶金写道:"片刻,这艘船笼罩在一片浓密的乌云中。一个有缺陷的燃烧器使试验变成了一场灾难。"[1]欧洲霸权的突出表现仍然是控制海洋。19世纪90年代,德国提到用石油作动力推动新海军建设。这一毫不掩饰的企图直接威胁英国海军的主导地位。石油是更灵活的燃料,更易运输,船舶采用石油提供动力可以展示出巨大战略优势。对这一技术层面的追求以及这样一支舰队的建设迅速发展为世纪之交欧洲大国和美国的军备竞赛。

虽然1903年的实验未如预期的成功,但是这一尝试却意味着人们对原油不断探索的开始。在海军转型方面,英国最终由年轻的温斯顿·丘吉尔(Winston Churchill)以政治手段实现。丘吉尔起初是国会议员,1910年则成为贸易大臣。虽然他开始并不支持海军扩张,但是20世纪10年代的时政让他对石油的优势有了清晰的认识,特别是在速度、储存和供应的灵活性、允许在海上加油等方面。他后来写道:

> 当一艘燃煤蒸汽船用尽了装载的煤时,就需要越来越多的人上船,必要时还要调集战斗人员,把煤从远处的不方便的掩体铲到靠近炉子的掩体或铲到炉子里,这就可能在战斗最关键的时刻削弱舰船的战斗力。使用石油就可能实现在各类船舶上装载更多的武器而速度更快,舰船也较小或成本更低。[2]

到1912年,这些政策已经落实到位,正如丘吉尔所记录的那样,在这支世界上最伟大的海军中,"我们赖以生存的海军最高战舰,都是靠石油来补给的,而且

[1] Daniel Yergin, *The Prize: The Epic Quest for Oil, Money, and Power* (New York: Free Press, 1993), p. 150. John H. Maurer, "Fuel and the Battle Fleet" in Naval War College Review, Vol. 34(Nov. — Dec. 1981): pp. 60—77.

[2] Myrna Santiago, *The Ecology of Oil: Environment, Labor, and the Mexican Revolution, 1900—1938*(New York: Cambridge University Press, 2006), p. 156.

只能靠石油来补给。"丘吉尔和英国的军事战略家重视他们海上优势带来的巨大好处;然而,他们的决定也标志着新石油文化的决定性时刻。把舰船与石油挂钩,把舰队交付给石油,这意味着持续可靠的石油供应直接成为地球上最重要的商品交易,国家的安全依赖于石油。而其竞争对手必然效仿。

为了确保石油供应,英国政府涉足石油行业。在 1913 年《为皇家海军提供石油燃料》的报告中,丘吉尔明确表示,盎格鲁—波斯石油公司及其在波斯的业务与国家安全直接相关。1914 年签订了以 200 万英镑的价格给予英国政府在该公司内占绝大部分股份(英国政府将在许多年内保持这一角色)的几份协议。1914 年 6 月中旬,议会通过丘吉尔的提议。耶金写道:"石油第一次,但肯定不是最后一次,成为国家政策的必然考量,成为首屈一指的战略商品。"[1]这一推动力是德国海军实力有目共睹的强盛。英国海军的壮大是任何渴望在海上成为强国的其他国家的障碍,而利用石油作为燃料供给被视为具有防御性。然而,提案刚刚通过的几周内,世界风云骤变,紧迫性是以往无法想象的。6 月 28 日,奥地利大公弗朗茨·斐迪南(Franz Ferdinand)在萨拉热窝遇刺身亡。随着英国 8 月 4 日的宣战,世界步入第一次世界大战。8 月 10 日,《盎格鲁—波斯石油公约》(Anglo-Persian Oil Convention)获得了英国乔治六世的批准。战争让石油资源供应变得更加严峻。

英国宣布能源的新时代,意味着任何竞争国也必须以这一新的逻辑考虑石油。在各国政治高层,美国领导人讨论了将军队,特别是海军,转向对石油的需求,以及而后可能的效果。伴随英国的回归强权地位意欲改变全球事务的现实,始于 19 世纪末的这番讨论变得愈发紧迫。美国在海军能源转换上有一个重要的战略优势:20 世纪初,美国油田生产的石油约占世界石油总产量的三分之一。从基本现实来看,美国已然实现了所有这些战略决策,因为美国是世界上唯一的能够以石油作为其军事能源动力的国家,并且基本源于自身的石油储备,这种拥有能源供应的自主权,后来被称为"能源独立"。虽然与其他国家相比,美国具有明显的优势,但实际情况也要求在企业和政府之间建立一种新型关系,而且石油供应是重中之重,需要联邦政府监管。当石油资源供应过剩时,将过剩的石油控制起来,使其转化为能源储备。

---

〔1〕 Myrna Santiago, *The Ecology of Oil: Environment, Labor, and the Mexican Revolution*, 1900—1938(New York: Cambridge University Press, 2006), p. 163.

事实上,转变美国监管石油的政府部门内部机制比直接建立政府监督机制更麻烦。储能和资源节约的理念与现存石油文化抵触。节约,甚至管理石油供应与资本的普遍规则相背离。此外,众所周知的"捕获既得规则",使石油成为美国经济中最不受监管的资源之一。而且,在大众对石油日益增长的认知中,有一个重要的文化元素就是石油资源不被边界和法律所限。这些情况造成石油独特的现代文化,进而导致在20世纪前十年,石油的供给从供大于求转变为供不应求,因为各个领域都需要。

以美国海军为例,19世纪后期,海军对煤炭供应就已经实施了燃料管理,将多余的煤炭储存起来以备不时之需,那么转向以石油为能源是有适当的监管机制或运行机制基础的。1901年后,美国有了大量石油,海军成立了一个"液体燃料"委员会来调查使用情况。与英国的类似,这项调查表明转向石油有绝对的好处。在接下来的几年里,海军专注于如何向世界各地的船只分配石油,以及如何将石油储备锁定在美国,以确保海军的供应。在石油储备上,重点落在包含大量公共领域的西部土地。这里拥有大量的国有矿产储备,这样摆脱了私有制下调配运行中的利益纠葛弊端。

1909年9月27日,威廉·H.塔夫特(William H. Taft)总统授权从公共土地中提取超过300万英亩的土地,指定为海军石油储备。像西奥多·罗斯福(Theodore Roosevelt)总统当年开采煤炭一样,塔夫特的法案引发强烈辩论——特别是在西部地区。国会随后在1910年通过了《皮克特法案》(Pickett Act),允许总统为了各种公共目的收回公共土地并审核加以重新分类。20世纪前十年,这一法案使总统收回几乎所有已知油田。在加州的1号和2号保护区,即麋鹿山(Elk Hills)和布埃纳·维斯塔山(Buena Vista Hills),1912年被指定收回;1915年,怀俄明州的茶壶顶(Teapot Dome)被指定为3号保护区。[1] 1916年,海军总长约瑟夫·丹尼尔斯(Josephus Daniels)写信给伍德罗·威尔逊(Woodrow Wilson)总统:"鉴于石油燃料的巨大优势以及美国每年石油产量占世界总量三分之二的实际情况,并根据内政部指定海军石油储备量的承诺,美国海军在

[1] Peter Shulman, "Science Can Never Demobilize" in *History and Technology*, Vol. 19, No. 4(2003), p. 371.

1913 年采用了只建造燃油舰船的政策。"[1]在 1911 年,美国海军舰艇使用 580 万加仑燃油,花费 13.1 万美元;而 1912 年,燃油用量增加到 1 410 万加仑,成本为 34 万美元。指定石油保护区和确保石油安全是两码事——不是防范外国入侵而是防止行业发展。[2]

历史学家彼得·舒尔曼(Peter Shulman)描述了美国在转型中的三种情形:土地资产的法律状态不清,石油生产商有意忽视新指定的能源保护区,海军方面对保护区缺乏管理。甚至连背后的战略也没有充分考虑,即这些储备是在绝对必要时动用,还是只在战争时期使用?这些疑问大部分没有得到解决。对于 20 世纪前十年的中期,舒尔曼写道:"燃料短缺是灾难性的。到 1917 年,海军已完全依赖燃油消耗。"当美国即将卷入第一次世界大战时,海军总长丹尼尔斯对海

资料来源:美国国会图书馆印刷品与图片部,档案号 LC-DIG-ppmsca-25671。

图 2.1 "老煤炭王的皇冠岌岌可危"。J. S. 皮格(J. S. Puhge)为杂志《恶作剧》(*Puck*)1902 年封面创作。它描绘了工厂的能源供给从燃煤转型到燃油。一只大手下面,燃油生成的烟雾看起来像是要夺走一个被称为"老煤炭王"的头顶的王冠。

---

[1] Peter Shulman, "Science Can Never Demobilize" in *History and Technology*, Vol. 19, No. 4(2003), p. 371.

[2] Ibid., p. 372.

军的能源供给情况直言不讳:“目前没有其他能源,也不会发现其他适合驱动船舶的能源。”[1]到了20世纪20年代,石油对国家安全的影响变得更为重要,但是储量问题在很大程度上仍未得到解决。许多观察家对当时美国海军对石油资源储备的不作为感到失望。[2]

然而,似乎是丘吉尔最终清晰地构建了20世纪世界必然的新愿景,1914年6月17日丘吉尔在下议院宣布:

> 今天下午我们要讨论的不是建造燃油动力船或在燃煤动力船上使用石油作为辅助燃料。放眼望去,世界产油区广袤无垠。两大产油集团——分立各自半球——占据了主导地位。新世界有标准石油公司;旧世界有壳牌和荷兰皇家的强强组合……多年来,英国外交部、海军部和印度政府的政策一直是维护英国在波斯油田的独立石油利益,尽我们所能帮助油田发展,最重要的是防止其他国家吞并。
>
> 过去两三年里,石油的新用途被发现。它只是最近才被人们意识到需要用于某些特定的目的。于是,世界上出现了短缺。这就是油价上涨的原因,而不是源于秉持希伯来信仰而心怀恶意的先生们。[3][4]

结论:不断变换的价值驱动新的发展模式

在20世纪的前几十年,石油开发的国际模式使这一行业的勘探开发扩展之迅猛令人难以置信。从油罐开始,一直延伸到第一艘油轮,全球原油贸易成为一个世界体系。特别是利用殖民主义的经济形态,西方国家在任何发现有石油资源的地方攫取利益,然后与基建捆绑,以将石油转化为大宗商品。随着石油工业的壮大和商品价值的增加,石油业的发展势不可当,而这样的系统性和完善性进一步促成其国际性发展,或者说石油业的国际性发展是以这种系统性和完善性为前提的。而当石油对于军事目的而言变为不可或缺的元素后,石油便具有了

[1] Peter Shulman, “Science Can Never Demobilize” in *History and Technology*, Vol. 19, No. 4(2003), p. 375.

[2] Ibid., p. 375.

[3] 此句意指:石油价格上涨并非是犹太石油商们在作祟。——译者注

[4] Winston Churchill, House of Commons, June 17, 1914.

改变世界权力结构的能力。石油为英国殖民体制增加新的动力,而且似乎为殖民的延续性做出了承诺。

事后看来,20 世纪后期出现的石油供应的持续短缺,欧洲各国能够应对还有赖于这些复杂庞大的石油企业的帮助。而在美洲这边,大量的石油供应让美国人形成对石油的依赖,并在 20 世纪中期盛行为一种石油开发和消费的文化——对石油的贪婪使用和过度依赖,并持续到 20 世纪末。其实,在 20 世纪下半叶,随着石油成为国家安全的关键因素,那种美国式扩张、基本上不受管制的发展模式开始有所波动;不过,美国充足的国内资源供应掩盖了对资源不足的任何担忧和由此可能生发出的节约资源的理念。值得注意的是,早在 20 世纪 20 年代,美国的行政体制和经济发展与集中化、系统化的国际石油开发模式之间呈现出格格不入的状态。

美国的自由创业体制和充分利用机会的理念与石油经济一时兴一时衰的模式非常契合;而当这一行业获得系统化建构时,联邦监管开始成为一种必要的控制手段。然而,由于美国对自由创业的关注,政府干预和限制受到了严格的审查。政府管理在最初的努力见效,比如,通过能源节约规划来管理原油供应,特别是对于国家安全等目的更是必不可少。国际石油开发模式中的这些考量,与美国的自由放任、散兵游勇式的石油开发模式相抵触,所以在美国是不会轻易接受的。当英国政府与企业供应商合作以确保石油供应为了国家安全,美国也曾尝试这样做,但没有成功。

对于有意实施此类控制的美国人来说,在 20 世纪的第二个十年里,石油供应成了一个关键问题。历史学家约翰·伊势(John Ise)是第一个强调石油的短暂供应和更好地管理的必要性的观察家,这个概念在美国经常被称为“保护”。1926 年,当在公共土地上发现石油等资源时,美国人把注意力集中在这些资源的所有权上:在这段时间里,私人拥有的土地上的石油总是生产过剩,从来没有任何必要或理由开放任何公共土地。[1] 当 20 世纪 20 年代石油与社会生活密不可分后,新的注意力便集中在公共土地开发上。美国西部拥有大部分石油资源保护区,那里的立法议员集中精力把原油资源排除在开发之外,就像森林保护区一样,由联邦政府(尤其是海军)指派对石油的使用。在 1920 年的《矿产租赁

---

〔1〕 John Ise, *The United States Oil Policy* (New Haven, Conn.: Yale University Press, 1926), pp. 489—490.

法案》中,国会试图缓解争执,为美国西部利益提供平等待遇。在海军石油资源保护区中,除非总统选择将剩余的油井出租给联邦政府使用,否则产油的油井只能租赁。在《矿产租赁法案》通过后的六个月内,美国海军总长被授予对海军石油资源保护区的总管辖权。

确保国家安全是一项共同利益,那么海军使用石油是重中之重。但是当时美国人对石油的依赖文化以及似乎无穷无尽的石油供应,让任何"资源节约保护"的想法都被一些人视为对发展不利。许多观察家,特别是美国西部的居民问:"既然美国占有如此宝贵的资源,那么,限制发展是否明智呢?"一些观察人士公开批评该政策,而另一些人则继续明里暗里采用美国的自由模式开发石油,在幕后从政府内部反驳该政策。换句话说,他们试图利用自己的政治和经济权力颠覆一部确保美国国内的原油储备专门用于军事用途的法律。

1921 年,最有名的冲突发生在沃伦·G. 哈丁(Warren G. Harding)总统任命新墨西哥州参议员阿尔伯特·B. 福尔(Albert B. Fall)担任内政部部长的时候。在很短的时间内,福尔说服海军总长埃德温·登比(Edwin Denby)放弃对原油储备的控制,并让哈丁签署了一份总统密令使这一行动生效。几个月后,有消息向公众透露,福尔把加利福尼亚州和怀俄明州的政府原油储备租给了他从事石油生意的朋友。尽管历史学家对这一事件的记忆最多的内容是执行高管的违法,但事实上,茶壶顶事件"更能说明美国石油行业的企业和政治文化"。首先,它表明,一旦石油成为必需的军用物资,其价值就截然不同。其次,在联邦保护和资源管理的这个实例中,我们看到的是领导层试图界定和衡量与石油有关的公共利益的策略斗争。茶壶顶事件展示的正是在自由政策和个人投机权利的美国发展模式的框架下,开发大宗商品的困难性。

在 20 世纪末,美国需要对石油供应加以管理变得很明显,但是直到 21 世纪初,公众对石油资源加以保护的理念仍没有普遍形成,特别是相对于欧洲国家中民众的理念。石油似乎在美国西部可以喷涌而出,许多企业家认为展开任何关于石油有限供应的讨论都是荒谬的。在石油供应持续的情况下,这一做法尚可;然而,如此下去,这个国家对有朝一日需要大量进口原油的不时之需会毫无准备。

第三章 打造石油巨头

在得克萨斯州大平原上，石油从地下迅速冒出来，就像一列运煤的火车那样拉出一道黑线直冲蓝天。最初，这样的景象与在宾夕法尼亚州和加利福尼亚州见到的一样。一位观察家写道："这一带几乎无法通行，货车拖成排，车拉货，人拉车，轮子陷在泥里，膝盖也几乎没在泥里，工人在沼泽一样的路上深一脚浅一脚向前移。"而当大量的石油被开采出来后，又出现了这样的场景：咸水和厚厚的黑色浮渣蔓延在原本绿油油的牧场上，黑乎乎流满了主河道，甚至旁边的小支流。从地下泄漏出的气体是极大的隐患，出于安全考虑，必须烧掉，旁边的小树林随即燃起熊熊大火，把树林里的动物吓得四处乱窜。"而拥有这片土地的人唯一的想法是，把石油从地下挖出来，换成钱。"另一位观察家总结道。[1]

从 1901 年开始，大量的令人意想不到的原油在纺锤顶一带从自流井中汩汩涌出，持续了整整十年，形成连业内人士都难以置信的石油景观：平原上遍布石油湖，到处都是黑色泥浆，天然气嘶嘶作响。就在这样一个奇异的景象中，能源与更大的社会变革联系在了一起。

作为一种其确定性需要探明的自然资源，石油需要经受严格的审查和运作

---

〔1〕 Judith Walker Linsley, Ellen Walker Rienstra, and Jo Ann Stiles, *Giant under the Hill: A History of the Spindletop Oil Discovery at Beaumont, Texas, in* 1901 (Austin: Texas State Historical Society, 2002), p. 162.

以合理发挥功用。得克萨斯州大平原上的石油有待规范组织管理和必要的基础设施,而此时,全球石油市场的定价系统所暴露的问题让人忧心忡忡。巨大的储油罐被用来储存原油,更为清晰地展示了不断增加的全球供应让石油行业不得不面对产业发展的新规模。对新的供应形式与市场需求所做出的反应以及石油开采系统化,共同创造了一种新的、独特的企业文化。在这一文化当中,努力将非理性的因素理性化,实际上相当具有讽刺意味,更使石油的公众面孔永远是一副非理性的样子。所以,在 20 世纪头几十年,随着得克萨斯大平原石油的开采以及俄罗斯等地石油资源不断涌现,油价的波动,简直可以成就一部小说。

资料来源:美国国会图书馆印刷品与图片部,档案号 LC-USZ62-4723。

图 3.1　位于得克萨斯州博蒙特附近的海伍德 2 号(Heywood ♯2)喷油井让 1901 年纺锤顶油田的开发在全球的石油资源供应中掀起了一场革命。

油价暴露出石油文化的一部分,振荡本身是现实的,而振荡的幅度和引起的效应是夸张的。在油田上演的神话中,引人注目的形象在往昔石油经济的兴衰中起起伏伏;而现在,日益增长的不可或缺性更使石油在权力和政治极为重要的层面开始发挥作用。

20 世纪初,国际发展模式为石油产业创造了在规模和范畴上都使其非比寻常的独立类别。在西方商业社会里,其他大宗商品没有与石油的同等地位;因此公众使用一个独特的、具有包容性的词汇描述国际石油公司,即“石油巨头”。这个专属词表达出石油的影响力无所不包,超越国界、超越以往的政治革命,甚至超越了全球市场的定价模式,似乎与其他商品不相关。在始于1901年的大规模石油开采的推波助澜下,在两次世界大战之间的几年里,石油几乎无往不胜。

石油巨头运行的均质性

作为一种跨越国界的大宗商品,“石油巨头”一词可以呈现出这一规模。如果说仅仅大量造就了“石油巨头”,则过于简单化。美国、俄罗斯和墨西哥所探明的原油海量储备迫使这一行业内外建立新机构。力求扩大产业规模源自石油本身的属性,来自行业发展对实施更好管理的急切需求,也来自人们渴望脱离谋事在人、成事在天和无奈于石油飘忽不定这一状态的愿望。主观上,行业人员实现这些目标的运行机制涉及技术、组织和政治意愿,客观上,20世纪初的石油业也需要一种可以渗透到企业中,并跨越行业界限将该行业与政治机构和民族国家联系起来的大而全的总管的心态。于是,一种让石油工业有别于其他行业的狂妄的大集团组织架构蔚然成风。

石油产业国际发展模式的主要原则是形成了石油巨头的核心。得克萨斯州大平原上的石油湖标志性地拉开了一个世纪的序幕,20世纪前几十年,大规模的石油资源供应碾压了以往组织结构的所有努力。而对于那些在石油行业工作,与石油有着千丝万缕联系的人来说,“石油巨头”这一形式似乎就是他们所拥有的这一奇特的资源日渐融入人类生活之后的必然产物。大型企业集团控制石油产业的机制始于洛克菲勒所信奉的基本理念。然而,颇具讽刺意味的是,美国采取这些措施前,却不得不首先诋毁这一理念的践行者。于是,随着20世纪头十年标准石油公司解体后,又在美国各州迅速培育出正规化的石油巨头,并建立为联邦政府在这一大宗商品的未来发展中创造一个永久角色的诸多机制。

这一运动涉及规范化和节约,而石油巨头对石油资源的管理并无担忧;相反他们认为政府的掌控可以稳定价格,从而稳定利润。问题的关键是,石油巨头不可逆转地离间了生产者和消费者之间原有的良好关系,这种情况持续到21世纪。在石油巨头的模式中,价格是掌控经济的主要机制。到第二次世界大战时期,石油价格成为政府和行业管理刺激消费的手段,特别是在美国。

不过,将石油巨头仅仅视为一种企业战略,会忽略其最具活力的某些方面。

资料来源:美国国会图书馆印刷品与图片部,档案号 LC-DIG-ppmsca-13480。

图 3.2　在 20 世纪 40 年代,沿海石油开发(如沿加利福尼亚海岸线)显著增长。其中一些码头离岸延伸至近海钻井,尽管处于非常浅的海域。

在整个行业变得更加精简、独立的生产商也合并成几个大型公司的同时,石油巨头也保留了石油开发早期的文化和社会遗留:大众文化。石油投机中成功和失败的一个个活生生的故事总是让民众着迷。在短短几十年的时间里,这些故事构成了一部商业神话史。通过利用这些神秘的元素,石油巨头的概念远远超出商业范畴;在消费者的心目中,驯服石油是一部英雄的励志奋斗史。尽管现在的石油勘探不是在宾夕法尼亚州的崇山峻岭或得克萨斯州的大平原,而是遥远的丛林或奇异的沙漠,然而石油行业的形象在人们的头脑中依旧是原先所熟悉的模样。

作为兴衰荣辱神话故事与标准化的企业现实相结合的产物,石油巨头甚至还赢得了一个不受消费者和监管者控制的形象。这不可避免地意味着,从 20 世纪初开始,“石油巨头”这个词也遭受了严重的妖魔化,尤其是当它影响小型竞争对手或弱势群体(从被征用土地上受到影响的原住民到油田上的劳工)的利益时。石油巨头的企业形态是一个比国家更大的实体,其使命是不顾任何社会或环境成本获取原油。人们比以往任何时候都更频繁地组织建构这一行业,一个意想不到的后果是那些神话元素被延续下来。于是,这一概念里涵盖了大规模的企业基础设施,横跨全球,但并未充分释放刺激和挑逗公众意识中的机遇和冒险所关联的基本元素:财富、危险和破产。

如今,“石油巨头”这个词很可能会唤起大多数消费者的负面情绪反应。事实上,这种负面关联可以追溯到最早帕蒂洛·希金斯寻找石油时四处求援的时期;不过,其中原因既无关得克萨斯州的产油速度,也无关油田人口的无序暴增。从 19 世纪 60 年代开始,民众就对石油勘探故事津津乐道、难以自拔,在 19 世纪 90 年代后期,其独特的企业文化更使石油成为美国最知名的行业之一。引起人们关注的大多是围绕某些石油商在开展业务时所秉持的理念。例如,在得克萨斯州这些地方,石油巨头文化可以作为庆祝的理由;然而在 20 世纪初具有改革意识的美国,大型石油公司则又成为非法商业活动的典型代表。几十年后,类似的想法为墨西哥的人民革命火上浇油,这促使该国全境禁止外国公司入内。

石油巨头的故事绵延不休,一直延续到 21 世纪。这种持续的叙述表明了由纺锤顶参与的石油产业发展所遗留问题的另一面:20 世纪一种更大的消费文化的形成以源自石油的低价能源为支撑,而低价能源是由来自纺锤顶的原油大量增加的供应所实现的。20 世纪初,效率和效益创造了公司的盈利能力,这使得石油成为人类文明史上最便宜的能源之一。研究得克萨斯州石油产业的历史学家罗杰·奥连(Roger Olien)和戴安娜·戴维·奥连(Diana David Olien)描述了这种独特的、世纪之交的工业文化:

> 当美国人开始从经济或政治的角度谈论新的石油工业时,他们早已有看待它的方式——通常使用煞有介事的修辞,对现代石油产业发轫之前一个世纪的主题饱蘸笔墨,表达义愤填膺。一旦美国人把某些主题和思想放在一起来理解石油工业,就构建了关涉石油的特定意识形态。此后,一遍又一遍地重复那些关于产业的意识建构,通常几乎不考虑特殊情况。对该行业评判的言论一遍一遍地重复,特别是当言论中包含道德话语元素时,重复就强化了意识形态,并使这些言论变成了共识。[1]

这种独有的产业扩张文化,早在 19 世纪 60 年代开采原油的各个企业中展

---

[1] Roger M. Olien and Diana Davids Olien, *Oil and Ideology*: *The Cultural Creation of the American Petroleum Industry* (Chapel Hill: University of North Carolina Press, 1999), p. 4.

开，概括起来就是"一哄而起，一哄而上，一哄而散"。当然，作为历史学家的奥连夫妇提到的"义愤填膺"主要源于之前介绍的老约翰·D. 洛克菲勒的个性和行为。斗转星移，一种意识形态既已生成，便会用于管理石油的现在和未来。而这种开发资源的方法被"石油巨头"一词所囊括。

在几乎所有其他资源中别树一帜，石油产业的这一扩张文化和对资源采掘的理念从未消失。事实上，对当今的石油巨头而言，这种文化和理念与洛克菲勒的石油帝国（尤其是标准石油信托）时代一样强劲，同样，今天的消费者和当时一样，对石油所带来的影响的抱怨不绝于耳。1859 年德雷克和史密斯的油井建成时，石油扩张的可能性是显而易见的，但是这种可能性被放大了许多倍，当希金斯和其他勘探开采油井的散兵游勇看到原油从得克萨斯的盐顶喷涌而出时，他们做梦也想不到规模会如此之大。虽然石油巨头文化起源于美国境内，但这种赤裸裸的现实已成为全球石油行业的一部分，与之如影随形。作为一种跨国界的企业文化，在 21 世纪，美国人的这一创造确立了人类与石油的关系。

当然，为石油工业的这些特性找到说辞，其目的是为了创造稳定的、可预测的利润。很有可能，这些大企业领导人会将他们所开采的任何资源合理化，不过，石油本身的高价值淡化了这些努力。还有部分原因是最大的成功留给像标准石油公司这样的公司，这样的企业已然接受了石油勘探结果的变幻莫测，而且其把重点放在整个产业的另一部分，那就是准备和分销石油产品，供应世界各地消费。当然，这样做可以使标准石油公司的利润最大化，风险最小化。在全球范围内展开石油勘探，削弱小型石油公司，提高那些庞大的把持各个层面资源的大公司的主导地位，这也形成了我们今天对石油巨头的看法。利用国际发展模式，欧洲石油公司建立关系的目标对象不是那些拥有石油储备的独立国家，而是拥有殖民管辖权的欧洲各政府，石油公司可以在这些政府的殖民权力管辖下获得石油。

简而言之，石油巨头将美国和国际趋势融合在一起，将石油开发定义为 20 世纪一项独特的事业。这一国际趋势也造成了人口流动，主要是男性劳动力。几乎没有天生的石油人。在活跃的石油城，男人的数量远远超过女人，而且大多数男人都是只身前来，没有带家眷。于是，那些在石油行业中长大，目睹这一行业发展中独有的细节的人可以宣称自己最了解这个行业。他们以辨识之目带着消费者审视思考未经滤镜美化的行业理念，因为这些理念引领着石油的开发，也从一开始就塑造了石油巨头的核心逻辑。

对石油巨头妖魔化

美国记者艾达·塔贝尔,后被称为改革派"丑闻揭发者",非常了解石油行业的套路,从1902年开始,她选择向每一位消费者展示石油独特的文化。

塔贝尔讲述的故事来自宾夕法尼亚州油田,包括自己的成长经历,特别是早年相对拥有特权的环境下。她于1857年出生在泰特斯维尔,从小就在井架、储油罐,以及石油产业中用到的其他新奇机械之间玩耍。与玩耍相反的是,石油产业也植入她的现实生活:塔贝尔在一所豪华的房子里长大,这所房子是她父亲在石油新兴城市皮特轰被废弃时通过拍卖获得的材料建造的。他购买了曾被用于建造皮特轰最精致的酒店的材料,用来建屋。在19世纪60年代,塔贝尔的父亲制造储油桶,这一业务构建了原油产业稳定的基础设施。20世纪后期,他独立的储油桶和油罐制造业务被大公司收购,那就是试图介入石油加工产业的标准石油公司。

在世纪之交,石油的广泛应用初露端倪,而后随着石油巨头的出现,大众文化中关涉石油的内容达到了新的高度,尽管巨头被认为会阻止美国良性发展。石油开发产业被纳入集团管理的首要任务,不过,许多人不能原谅洛克菲勒昔日残酷无情的运作。在泰特斯维尔家中,艾达·塔贝尔亲眼看到自己的父亲因为标准石油公司的称霸失去储油桶和储油罐的生意。如同标准石油公司和洛克菲勒让石油成为镀金时代的伟大象征一样的努力,塔贝尔细致入微地努力工作,力争使石油行业成为工业改革新时代的典范。当其他人,如亨利·德马瑞斯特·劳埃德(Henry Demarest Lloyd),利用评论写作试图控制洛克菲勒的帝国时,塔贝尔则以记者的身份曝光洛克菲勒而闻名。19世纪80年代,劳埃德曾经利用标准石油公司作为一系列反垄断条款的主题。〔1〕然而,劳埃德的曝光文章写得太早,美国社会无法完全接受并采取行动。

然而,在整个19世纪90年代,劳埃德没有气馁。他提出的指控被更多人重复,由此促成了《谢尔曼反托拉斯法》(Sherman Antitrust Act)。然而,尽管作为

〔1〕 对于劳埃德来说,铁路是最早的剥削者,而为了原油利益如标准石油公司那样,则构成进一步剥削。他写道:"正是铁路培育出百万富翁,而这些人现在正在收购报纸,正在攫取小麦、玉米和棉花的利润,而且组建横跨美洲大陆的铁路联营。"Roger M. Olien and Diana Davids Olien, Oil and Ideology: The Cultural Creation of the American Petroleum Industry (Chapel Hill: University of North Carolina Press, 1999), p. 67.

那个时代的标志,但是该法案基本上并没有得到执行,标准石油公司继续其惊人的增长。同时,标准石油公司开始雇佣公关公司来对抗对石油巨头的蔑视。[1]由热门杂志《麦克卢尔》(*McClure's*)连载其撰写的拿破仑和林肯的传记随即蜚声文坛的塔贝尔,1894年开始与劳埃德通信。她随后被聘为该杂志的特约撰稿人,塔贝尔将全部精力集中在撰写曝光世纪之交美国托拉斯集团的文章上(所谓托拉斯集团是一种复杂的商业组织,类似于今天的大企业集团公司)。她调查了钢铁和糖业托拉斯集团,但是,当加利福尼亚州的石油发现引起公众关注时,塔贝尔认为标准石油托拉斯集团的商业行为是所有公司中最好的模式。当然,从一开始,塔贝尔的观点并不客观:她目睹了标准石油公司对她父亲和其他人的影响。在随后的几年,塔贝尔的兄弟威廉·沃尔特·塔贝尔(William Walter Tarbell)帮助建立了纯石油公司(Pure Oil Company),这是标准石油公司在美国国内最有实力的挑战者之一。此外,在艾达·塔贝尔写作期间,她的父亲富兰克林·塔贝尔(Franklin Tarbell)死于胃癌。因此,艾达·塔贝尔有多种理由对洛克菲勒加以严厉批判。然而,重要的是读者们对她摆在他们面前的手稿的反应。民众似乎已经对这个石油巨头的例子深表怀疑。

对于美国来说,夹杂着社会主义的威胁与此起彼伏的罢工和起义的20世纪初,是一段独特的动荡不安的岁月。在公共场合保持警惕的洛克菲勒在1901年9月开始担心自己的安全。支持大企业的威廉·麦金利(William McKinley)总统在纽约州的水牛城遇刺后,洛克菲勒和其他大亨担心他们自己会成为下一个目标。然而,真正的威胁并不是针对洛克菲勒本人的安全,而是他的帝国。对洛克菲勒的威胁来自外界的文化态度,也来自他身边一些关系最密切的朋友的态度的转变。亨利·罗杰斯(Henry Rogers)、弗拉格勒(Flagler)和其他业内人士曾与塔贝尔交谈,并向她提供了关键信息。[2]普遍的社会动荡不安,与日俱增的对大企业的不信任,进步派领导人的地位上升,结合在一起,在历史性交汇的决定性时刻向洛克菲勒以及他那已成为象征的石油巨头公司迎面扑来。

1902年,杂志《麦克卢尔》刊载了塔贝尔的《标准石油公司历史》(*History of*

---

〔1〕 Roger M. Olien and Diana Davids Olien, *Oil and Ideology: The Cultural Creation of the American Petroleum Industry* (Chapel Hill: University of North Carolina Press, 1999), pp. 92—97.

〔2〕 Daniel Yergin, *The Prize: The Epic Quest for Oil, Money, and Power* (New York: Free Press, 1993), pp. 104—108; Ron Chernow, *Titan: The Life of John D. Rockefeller, Sr.* (New York: Random House, 1998), pp. 440—445.

资料来源：美国国会图书馆印刷品与图片部，档案号 LC-DIG-ppmscav25884。

图 3.3 “下一个！”这是杂志《恶作剧》1904 年画的那幅著名插图的标题。标准石油公司被描绘成一只凶残的章鱼，正伸出庞大的触角盘吸着其他行业和国家。标准石油公司的主导地位塑造了石油开发的“国际模式”，并把石油推到具有重大国际影响力的地位上。

the Standard Oil Company)的第一部分。为了排挤竞争对手，标准石油公司采取了包括回调价格和内部定价等冷酷无情的商业行为，于是，对石油巨头警觉而又担忧的一副图景就此形成。从 1902 年到 1904 年，全国各地的读者翘首以待《麦克卢尔》连载的 19 期小说的每一期。到 1903 年年初，该杂志的发行量飙升至 37.5 万份。塔贝尔对洛克菲勒对宾夕法尼亚州石油行业的个体小业主所做的一切充满了怨恨，但她并没有沉迷于对故事在细节上的描述，而是以故事为线索来表达她的观点。这些文章后来被编成《标准石油公司历史》一书，于 1904 年出版。起初，洛克菲勒并没有把塔贝尔的工作当回事，而现在，他开始努力对外展现自己最好的公众形象。这个夏天，他很少公开露面，只是在周日去教堂，在克利夫兰郊区森林山的欧几里得大道浸信会教堂的主日学校教书。他的传记作者罗恩·切尔诺(Ron Chernow)写道：“他只在教堂出现在公众面前，这可能损害了他的形象，因为这符合人们对伪君子形成的固有印象，即用圣洁掩盖自己。”[1]

---

[1] Ron Chernow, *Titan: The Life of John D. Rockefeller, Sr.* (New York: Random House, 1998), p. 451.

1905年,塔贝尔在主日学校看到了洛克菲勒,这是她唯一一次在公众面前观察他。她把自己看到洛克菲勒后的反应作为对洛克菲勒性格的研究发表出来:"对洛克菲勒先生两个小时的观察激起了一种我未曾预料的感觉:我为他感到难过。一个人总是担惊受怕,那还有什么比这个更可怕更可怜的呢?我看到,相对于他那充满了意志力量的面庞、声音和身形,洛克菲勒先生其实内心很害怕,他害怕人群,害怕他的同类。"她继续说:"洛克菲勒先生也许让自己成为世界上最富有的人,但他付出了代价。只有付出才能在一个人的脸上画出这样的线条,才能使他的嘴唇摆出这样一副忧郁的样子。"不管公平与否,塔贝尔将洛克菲勒认作石油巨头的化身,同时也是许多常见的成功商人中背信弃义的化身。在一定程度上,因为其对标准石油公司的道德编织,政治领导人视洛克菲勒和石油巨头为那个时代种种弊端的象征,于是,他们比以往任何时候对其都更加关注。随之而来的便是在美国等地,任何改善社会和道德缺陷的努力都必然与石油相关联。

在美国,接替亲商的前总统威廉·麦金利职位的是精明强干、年富力强的改革家西奥多·罗斯福。受到总统一职可以作为"天字第一号布道坛"的启发,西奥多·罗斯福倾听并认真阅读了具有改革思想的记者的报道。石油历史学家奥连夫妇写道:

> 当引起西奥多·罗斯福的注意时,标准石油公司才遇到了一个真正令人畏惧的对手,他擅长操纵舆论,是当时入主白宫的最成功的媒体操纵者。西奥多·罗斯福发现了一个有用的目标,并充分意识到了它的价值,从1902年开始并持续贯穿他执政的剩余时间,他利用对标准石油公司的道德攻击来推进其个人政治历程,并解决激进派经济政策中不一致的因素。[1]

在曝光记者的激励下,西奥多·罗斯福帮助制定了关注普通民众福利的联邦立法,有了改革的正当理由,政府开始公开反对大企业。1902年,宾夕法尼亚州的煤矿工人举行罢工,要求提高工资和改善工作条件,西奥多·罗斯福作为进步派的名声与日俱增,他威胁说,除非矿主同意仲裁,否则他将派军队去经营矿山。有人说,政府的这种干预违反了美国宪法。他们争辩说政府没有权利掌管控制私人财产。西奥多·罗斯福回应,宪法是为人民服务的,而不是人民为宪法

---

〔1〕 Roger M. Olien and Diana Davids Olien, *Oil and Ideology: The Cultural Creation of the American Petroleum Industry* (Chapel Hill: University of North Carolina Press, 1999), pp. 92—97.

服务，他以曝光记者的调查结果为线索顺藤摸瓜，整治了几家托拉斯商业集团。此举为西奥多·罗斯福赢得"反托拉斯者"的称号。总统与如此大规模的组织斗争的主要武器是前面提到的《谢尔曼反托拉斯法》，该法案于 1890 年颁布，但是以前基本上未被使用。

西奥多·罗斯福打击托拉斯的努力充分利用了当时的时代精神。他意识到改革者和记者的影响，并自作主张地把这些作为自己激进计划的一部分。激进派主张，一个积极的政府应该预见问题，并在灾难发生前积极地采取行动防止灾难的发生，而不是对已经造成的损害做出反应。因此，国会的激进派要求安全立法，更严格地规范监管公共卫生问题，以及更好地管理公共设施等事务。改革者认为，即使在商业领域，也要尊重一定的道义。他们摆事实、讲道理后指出，规范商业行为是一项庞大而且重要的工作，只能由联邦政府承担。

塔贝尔以石油和石油巨头为案例的调查激发了执行反托拉斯法的新努力。1909 年，美国司法部部长起诉标准石油公司违反了《谢尔曼反托拉斯法》。该诉讼称，标准石油公司及其董事"串通勾结，目的是联合所有上述公司，以垄断商业为目的限制贸易"。[1] 在反对裁决之后，这个案件被提交到美国最高法院。1911 年，最高法院下令解散标准石油公司。塔贝尔对于标准石油公司和洛克菲勒商业操守的黑幕曝光引发政府严格执行反托拉斯法，1911 年标准石油公司被拆分为 11 家公司。然而，在基本术语中，石油巨头的概念已经永久地被加入国家词典。这一概念将石油与企业控制商品联系在一起，而没有普通消费者的参与。

因此，这种对石油巨头妖魔化的结果并不像看上去的那样。最初，美国政府的影响粉碎了至少一家主导企业，产生了 20 家大型垂直整合企业。在这些大公司的周围，出现了数百家小公司，这些公司专注于行业的某一部分，对某家大公司负有责任或与之有关联。这些"独立"公司极大地扩展了石油行业和应用。[2] 在工业转移持续到 20 世纪 20 年代之后，美国分裂性的产业找到了重新结合的新方法，包括成立于 1919 年的美国石油协会(API)这样的贸易促进组织。历史学家大卫·S. 佩因特(David Painter)认为，这个时代的"关联主义"帮助石油工

---

〔1〕 Ron Chernow, *Titan: The Life of John D. Rockefeller, Sr.* (New York: Random House, 1998), p. 112.

〔2〕 Ibid.

业在个人主义环境下形成一些自我调节和相互协调的习惯和程序;而美国石油协会和其他一些想法也让石油巨头的理念在后标准石油公司时代得以延续。[1]

随着原油不可或缺性的增长,石油巨头的地位也越来越重要。无论何地有石油被发现,执政当局就需要开发,这给这些大公司带来了巨大的权力,但开发石油也需要权力——尤其是政治权力,具体的组织在全球范围内是不同的。在美国,政府最初成为控制该行业的工具;然而,在世界各地,政府和企业作为一个风险共担合资实体经营石油开发。在国际领域,石油巨头需要在国家领导人和皇室的层面上发挥作用。事实上,在现代,该行业甚至成为某些国家的政治参与者。

布尔什维克:要革命! 要石油!

20 世纪早期的政治革命影响了许多社会,但直到 1917 年,众所周知的布尔什维克革命彻底震撼了俄罗斯。在这种社会转型和政治动荡的情况下,谁能声称拥有一处世界上已知的最古老的石油资源? 在石油巨头的时代,石油是否比国家领导权更迭更重要? 特别是,这种商品是如何与共产主义的革命哲学相联系的?

以俄罗斯的布尔什维克革命为例,这一情况发生之前,罗斯柴尔德家族在第一次世界大战前已经将其在俄罗斯的石油产业出售给了荷兰皇家壳牌。而诺贝尔家族已经逃离俄罗斯,仍保留了在俄罗斯石油的利益。当俄罗斯陷入革命时,诺贝尔家族的人伪装成农民穿越边境进入芬兰,最终在法国巴黎的莫里斯酒店(Hotel Meurice)建立了新总部。在那里,诺贝尔家族寻求从他们的石油利益中获取任何可能的价值,而此时此刻,往好了说,这些利益其实是无法获得的;往坏了说,他们获取了这些利益,就很可能是夺取了那个新国家的利益。当诺贝尔家族努力为他们在俄罗斯的石油生意寻找买家时,几乎没有人接盘,因为无法容忍那里的革命带来的不确定性,以及革命胜利后,那里将如何评判石油等资源的外部所有权的不确定性。主要的接盘者亨利·威廉·奥古斯特·迪丁(Henry

[1] David S. Painter, *Oil and the American Century* (Baltimore: Johns Hopkins University Press, 1986), p. 3.

Wilhelm August Deterding)曾向英国政府和其他方面寻求援助保证,但遭到拒绝。在美国政府瓦解洛克菲勒石油帝国后的灰烬中,一个接盘的下家挺身而出,似乎准备承担这个风险,那就是新泽西标准石油公司。

耶金指出,新泽西标准石油公司"非常清楚地记得俄罗斯石油曾经对旧的标准石油托拉斯集团的影响,让该集团创建全球石油秩序的努力受挫"。这次革命标志着其有机会化解石油行业由来已久的分歧,并以比目前从美国进口石油更低的成本向地中海市场供应石油。〔1〕甚至在 1920 年 4 月布尔什维克重新占领巴库并将油田国有化时,与诺贝尔家族的谈判也变得更加激烈。尽管有这样的不确定性,1920 年 7 月,新泽西标准石油公司仍然以 650 万美元的首付以及最终高达 750 万美元的额外支付,从诺贝尔家族手中购买了俄罗斯总石油产量的大约 35%、炼油的 40%、俄罗斯国内市场份额的 60%。新泽西标准石油公司作为一个石油巨头,认为石油价值会超越政治革命,所以决定冒这个风险。其实,新泽西标准石油的考虑是有逻辑的,无论政治动荡的结局如何,执政当局都需要一个朋友来帮助俄罗斯石油产业运转并盈利。而且,如果革命成功,布尔什维克试图稳定一个新国家,石油作为硬通货的确定性将更加不可或缺。

新政府已经证明了俄罗斯石油对国家未来的重要性。1920 年,布尔什维克政府派出了第一个外国代表,就俄罗斯石油问题与英国首相会面。布尔什维克和他们的领袖列宁讨论整整一年,国家运行将如何继续下去。随着苏联国内工业基础设施的局限性越发显现,列宁向外国投资者做出让步,开放苏联对外贸易。他在公布《新经济政策》时解释:"没有国外的设备和技术援助,我们无法靠自己的力量恢复国内支离破碎的经济。"〔2〕尽管约瑟夫·斯大林等理想主义者反对这种对新国家的外部干涉,但列宁认为,苏联的未来需要这个国家利用石油的国际价值。随着这一政策的推进,苏联绝大多数石油是由总部设在海外的公司开采和管理的,这些公司要么是荷兰皇家壳牌,要么是新泽西标准石油公司。

俄罗斯在革命中瓦解,其油田产量在 20 世纪 20 年代有所稳定,这对全球石油价格产生了巨大影响。事实上,当苏联的石油产量在 1923 年后恢复并增长时,布尔什维克决策层在全球石油市场进行削价竞争,这引起了参与俄罗斯油田

---

〔1〕 Daniel Yergin, *The Prize: The Epic Quest for Oil, Money, and Power* (New York: Free Press, 1993), p. 238.

〔2〕 Ibid., pp. 239—240.

利益的其他各方的强烈反应。看到这一日益增长的威胁,新泽西标准石油公司、荷兰皇家/壳牌和诺贝尔家族联合起来,组成了联合阵线,确保彼此的利益,共同对抗苏联的蚕食,并帮助稳定既定的石油价格。事实上,在20世纪20年代中期,联合阵线开始在市场上以克里姆林宫开出的价格收购苏联石油,然后按现行价格出售。价格控制是他们的主要目标,同时也确保了他们在俄罗斯石油领域的投资价值。然而,到20世纪20年代末,联合阵线等石油巨头在中东石油领域找到了一个更广阔、更灵活的选择,并将俄罗斯大部分石油开发项目留给了苏联人。

价格、地层学、监管与“爆炒原油”

无论是在中亚还是在阿肯色州中部平原,“控制”都是新石油业的有效术语。20世纪头几十年,石油开发的国际模式以其庞大的体系和秩序迅速将独立企业排挤出市场。发达国家几乎一溜小跑地急匆匆建立石油储备渠道,维护石油定价的稳定性。随着人们对石油这一大宗商品的掌握,以及石油生产的流程化和系统化,石油巨头已然成为比单一国家更强大的实体。

在大英帝国,当1913年调拨皇家海军开采石油时,为了英国的能源自主,丘吉尔采取了折中方法:因为英国既没有国内石油来源,也没有殖民地现有的石油供应。盎格鲁—波斯英国石油公司凭借在中亚(尤其是波斯,即现在的伊朗)的石油资源,迅速成为确保英国未来能源的最明智的选择。到1914年,管道建设等巨额资本支出让盎格鲁—波斯/英国石油公司负债累累,濒临破产。为了说服议会帮助公司,丘吉尔指出:“如果我们得不到石油,我们就得不到玉米,也得不到棉花,我们就得不到维持大英帝国经济活力所必需的许多商品。”[1]1914年6月,议会批准了以220万英镑购买英国石油公司51%股份的计划。维持和发展石油供应很快成为英国殖民主义的一个关键点。

第一次世界大战期间,全球石油用量增长了50%,这加剧了管理全球石油供给的难度。这些困难在1919年变得更加严重,当时世界上一个重要的生产地区俄罗斯动荡不安。美国在1919年仍然主导着石油生产:每年生产100万桶,

---

〔1〕 Leonardo Maugeri, *The Age of Oil: The Mythology, History, and Future of the World's Most Controversial Resource* (New York: Praeger, 2006), p. 24.

约占全球产量的70%。但是石油文化正在改变。最重要的是,美国参议院的特别报告预测了未来的短缺。据估计,美国的石油供应只能再维持25年。美国地质调查局的负责人则更为悲观,预测9年内将出现石油枯竭。[1] 作为世界石油消费大国,美国对这一预测迅速做出反应,类似于1914年丘吉尔所采取的行动,不过,与丘吉尔又不完全一样,因为美国是世界上最大的原油生产国,石油储备接近于石油枯竭的预测。显然,已经掌控了原油的美国人处于优势地位;不过,在这场国际竞争中,石油开发需要公共部门与石油巨头以前所未有的方式参与。

控制美国石油生产的努力始于美国总统卡尔文·柯立芝(Calvin Coolidge)于1924年成立的联邦石油保护委员会。柯立芝这样做,仅在丘吉尔重新装备英国海军十年之后,代表了空战的新时代,在这个时代里,"国家的霸权很可能取决于对可用石油及其产品的占有"。[2] 除了联邦政府保护包括茶壶顶在内的部分国内石油储备外,美国当局还敦促通过外交途径,将目光投向海外那些其他强权国家还没有吞并的已经探明的石油资源。这与之前美国政府拒绝参与标准石油公司的海外业务截然不同,从此,标准石油公司是美国在全球石油行业中最大的参与者。然而,这些计划直到20世纪20年代末才取得成果。随着美国工业界日益意识到石油产品的稀缺性和复杂性,生产过剩成为一个主要的令人忧心忡忡的问题。事实上,当主要动机是确保石油供应和国家安全时,联邦政府在资源保护方面的努力并没有取得进展;相反,最大的恐惧是担心价格崩溃。这种思路是,油价的严重下跌将会动摇整个行业,其连锁反应是影响已经开始在美国普通老百姓的日常生活中形成的消费模式。石油巨头运作的背后也存在弱点,可能引发的后果则要求联邦政府出面采取行动。

专家们所称的"石油过剩"的原因之一是人们对石油地球物理学日益加深的认识,这种认识始于1908年的美国地质调查局和1902年出版的《石油和天然气杂志》(*Oil and Gas Journal*)等行业出版物。特别是在美国,20世纪20年代不断变化的石油文化将严肃的科学带入了石油行业。新的理解允许法规开始对"捕获既得规则"加以限制,让油田的勘探开采对任何投机者来说都是公平的。油田的均质性得到了包括背斜理论的支持,这一理论证明了地下存在天然气、石

---

[1] Leonardo Maugeri, *The Age of Oil: The Mythology, History, and Future of the World's Most Controversial Resource* (New York: Praeger, 2006), p. 25.

[2] Ibid., p. 25.

油和水，并通过地下测绘技术把这些物质与圆丘等地表特征联系起来，这一技术在第一次世界大战后发展为地层学。利用地质的地层特征，油井的勘探和钻探不再是一种信仰的飞跃，而更多的具有了技术和科学的确定性，而且这种确定性需要在企业管理者有逻辑的管理下才得以实现。这也促进了二次开采的发展，包括用天然气冲刷现有的油井以获得以前无法获得的储量。[1] 这种技术的运用可以使石油巨头能够获取的石油比以前所开采的比例更高。

此外，将化学科学应用于炼油引发了热裂解技术的突破，1913 年，威廉·伯顿(William Burton)将这一技术引入炼油产业，从而使原油可以被系统地分离成各种产品。最重要的是，从每桶原油中获得的汽油从 1900 年美国产量的 15%增长到 1929 年的 39%。[2] 在石油巨头崛起的时代，荷兰壳牌石油和英国石油等石油企业将相关的每一项新科学技术整合在一起获得一个综合的科技形象，而其他企业则向专业化发展。例如，德士古(Texaco)、雪佛龙(Cheveron)和海湾(Gulf)石油公司专门从事原油的定位和采收，而埃克森(Exxon)公司则专注于炼油。随着汽油成为主要产品，每家公司以加油站为平台与消费者互动，并由此树立了各自的公众形象。总而言之，业内资深人士莱昂纳多·玛格芮(Leonardo Maugeri)写道："这个行业向现代形态的转变，涉及了一个庞大的兼并和收购过程，这就受到了日益增长的密集资本的青睐。事实证明，与逐步建立企业相比，并购是一种更快、更有利可图的实现整合、扩大市场规模和提高市场地位的方式。"[3]到 20 世纪 20 年代末，"石油巨头"变成一个形容词，用来形容多元化企业巨头，控制着需要原油的国家的原油供应。

这种企业应用和科学研究有效的结合，加上 20 世纪 20 年代苏联稳定的石油供应，产生了真正的石油过剩，全球油价被压到了危险的低位。最初，一些公司偷偷地采用洛克菲勒的做法确定价格，特别是对在美国以外生产的石油。1929 年经济崩溃时，美国原油价格从 1919 年的每桶 3 美元跌至 1925 年的每桶 2 美元，到 1931 年跌至每桶仅几美分。当得克萨斯州和阿肯色州的大型油田陷入混乱时，旨在监管得克萨斯州铁路运输的国家机构成了该行业的第一个全球

---

〔1〕 Leonardo Maugeri, *The Age of Oil: The Mythology, History, and Future of the World's Most Controversial Resource* (New York: Praeger, 2006), p. 41—42.

〔2〕 Ibid., p. 43.

〔3〕 Ibid., p. 45.

性监管机构。然而，要履行这一职责，就需要石油巨头与美国政府进行新的合作。

得克萨斯铁路委员会成立于1891年，其任务是监管各种商品的贸易。1918年和1919年，这一监管职责主要集中在石油和天然气上，委员会奉命依照强制性配额制度监督产出，这一制度要求每个生产企业执行。但是委员会并没有权力执行这些规定，所以努力并未成功；不过该机构仍然存在。当价格危机在20世纪30年代初形成时，富兰克林·德拉诺·罗斯福(Franklin Delano Roosevelt)总统的新政府授权内政部部长哈罗德·伊克斯(Harold Ickes)使用联邦权力支持类似的配额制度。在《国家产业振兴法》正式生效之前，美国最高法院判定这一法案在这方面的做法是违宪的。随后，美国国会通过了禁止“爆炒原油”的法律，在供过于求的情况下，在20世纪30年代末与各州合作，对国内石油供应和进口石油关税实施了一套复杂的监管体系。这些政策的结果是在1940年将油价推高到接近每桶1美元。因此，在一种与英国和其他地方截然不同的模式下，美国石油巨头同时涉足经济和政治，美国由此进入新的石油经济时代。到了1930年，得克萨斯州在国内石油生产方面占据了压倒性的领导地位，得克萨斯铁路委员会开始扮演协调角色，指导这些多样化的配额制度向前发展。虽然是非官方的，但该委员会成为控制美国所有石油价格的主要执行者。[1] 在此情况下，该机构便成为美国石油定价的主导者。当看到石油定价总是与供求关系脱节时，人们感叹得克萨斯州铁路委员会简直就是把美国原油此起彼伏的定价幻化为一部小说的作者。

经济在大萧条中步履维艰，更多的大规模石油在得克萨斯州发现，使得价格管理更加重要。东得克萨斯在难以想象的巨大的石油资源供应中暴发了，在它面前，一切都相形见绌——即使是1901年勘探开发的纺锤顶。在20世纪30年早期，当石油行业大规模追求标准化时，独立的石油勘探开采企业及其新兴城镇和棚户区又一次在得克萨斯复苏。数十万桶新石油从东得克萨斯涌向市场，于是，整顿石油行业的任务落在了先前存在的得克萨斯铁路委员会身上。到了20世纪30年代，各种力量汇集在一起使得石油变得越来越重要，以至于各方都觉得必须监管。玛格芮写道：“矛盾的是，并不是所宣称的稀缺，而恰恰是毁灭性的

---

〔1〕 Roger M. Olien and Diana Davids Olien, *Oil and Ideology: The Cultural Creation of the American Petroleum Industry* (Chapel Hill: University of North Carolina Press, 1999), pp. 119－127.

过剩，让被称为‘黑金’的石油对人类文明构成了威胁，也有可能摧毁那些非理性的石油生产者。”[1]石油巨头的这一非官方基础设施使美国在20世纪70年代成为全球石油行业的领导者。监管是在困难重重的20世纪早期激发出来的，但是这一模式激发出了20世纪后期的同业联盟，如石油输出国组织（OPEC）。

20世纪30年代开始的新石油经济开创了石油经济的一个现实——有组织地被限制，被系统化。当然，“石油巨头”这一概念的形成包罗了许多石油开采不为人知的现实。在这些被粉饰的细节中，首当其冲的是工人和当地居民受到了这种全球大宗商品开发的冲击。

在油田工作

在新的工业秩序的表象下，世界石油供应的发展继续造成严重的人员伤亡。无论石油巨头在哪里寻求新的石油资源，它总会给当地带来类似的负担。其实是推动石油工业发展颇具弹性的理念导致了这一现实，特别是向海外拓展业务时。石油行业的核心是依靠知识丰富、训练有素的专业人员作为临时劳动力，他们被派往世界各地的新热点地区，在每一个产油区，当地居民都眼睁睁地看着自己的生活因石油而改变。通常情况下，石油巨头以产业事项优先，特别是在发生利益冲突，压制、减缓或遏制当地民众对石油开发产生的抱怨之时。

例如，历史学家米娜·圣地亚哥追溯了墨西哥早期石油产业的石油公司如何重塑该地区的整体劳动力结构。圣地亚哥这样描述泛美石油公司的爱德华·L. 多哈尼等石油商，“那些大亨们不得不面对这样一个现实：他们想要的东西被埋在他们认为无法进入、没有工人的地方”。[2] 在20世纪头几十年里，墨西哥石油业的基本模式是让从国外来的人担任监管职位，而粗活则更多的由当地人来做。通常，完全新的人口，如中国人被引进做家政雇员。如果不首先找到石油，这些工作都不需要，所以说，开发石油可以引发基本经济模式转变。

为了获得墨西哥境内的原油源源不断的供给，20世纪前十年，大批的美国

---

[1] Leonardo Maugeri, *The Age of Oil: The Mythology, History, and Future of the World's Most Controversial Resource* (New York: Praeger, 2006), p. 45.

[2] Myrna Santiago, *The Ecology of Oil: Environment, Labor, and the Mexican Revolution, 1900—1938* (New York: Cambridge University Press, 2006), p. 149.

地质学家和钻井工人在此安营扎寨。历史学家圣地亚哥指出,通常情况下,人员和设备配备完整的团队从美国抵达这里。如果某团队在某一方面有技术专长、享有盛名,他们会被雇为承包商,甚至可以获得一定比例的石油产出。她写道:"对勘探出自流井的奖励也很普遍,要么是奢华昂贵的手表,要么是相当于他们工资总额50%的奖金。"[1]欧洲的其他专家(如机械行业的)也从英、德、法等国纷纷来到墨西哥油田。

油田开发初期,必须开辟通往偏远丛林原油探明点的通道。因此,石油公司招募当地人作为"砍刀兵",砍伐丛林、开辟道路,为油田开发人员和装备准备通道,建立营地。在整个20世纪前十年,当地的男人,尽管没有技能或资质,但是可以提供非技术劳动。很多十来岁的男孩加入这些劳动大军。妇女和儿童则大多被雇佣来做后勤,而在坦皮科(Tampico)和塔斯潘(Tuxpan),有少数识字的妇女在公司办公室担任秘书。[2] 在每一类劳动中,招聘者都使用了一种叫作"诱捕"的过程,即代理机构在墨西哥农村进行梳理,为劳动者提供特定时间长度的合同。他们精心地组织一个派对,充分结合派对上的免费音乐和酒精而提出一定的条件吸引潜在的员工。一名工人回忆说:"他们给我们画大饼,说要什么有什么,大房子,高工资,而且用黄金支付!"通过这样的下乡"诱捕",代理人在1920年为坦皮科运送了600~700人。[3]

在墨西哥油田,当地人的就业,特别是男子的就业,有意被安排是暂时性的。开发石油的繁荣提供了经济机会,但在大多数情况下,当地工人并没有留在石油行业。尽管工资很高,但由于工作的现实,许多当地工人拒绝了在油田继续工作的机会。石油行业的资本家如爱德华·多哈尼这样解释墨西哥人的这种倾向:"当地人不习惯吃苦耐劳,而这在开垦土地时是必需的。"[4]然而,历史学家圣地亚哥把责任归咎于公司的雇佣倾向于剥削而且石油的开采会导致破坏。

无论是对石油的开采,还是加工和分销,其实都没有离开当地的华斯特卡人(Huasteca)。史学家圣地亚哥的研究展示了该行业文明同化的总体轨迹。到1938年,这些模式逐渐消减,墨西哥将其工业国有化。这样一来,石油的社会影

[1] Myrna Santiago, *The Ecology of Oil: Environment, Labor, and the Mexican Revolution, 1900—1938* (New York: Cambridge University Press, 2006), pp. 150—151.

[2] Ibid., p. 153.

[3] Ibid., p. 162.

[4] Ibid., p. 161.

响只会增加，圣地亚哥写道：

> 在热带丛林里生活和工作时，石油企业的不同群体在油田里所经历的，及其这些群体与外界的交往完全不同。群体的阶级地位、种族和国籍自然会影响他们在工作和家庭中的经历感受。对墨西哥工人和家庭来说，公司实施的社会划分和劳动等级制度延展到工作之外。差异最明显的领域是生活方式、健康和安全。[1]

在国有化之前，墨西哥与石油企业的相互关系呈现出典型的原住民无奈地面对石油开发带给他们的影响的样子。通常的情况就是，石油耗尽，企业离开时，当地居民不得不独自面对泄漏的石油、被破坏的水资源、洪水和土壤流失等环境危害。这是石油行业的现实：全球企业性实体；总部遥不可及；服从已知的供应；收割当地居民；将石油推向市场。

石油巨头的体制掩盖了剥削，这一体制是将可以安置在地球上的任何地方的灵活的劳动力系统化。到了 20 世纪中叶，这一形式甚至不需要一个暂时的新兴城市。系统化的石油开发形成神话的另一个关键方面：石油几乎可以奇迹般地出现，不带一丝困难或不安。石油公司尽管并未打算创造或延续原油的神话，但在 20 世纪，轻而易举就是石油公众形象中最强有力的一面。

全球石油开发中油田上的劳工冲突

化解海外劳资纠纷可能是一项非常复杂的工作。为了做到这一点，石油巨头发明了一种独特的管理机制——取代了新兴城市这类发展模式，而且可以让远离总部的开发区能够长期发展。唯一的例子是 1944 年之后在沙特阿拉伯管理的油田，当时美国与沙特王室达成了“特殊”关系，具体将在下文讨论。这些美国油田基地不仅让美国工人而且也让来自许多国家的开发油田的工人处于一种平衡的劳作与生活状态。这一运作方式是，由来自不同国家的公司相互协同、在全球范围内发展出一个完善的组织机构，然后由这一机构协调管理各个区域的工作。

以沙特原油资源开发为例，具体情况是，沙美石油公司（Aramco）组建于

---

〔1〕 Daniel Yergin, *The Prize: The Epic Quest for Oil, Money, and Power* (New York: Free Press, 1993), p. 156.

资料来源：美国国会图书馆——弗兰克·卡朋特和弗兰西丝·卡朋特馆藏(Frank and Frances Carpenter Collection)档案号 LC-USZ62-98530。

图 3.4　从最开始，石油行业就要求重体力劳动，而这些劳动力往往收入微薄。国际上的开发项目，比如 1923 年罗马尼亚油田的开发项目，经常依靠当地工人从事危险的工作，包括从井口喷出的热油池中铲出垃圾。

1933 年，当时沙特政府授予加利福尼亚州标准石油公司特许经营权。经历了几年不成功的勘探，德士古公司买下了 50%的特许权。在美国联邦政府的支持下，沙美石油公司其实是各公司寻找沙特所谓石油财富的工具。这一公司里的大部分美国雇员都曾经在其他地方工作过，尤其是在哥伦比亚的南美油田。[1]组织方式与在委内瑞拉的油田管理组织形式类似，在沙特阿拉伯的油田，勘探开采营地按照工人的国籍分设，“在居住环境、工资水平和获得服务方面简直天壤之别”。在这样的营地里，盎格鲁人的生活区通常用带刺的铁丝栅栏围住，除了仆人之外，其他人不得入内。在委内瑞拉，至少曾经有两次专门针对这些生活条件的工人大罢工。在这种情况下，通常动用军队驱散罢工，并且维持政府与外部石油利益集团之间所达成的协议。

在沙特阿拉伯，油田营地区分为盎格鲁-撒克逊人营区、巴林人营区、伊拉克

[1] Robert Vitalis, *America's Kingdom: Mythmaking on the Saudi Oil Frontier* (Stanford, California: Stanford University Press, 2007), p. 55.

人营区和印度人营区。美国人通常住在由金属瓦楞板和水泥搭建的棚屋中，而阿拉伯人和印度人则住在由茅草、棕榈叶搭建，没有地板的棚屋中，被称为“粗布袋棚屋”。建设一段时间后，许多美国人最终搬到了更永久的、有空调的住所，但其他营地的人仍然住在他们原来的茅屋里。此外，只有美国人允许带家属在营区生活。

美国人通常用“苦力”这个词来形容这些不同种族的工人。油田上的“苦力”营地在第二次世界大战之前就有很多，战后则显著增加。历史学家罗伯特·维塔利斯(Robert Vitalis)在研究油田营区时描述了这些彼此分开的营地之间经常发生的激烈冲突。他写道：“在接下来的几十年里，当地人经常以暴力或盗窃应对美国人固有的残酷的优越感，与此同时，在美国雇员营地周围竖起了围栏，公司管理层明确以公司的权利雇佣警力在营区内监督围栏周边。”[1]在需要维持秩序和管理的时候，力量来自石油巨头总部，就像油田营地矗立在外国的土地上也是通过石油巨头实现的一样。随着美国家属生活在油田营区，文化元素也随之而来。

随着石油产业的发展，管理体系也在发展。工人管理电力、电话、燃料和污水管道，并在营区增加了员工医院、娱乐中心和四洞高尔夫球场。到 1944 年，基础设施建设和新炼油厂的成立带来了更多的美国油井钻工和熟练的意大利泥瓦匠，他们中的许多人曾在厄立特里亚(Eritrea)工作；来自整个墨西哥湾地区的印第安人；还有从哈萨(al-Hasa)、巴士拉和巴林来的技术工人和非技术劳力。从 1945 年开始沙美石油公司时常发生劳工骚乱。

20 世纪 40 年代末，在美国宾夕法尼亚州波科诺(Pocono)地区腹地莫诺莫诺克(Monomonock)旅馆举行了一次着重探讨阿拉伯工人的生活条件的会议。美国政界人士对沙美石油公司的做法提出了严厉批评，但是，该公司官员强调，美国员工在油田营地的特权不能减少。在会议过程中，公司官员第一次考虑到阿拉伯工人的家属的教育问题。然而，在很大程度上，被称为“宾夕法尼亚妥协”的会议并未给非美国工人带来什么改善。20 世纪 50 年代，罢工和劳工骚乱持续不断。

维塔利斯总结道：“必须强调的一点是，采掘业面临一系列共同的组织结构

---

[1] Robert Vitalis, *America's Kingdom: Mythmaking on the Saudi Oil Frontier* (Stanford, California: Stanford University Press, 2007), p. 60.

问题。在亚利桑那州的矿区发生的事情,在20世纪中期的达兰(Dhahran)油田也是如此。在与矿井和营地中不公正和不平等做斗争的过程中,人们所付出的努力和代价更严重,矛盾几乎无法化解。"[1]为了增加产量和利润,石油巨头运行管理机制来削弱工人的权利。以沙特阿拉伯为例,地区当局(政府和王室)经常与国际石油利益集团联手维护生产的平稳运行。

在这种新的行业组织形式中,散兵游勇的拓荒神话色彩渐渐淡去,取而代之的是形成了以石油巨头为主导的产业特征,即石油不存在自由市场。继而,石油成为现代受管理、控制和工业操纵程度最高的大宗商品。然而,这些细节没有一个呈现在这个行业所投射出来的时尚形象里。

结论:石油巨头让黑金的谎言永无休止

一个清晰的范式在石油工业中形成:随着企业化的加强,整个产业受到管理的程度变大了,而那些塑造石油时尚流行形象的人也越发热衷于石油过往中神秘的林林总总。石油巨头的形成带来了一个意想不到的后果,那就是公众对石油的兴趣一直在不断增加。最吸引公众的故事情节仍然是石油带给个体投机者在财富上跌宕起伏的能力;而在20世纪30年代,这样的财富故事又有了公司的身影。然而,首先要看到的,也是必须要意识到的,在这个极度竞争的市场上,这无非是企业版的"捕获既得规则"——对于石油资源的供应,要先发制人。这当然有非常不好的影响,不过这与早期石油勘探密不可分。其实,石油的神秘从未在人们的脑海里完全消退;事实上,石油的神秘形象一直在大众文化中出现,石油的负面影响早已成为美国电影和电视的检验标准,并且对石油巨头有一个整体形象的定义。这些石油的神话可以在大众文化中追溯得很远。

石油无所不能的形象是通过《美国石油》(American Petroleum)和《石油繁荣》(Oil Boom Tune)等流行歌曲树立起来的。而在这些歌曲中所诞生的神话在19世纪晚期又被一些著名人物所代表,包括《煤油约翰尼》(*Coal Oil Johnny*)。这个故事是根据一个真实的人物约翰·W.斯蒂尔(John W. Steele)的人生经历,围绕着石油瞬间造富的能力,以及人挥霍财富的恶劣本性来讲述的。从小是

---

[1] Robert Vitalis, *America's Kingdom: Mythmaking on the Saudi Oil Frontier* (Stanford, California: Stanford University Press, 2007), pp. 266—268.

一个不名一文的孤儿,成为富翁的煤油约翰尼很快就花光了他的财产——据说一天就多达 10 万美元,死时一贫如洗。1921 年《纽约时报》发布他的讣告时,历数了他过往的奢华:他曾经入住一家酒店,坐在一辆漆成大红色的马车上,车身上画着井架作为他的族徽,手指戴满了钻戒,用几张百元大钞点燃雪茄。在对这一传奇的追述里,记者阿莱克西斯・马德里加尔(Alexis Madrigal)写道:"煤油约翰尼是一个传奇,像所有的传奇一样,他被幻化为集人物、事件、想法、感觉和道德荟萃于一身,而这是一个关涉石油的财富及其运作方式的传奇。"[1]

电影《巨人》(*Giant*)中的杰特・林克(Jett Rink)和《比弗利山庄里的乡巴佬》(Beverly Hillbillies)中的克拉佩特(Clampett)一家子都有这一传奇人物的影子,所展示的基本特征就是:石油拥有让普通人变得连做梦都不敢想的财富。兴盛繁荣是石油神话中最令人神往的部分;然而,三拐两拐之后,最终的结果几乎都是破产。当宾夕法尼亚州的早期油田无油可供给煤油约翰尼的石油生意时,他最终落得个来也空空去也空空。然而,这个神话在歌曲《小人物传记——煤油约翰尼》(Little People Record—Coal Oil Johnny)和各种报刊书籍的描述中继续流传,以至于当他 1921 年去世时,《纽约时报》还为他发了讣告。石油巨头则试图将最终的衰落从石油的现实和神话中抹去。于是在流行文化中,许多神话的例子便将整个场景编织成一幕又一幕的道德剧。然而,随着石油工业在 20 世纪的发展,石油开发的新的国际模式包括了一种可能使个体免受石油中固有的几乎不可避免的负面影响的企业结构。石油巨头内部出现的差异也成为流行文化的素材。

之前讨论过的 1940 年的故事片《繁荣小镇》(Boom Town)试图捕捉石油巨头理念的不同维度。由大明星斯宾塞・特雷西(Spencer Tracy)、克劳德特・科尔伯特(Claudette Colbert)、海蒂・拉玛(Hedy Lamarr)和克拉克・盖博(Clark Gable)主演的《繁荣小镇》展示了 20 世纪 30 年代得克萨斯州油田上的投机行为,挖掘了石油神话的各个方面,包括腐化力。与宾夕法尼亚州的皮特轰相似,东得克萨斯,即电影的背景所在地,完全向石油屈服,被石油所掌控。在得克萨斯的油田繁荣期,除了财富,没有什么是神圣的。为了让观众更清楚地看到这一

[1] Alexis Madrigal, "The Legend of Coal Oil Johnny, America's Great Forgotten Parable," *Atlantic*, Oct. 18, 2010, at www. theatlantic. com/technology/archive/2010/10/the-legend-of-coal-oil-johnny-americas-great-forgotten-parable/64475.

资料来源:美国国会图书馆印刷品与图片部,档案号 LC-USZ62-86463。

图 3.5 1864 年首发的《美国石油》歌曲传唱着石油勘探和开采的神话。大众文化成为传播众所周知的石油巨头这一意识形态的重要方式。

事实,特雷西扮演的角色与教堂牧师站在避难所里。早些时候,会众投票决定出租他们教堂下面的土地。而现在,在祭坛和长凳的包围下,仰望上帝的信众和俯身勘探油井的渴望财富的民众一起注视着井架一起一落地砸着土地。这一场景表明,这个社会已完全将自身倾注于脚下的石油,而不再是头顶的上帝。最终,特蕾西饰演的角色为了寻找幸福离开了这里,盖博所扮演的角色成了一个全球石油大亨,但是他并不快乐。影片中,盖博所扮演的角色尽管是这个行业的巨头,但他日渐筋疲力尽并最终腐化堕落。同样的寓言构成了所有著名的关于石油电影的核心。

詹姆斯·迪恩(James Dean)的最后一部电影,1956 年上映的《巨人》利用大肆扩张的石油工业所固有的贪婪来组织整个情节。导演乔治·史蒂文斯

(George Stevens)用得克萨斯的石油作为新的象征,以及美国西部旧有方式改变的象征,尤其是养牛场。洛克·哈德森(Rock Hudson)饰演比克·本尼迪克特(Bick Benedict),他是这个家族的族长,畜牧业的典范。当本尼迪克特的一名雇员——杰特·林克(由迪恩饰演)——发现石油后,成了不讲道义的、不计后果地开采资源而崛起的新西部的象征。这个年轻的暴发户用他的财富建造了一个颓废的现代大都市(令人想起休斯敦的部分地区),但他永远也达不到族长本尼迪克特的高度,无论是对尊严的维护还是对传统的恪守上。影片结尾,林克酩酊大醉、昏倒在他为炫富而举办的盛大庆祝活动的主桌上。在电影《巨人》结尾,我们看到了许多21世纪的美国必须应对的、由经济增长带来的相同的后果。完满的道德剧是这样的:贪婪不能赢;石油即是贪婪。这样的描绘比比皆是,以至于情节显得俗套;不过,这些都是石油巨头神话的主要内容。

在电影《比弗利山庄里的乡巴佬》中的杰德·克拉佩特(Jed Clampett)这样的贫穷乡下人手中,石油罢工标志着社会最具变革性的经济机遇之一。每一集都以一首如今已是尽人皆知、让人啼笑皆非的歌曲开场,下面这首歌描述了杰德受命运女神青睐后的意外发现:

来来来,听一段故事:
说的是有一个叫杰德的山里人,
穷巴巴的几乎难以养活一家人。
但是有一天,他打中一块“大蛋糕”——
原油!从地下汩汩地冒!
对的!就是原油!那个黑金!得克萨斯州赖以生存的“大蛋糕”。

要知道!老杰德现在成了百万富翁。
周围的邻居纷纷说:
“杰德,搬离这里吧!你应该住在加利福尼亚!”
于是他们把家什装满了车,兴冲冲地前往比弗利山庄。[1]

在杰德的故事中,吸引人的部分是他并没有寻找石油,一切都是运气使然。而现实中,尽管定位原油很困难,但是,任何寻找石油的人都巴望着时来运转。

---

[1] Beverly Hillbillies.

在20世纪60年代的《比弗利山庄里的乡巴佬》中，杰德的人格力量在于他在石油的腐化力所带来的诸多陷阱和机会面前不为所动。然而，围绕在他周围的人在石油财富的诱惑下往往是把持不住的。随着故事的讲述，我们看到杰德周围的很多人屈服于石油带来的财富，而杰德抵制了诱惑并坚持了传统道德理念。从石油业的发展看，杰德和他一家人的举动对于早期石油行业来说是一种倒退，而他们的寓意是对抗石油巨头这一现实，即一个不同于在其他任何行业所看到的、新兴的企业官僚主义。

贯穿于整个20世纪并且直接步入21世纪，石油在大众文化中的经久不衰彰显出它对人类生活不曾间断的重要性。将西部片元素与动作/冒险片元素结合，石油题材的电影变得越来越受欢迎。《迷中迷》或《王国》(The Kingdom)等电影的热映，说明民众对人类与原油关系的最新故事越来越着迷：石油巨头的强大势力被揭示为一个难以接近的实体，这也是现实。这些电影所要强调的是人们在更大的商业利益和政治利益面前无能为力，正是这些利益将石油从地球上遥远的地方带到日常用品的市场上。因此，当代民众不得不与石油巨头所带来的粗暴的现实和解。

尽管已经发展成为国际性的组织模式，但作为一种文化偶像，石油巨头继续演绎着生意场和个人奋斗起起落落的可能性，与美国石油产业最初的特征别无二致。它的阴暗面也正是其魅力和传奇密不可分的部分。独特的石油文化代表着美国企业神话中最具辨识度和最具韧性的特征。当电影制作人保罗·托马斯·安德森(Paul Thomas Anderson)把厄普顿·辛克莱(Upton Sinclair)20世纪初的《石油！》(*Oil*！)改编成剧本来展示21世纪的石油文化，相同的特征允许他只需要一点点的润色即可。《血色将至》的观众在丹尼尔·普莱恩维尤(Daniel Plainview)这个角色身上发现了石油文化终结的化身，而这一文化是跨越世纪的。普莱恩维尤以“我喝你的奶昔”明确地表达“捕获既得原则”的道德逻辑，这也是石油巨头的行商理念。事实上，早年让德雷克在油溪谷开凿的油井流淌出涓涓细流的石油行业的理念，与如今让石油巨头从巴库到巴林油田上勘钻的自流井汩汩奔涌出石油所信奉的原则，别无二致。

石油巨头自19世纪末出现以来，便将神话和现实融为一体，形成了一个新的跨界实体，而这一实体是随着20世纪人类对原油的使用而发展的。在新的规模和范畴下，石油日益增加的可获得性改变了它的潜力，也改变了人们对它的期望。作为一个术语,"石油巨头"囊括了这一切,既有石油资源往昔的神秘描述,也有当前人们对这一大宗商品日益增长的怨恨。这一术语涵盖的内容也是动态发展的,可以扩展到不同的时代,并且一个接一个地连在一起,把人类与石油的关系持续地讲述下去。当然,石油作为武器是至关重要的,因为在两次大战的间隙,石油的不可或缺性只是处于初级阶段。事实上,那些赞同石油资源至关重要的国家为了本国的国家安全,在悄悄地寻求充足的石油供应。当然这只是初步的;不过,石油最神奇的方面之一是,它的不可或缺性触及发达社会中每个人的生活,这就为石油巨头的连续性增添了新的考量维度。

基本框架:原油的全球运输

搁浅于1891年,德国“幸运号”(Gluckauf)货轮辜负了这个名字。今天,在纽约市附近的火岛(Fire Island)附近仍能见其残骸。然而,1886年当“幸运号”从英国起航,它曾以一种全新的方式将日益复杂的国际贸易联系起来,从而彻底改变了石油行业。当它搁浅之后,大约有70艘类似的油罐蒸汽船穿梭在世界各大洋。

运送原油和煤油的油轮与19世纪60年代那些在宾夕法尼亚州油溪谷装满原油的小船已是时移世易。事实上,当1861年“伊丽莎白·沃茨”号双桅横帆船载着224吨石油驶往英国时,石油产业的规模已经开始发生变化。当这艘船安全抵达时,许多人对运送易燃原油穿越大洋的担忧减轻了。接下来的几十年里,石油和煤油的运输方式就像上一代人对鲸油的运输一样:灌入桶里,装载在帆船的甲板下。

铁壳船身,装载了一船散装煤油或石油的“幸运号”是现代油轮的模型。很多年来,造船商坚持在船上不设计建造装载可搬运货物的想法,因为担心在波涛汹涌的海上货物会不稳。于是,在“幸运号”和类似的油轮中,船体成了装载石油的容器,这就为未来的航运制定了标准,并大大提高了石油行业整合复杂系统以便开发和配送原油的能力。

今天,典型的油轮要么是原油油轮,要么是成品油油轮,前者是将原油运往炼油厂。每一类型油轮的尺寸不同,除了成品油,油轮通常要小得多,而且,所有新的油轮都采用双壳体建造以提高安全性。此外,所使用的油轮的大小根据油轮航线而定。具体地说,油轮是从内陆沿河道或沿海或在公海上运行。如今,每年大约2万亿吨的石油经油轮运输。第二次世界大战后,超级油轮成为重要的石油运输船,其中最大的是1979年下水的“海洋巨人号”(Seawise Giant)。这艘1 500英尺的油轮可容纳超过50万吨的原油,装在46个储油罐内。在它的使用过程中,这艘船被重新命名为“快乐巨人号”(Happy Giant),然后在1991年再次被重命名为“维京人雅雷号”(Jahre Viking)。2009年,这艘船被重新命名为“莽特号”(Mont),后来在滩头系留等待报废。

然而，快速的创新意味着油轮的使用不会持续太久。运营超级油轮需要巨大的开支，大多数运营商很快就会让以前的型号报废。这些船只中的大部分已在中东产油区附近抛锚，并改装为稳定的非转移的海上漂浮储油设施。

19 世纪 90 年代的油轮是由蒸汽驱动的，与其他帆船不同的是，它们的前部有一个比较大的烟囱。通常，这些油轮有两个甲板，有 7 到 9 个装油的隔断或油罐，每个隔断或油罐可以容纳大约 4 000 桶分装原油。尽管这些油轮上飘扬着荷兰、德国和英国国旗，但这些船大多数属于标准石油公司，从而将公司从原油提取、加工到分销不断增长的全球网络连接起来。油轮船队最初使用煤炭作为动力，但在 1910 年改用柴油发动机。

石油行业能够灵活地收集世界各地发现的原油，油罐车起了关键作用。到 20 世纪 40 年代，油轮的运力翻了两番，达到了 16 000 吨，到了 20 世纪 60 年代，这一数字又翻了一番。到 20 世纪末，油轮的容量超过了 10 万吨，新的油轮类型被命名为特大型油轮（VLCCs）和超大型油轮（ULCCs）。[1]

[1] Tanker History, at www. globalsecurity. org/military/systems/ship/tanker-history. htm; Gluckauf(1886—1893), at www. aukevisser. nl/german/id95. htm and www. aukevisser. nl.

第二部

交通运输

（1890—1960年）

基本框架:给汽车加油

作为一种照明的原材料,石油曾经像煤油那样装在锡罐里出售,即从油罐中泵出,灌入锡罐后放在普通商店和杂货店卖给消费者。当时颇让人兴奋的新发明——内燃机汽车——对石油的充分利用使石油成为运输业不可或缺的一部分。炼油厂从石油中提炼出汽油后,卡车和火车装上这些燃料,然后分散到方便消费者加油的地点。加油站为交通运输带来了前所未有的系统化和集团化的机会。尽管当初使用内燃机面临着最严峻的挑战——易燃易爆汽油的储存和扩散。

在19世纪晚期,经过精炼后,汽油通常被储存在货站,这些货站将液体储存在巨大的、圆柱形的、放在高出地面的木质框架上的油箱中。而后,凭借重力,石油灌入马拉的油罐车中,然后这些马车又将石油分送到当地的出租车厂、汽车修理店,甚至布店。在这些店铺,买主经常是整桶买汽油。其他店家用板车推着装满汽油的油罐穿过街道,直接卖给消费者。售卖时,把汽油装满量筒,然后把量筒里的汽油通过一个麂皮衬里的漏斗倒进他们的车辆。而越来越多的司机选择绕过这些加油站,直接去大货站加油,由此诞生了一个新业务——组织疏通由等待加油的汽车所导致的交通拥堵。

到了1905年,善于发明创新的美国企业家C. H. 劳西格(C. H. Laessig)在密苏里州的圣路易斯,将汽油的分送方法推进到一个新的阶段:他安装了一个热水器,在末端连上浇花用的软管和开关阀,这样可以将汽油直接从储罐灌进汽车的油箱里。依旧是凭借重力输灌汽油的方法,让人们不必再使用汽油桶;然而,这个方法并没有让汽车油箱加油变得更加方便。同年,一个创新又出现了。希尔瓦诺斯·F. 鲍泽(Sylvanus F. Bowser)通过观察,改用泵从大油桶中抽取出汽油,将其灌入汽车的油箱。他的油泵可以被已存在的汽油分送网点使用,比如杂货店,而且,装油泵防止渗漏的柜子可以锁好安全过夜。这些创新结合在一起,为“加油站”进一步发展开辟了道路。

鲍泽的油泵使汽油的配送最终脱离了货站。零售店或加油站是使以汽油作为驱动力的汽车在日常使用中更方便、更可行的关键一步。不过,这一方便并不是随着鲍泽油泵的发明即刻产生的。最初，没有规划的路边加油站导致严重的拥挤和交通拥堵。20世纪前30年，道路的混用造成了无数的问题，从马受惊到蒸汽机爆炸。尽管机动车汽油公司在1910年就成立了第一个加油站，但是过了很长时间，其他的地区才都使用这种加油站。历史学家丹尼尔·维耶拉(Daniel Vieyra)这样描述各地利用这一方式加油：

> 在一个普通的城市里，机动车汽油公司建造了一座小砖房，铺好了后面的院子，并矗立起四个加油泵。这些泵并不是从地上的小桶中提取汽油，而是从更安全、更先进的地下储油罐中抽取；他们把这种方便的油泵与劳西格用的浇花的软管连接起来，直接把汽油灌入汽车的油箱。[1]

在汽车行业最初的几十年里，选址和建立这样的加油站是最大的困难之一。当代司机很难想象，20世纪早期的道路每天都在变，无论是交通路况还是道路本身。一条道路可能在某一天还很繁忙，但第二天就突然废弃了，因为另一条道路铺设好了。定义20世纪人类发展的机动车新景观，首要的在发展中不可或缺的元素，就是加油站的选址。

[1] Daniel I. Vieyra, "*Fill'er Up*": *An Architectural History of America's Gas Stations* (New York: MacMillan, 1979), p. 7.

第四章 一路高歌

操着不同语言,来自不同国家的人驾驶着各种奇形怪状的汽车,穿过崎岖的山路,行驶在修建得很好的、一般的或者坑坑洼洼的路上,这一切勾勒出19世纪末人类文明中汽车文化的孵出形象。1895年巴黎—波尔多—巴黎汽车拉力赛向人们展示了一个不需要动物的动力的交通工具的巨大可能性,这种可能性是从全球的不断探索中日趋明朗的。石油公司积极争取自己的未来;然而,结果却并不确定。不像现在的全美运动汽车竞赛协会(NASCAR)[1],相似的汽车一个挨一个地几乎是贴在一起比赛,19世纪90年代的欧洲汽车比赛就是一个过渡时刻的展示。它展示了哪种技术能够在眼前的竞争中存活下来,以及哪种技术可能会在为人类运输提供动力的更大规模竞赛中胜出。

在1895年的法国汽车赛中,参赛的包括蒸汽驱动、汽油驱动和电力驱动的三类汽车以及这三大类别下款式繁多的各种改装车型。22辆车中的每一辆都包含相关技术的改装。例如,有一辆参赛车是装着米其林兄弟的首款充气轮胎入场的。法国自行车制造商阿尔芒·珀若(Armand Peugeot)致力于寻找一种新的交通方式,他通过家族企业——生产工具的法国标致兄弟公司(Les Fils de

---

〔1〕 NASCAR是National Association of Stock Cars Auto Racing的缩写,该协会是成立于1948年的全美汽车竞赛组织,在美国50个州中的39个州拥有100个赛道,组织举办1 500场比赛。——译者注

Peugeot Freres)——组织了这类比赛。通过珀若等人的努力,19 世纪 90 年代的巴黎成为交通工具创新的沃土。来自世界各地,尤其是欧洲的工程师,先做技术对比,后观察新技术和新构造在比赛中的表现,决出高下。

在 1895 年 6 月 11 日比赛的 13 辆车中,最终入选的汽车的引擎系统是结合了德国、法国和比利时的技术。戈特利布・戴姆勒(Gottlieb Daimler)在 19 世纪 90 年代只生产了 12 辆汽车,他的公司戴姆勒汽车公司(Daimler Motoren Gesellschaft),即后来的梅赛德斯(Mercedes),直到 1900 年他去世后才成为知名公司;在 1895 年的比赛中,他的两轮汽油动力发动机在汽车引擎界面世。法国人埃米尔・莱瓦索(Emile Levassor)驾驶着这辆车以时速 15 英里的革命性速度行驶了 732 英里,更重要的是,停下来进行补给的时间不超过 22 分钟。他在 48 小时 47 分钟内完成了比赛,比亚军早了近 6 个小时。这一产品以及人们对它改进完善所做的努力迅速引起欧洲人的兴趣。

在 20 世纪之交,无论是美国还是欧洲,许多工程师都满怀激情地面对提高车速和发动机效率的挑战。方法上的、微观层面的改进,如火花塞、汽油和启动装置等技术,掩盖了这些部件实际体现的汽车工业的大规模革命:这些创新的结合一起从根本上改变了人类文明发展的基本模式。从这些发展中,社会、经济和文化的变化不断辐射出来,从而进一步改变了发达国家民众生活的基本方面。像美国这样的社会以政治和经济举措推动人类文明的发展,而这些举措其实根植于渴望提高民众的生活水平,但是这样做的同时,他们也制造了一种深深渗透到社会肌理中的对石油的依赖,仅仅过了一代人的时间,消除这种依赖就变得不可想象。在人类文明发展中,石油巨头为横扫欧洲和美国对原油的高度依赖的生活方式找到了全部的理由。作为一种消费品,汽油的每加仑或每升价格在短短几十年里就成为推动国家经济发展的一个因素。从巴黎到波尔多之间的汽车比赛中涌现的技术改进不应该受到谴责,但是必须看到,石油在人类文明发展中的角色和地位,即从最基本层面上改变了人们日常生活的活动方式。

在古代,只要人们寻求中央集权,道路就得到高度重视。例如,在罗马帝国,道路是统治的工具,通常情况下,占领一个区域后,就会先修路。修路作为伟大的工程壮举为军队提供了更便捷的通道,这不仅对外围地区构成了威胁,同时也为这些地区进入首都罗马,提供了通道。这对纳税尤其重要。从罗马向外辐射所铺设的道路有约 5.3 万英里,至少可以说,罗马帝国的成功得益于这些稳固的基础设施。文化地理学家约翰·布伦克霍夫·杰克逊(John Brinckerhoff Jackson)评论罗马文明中的这一道路设计形式,即"从道路中心向外辐射的景观功能包括加强和维护社会秩序,同时可以把社会或者国家领土的所有空间都与一个中心紧密连接在一起"。[1]

资料来源:美国国会图书馆印刷品与图片部,档案号 LC-DIG-npcc-27856。

图 4.1　在汽车诞生不久并未发展成熟的时候,赛车自然而然地成为人类这一新的交通手段的一部分。1915 年在马里兰州本宁斯(Bennings)举行的这场比赛,与欧洲各地举行的汽车比赛相似,即帮助测试和改进新兴技术。

从理论上讲,过去几个世纪人类文明发展中,大规模的筑路扩张仍然本着这一最初的程式。罗马人铺路的初衷在于这样即使遇到恶劣的天气或者坏天气把道路弄得泥泞不堪,仍然可以通行。确实,如果不铺路,遇到雨天,泥泞或小石子儿,即便不会让那些由动物或人拉的车完全停下来,也会构成阻碍,更不用说当旅行者不得不下车步行时的那份失望了。然而,罗马的工程师并没有止步于铺路。道路被铺成微拱形,即中间略高,两侧略低,这样可以让水流走,而且沿着路肩有凹槽便于排水。关涉到罗马道路系统的最令人难以置信的工程壮举是道路的建造方法。许多道路至今仍是汽车的主干道。确实,在 19 世纪约翰·麦卡丹(John McAdam)发明柏油碎石路面以前,罗马的筑路方法是无与伦比的。

[1] J. B. Jackson, *Discovering the Vernacular Landscape* (New Haven, Conn.: Yale University Press, 1988), p. 22.

这个古老道路系统的复杂之处来自对交通的原始使用，几乎所有的道路起点都在中央政府，由中央政府拥有。现代西方世界看待交通的新视角可能包括将古代道路用于新的用途；同时也做出努力建立新交通系统，充分利用那些让人耳目一新的、广泛分布的道路。随着人类学会以革命性的新方式出行，石油便成了人类社会的命脉。

个人交通工具的实验最初并非是在美国，更不是在位于密歇根州后来成为全球汽车工业中心最终被称为“汽车城”的底特律。1895 年的比赛之后，法国汽车俱乐部成立了，会员人数接近 500 人，到 1900 年增加到 2 200 多人。到 1901 年，有 130 家巴黎企业自称是汽车制造商，这清楚地表明巴黎是世界汽车工业的总部。虽然有各种技术出现，但是在 20 世纪初，只有戴姆勒的汽油发动机凭借其安全性和可靠性一跃成为人类交通运输转型的龙头。随着汽车技术的每一次革新，人们对道路的需求则扩展了罗马的道路模式，适应并修整了人类出行新时代的景观。很快，这种对石油应用的不同寻常的创新转化成为一场社会学革命。

一场人类文明进步的革命

在过去的五千年里，人类利用动物实现了陆地出行。从某种意义上说，马匹和帆船是拓宽工业革命时期交通的同样的技术，而这两项技术在 19 世纪中期仍然占据着统治地位。20 世纪早期，这两样仍然是美国人的主要交通手段。即使像纽约等这样的城市 19 世纪 90 年代末大面积实现了公共交通，也没有完全摒弃对马匹的使用。虽然新的交通技术在 19 世纪末得到发展，但事实上，大面积的工业化增加了城市运输对马匹需求的数量。1870 年的普查显示，全美有 800 多万匹马，其中有 150 万匹在城市使用。1900 年的普查显示，马匹数量增加到 2 120 万，城市所使用的马匹数量接近 300 万。[1] 这些马匹大多被用于大众交通运输，即马拉公共汽车和马拉轿车。

在 19 世纪后半叶，马拉公共汽车在大多数城市运行，可以到达任何地方，无须使用铁轨。例如，在 1850 年，费城有 322 辆在运行，纽约有 683 辆在运行。据

---

〔1〕 Edwin Black, *Internal Combustion: How Corporations and Governments Addicted the World to Oil and Derailed the Alternatives* (New York: St. Martin's Press, 2006), p. 37.

说,当时纽约公共汽车每天运载超过 10 万名乘客。[1] 另一方面,马拉轿车要用到铁轨,这有助于通过规范通勤来提高城郊一体化。到 1890 年,每年有 3 250 万乘客乘坐由 700 多家公司运营的马拉轿车。此外,大多数货物运输车都由马来拉动,马还充当主要搬运工。在一些磨坊厂和各类建筑工地,用马来拉轮踏车,轮踏车连着齿轮系统,然后进一步带动其他装置的转动运行。在 1850 年的普查中,美国城市一半以上的运行动力由马匹提供。在这一时期,马的生命周期被完全拟人化,其意义由人类定义。历史学家克莱·麦克肖恩(Clay McShane)和焦耳·塔尔(Joel Tarr)写道:

> 当人们认为马不是一种动物,而是城市化社会中的一台活机器时,它在商品化过程中的作用就变得更加清晰了。马从一出生就被赋予了价值。在 19 世纪的城市,这种价值主要与它们对工作的实用性有关……甚至它们的粪便也可以用作肥料,而死后它们的皮和毛被转化为有用的产品。[2]

然而,役用马匹是有代价的。特别是在 19 世纪的自然发展演进的城市不得不处理役畜特别是马的排泄物,在那里动物和居民的粪便(包括其他东西)的管理只使用原始的技术手段。

一匹役用马日排泄粪便 15 到 35 磅,排尿 2 加仑。[3] 在纽约这样的城市,日产马粪量高达 325 万磅。除了脏乱臭,粪便招惹来了苍蝇,并有可能爆发伤寒、霍乱、肺结核或婴儿腹泻。对于 19 世纪后期城市的改革者、规划者和居民来说,马匹通常是令人头疼的问题。然而,城市居民不愿意放弃个人交通工具。事实上,城市向外扩张对交通的要求比以往任何时候都要大,因为需要向各个经济阶层的居民提供便捷的交通工具。

在 19 世纪末工业化革命为公共交通带来新的尝试之前,多亏有马和马车,人类才会有长期的个性化出行方式。尽管公共交通在城市地区,尤其是在欧洲,便捷而且合理,但是美国那么大的国土面积和四处分散的居住模式,使得个性化

---

〔1〕 Clay McShane and Joel Tarr, *The Horse in the City*: *Living Machines in the Nineteenth Century* (Baltimore: Johns Hopkins University Press, 2009), p. 35.

〔2〕 Ibid.

〔3〕 Edwin Black, *Internal Combustion*: *How Corporations and Governments Addicted the World to Oil and Derailed the Alternatives* (New York: St. Martin's Press, 2006), p. 39.

出行仍然至关重要。此外,美国人已经将国家建立原则之一(即独立)也赋予了个人出行。一种近乎天生的、一切以个体主动性为先的需求,早已把个性化出行融入了美国的文化品位和偏好中。所以,寻求利润回报的美国企业家心里早就清楚,大众交通其实无法满足多数美国人的需求。

自行车是交通独立新宣言的一个完美例证。在美国,波士顿人弗兰克·韦斯顿(Frank Weston)在1877年和1878年开始进口自行车,而亚历山大·蒲柏(Alexander Pope)在1878年开始生产"哥伦比亚"高轮车。除了运用自己的设计天分,蒲柏灵活运用法律知识获得了自行车专利的控制权,并将竞争对手告上法庭。在蒲柏试图主导19世纪的个性化出行方式中,类似的官司对他来说是家常便饭。

此外,蒲柏还通过大规模的广告宣传,以及大规模生产和自行车制造的机械化,使高轮车和三轮车更加普及。这些不稳固的自行车主要供城市男性使用,并没有为美国的交通模式带来革命性改变。事实上,自行车的最大影响发生在19世纪90年代,随着"安全自行车"的发展而来的,其基本设计沿用至今。安全自行车使自行车的使用变得更加简单,年轻人,无论男女都可以使用。使用两个相似大小的轮子和后链传动,安全自行车风靡全美,大小公司竞相生产[比如莱特兄弟(Wright brothers)在俄亥俄州代顿(Dayton)附近创立的公司]。自行车的发展结合约翰·邓洛普(John Dunlop)的充气轮胎,使得这种交通工具适合许多社区新铺设的街道。到20世纪初,自行车已经成为一种重要的交通工具,同时也成为许多美国人首选的娱乐休闲形式。骑车开始逐渐改变人们对出行的期望。对许多自行车制造商来说,这种两轮、人力驱动的自行车只是一个进阶。他们寻找其他的交通方式,那种没有自行车所具有的局限性的交通方式。然而,转向以石油为动力的交通工具并非是自然而然的。其他因素的融合促成了内燃机的诞生。

石油的消费

人类社会中大量的石油供应刺激人们寻找使用石油的新用途。当希金斯、洛克菲勒等努力增加原油供应时,除了润滑和照明以外,石油的潜在用途开始断断续续出现。石油巨头日益增强的影响驱使人们尝试各种试验,包括交通领域。

人类的出行方式可能是关于石油未来最具争议的前沿领域。

使用更新的技术来改革和改造人类出行方式当然有明显的好处。在 19 世纪美国和欧洲通常被称为“自然发展演进的城市”中,人口密集,到处脏乱不堪,毫无秩序。人们的出行方式是这类自然发展演进的城市顽疾中的一个重要因素。自从马被驯养以来,无论是个人骑行还是套上笼头拉车,马都是首选的动力。在美国,直到 1841 年,大约 40 人拥有一匹马,比例为 40 ∶ 1。然而,到了 1880 年,这一比例下降为 25 ∶ 1,即 25 人拥有一匹马,因为工业和经济的发展要求新的交通规模和形式。

在人口密集的城市,使用马等役畜作为交通工具造成了许多困难,其中主要是对粪便和排泄物的处理。有几组数字令人惊讶:1900 年曼哈顿有 130 000 匹马,芝加哥有 74 000 匹马,费城有 51 000 匹马。[1] 不过,服役马匹的数量在 20 世纪早期有所下降,因为改革者和城市规划者考量再三决定淘汰利用马匹出行这一方式。

在世纪之交,与大多数企业家不同的是,多数城市管理者认为公共交通工具,包括电车、公共汽车和地铁,是改善居民居住条件的明智的选择之一。欧洲城市(如巴黎和伦敦)投资地铁系统,在 21 世纪仍然发挥其功能并一直处于交通技术中的创新地位。地下交通(地铁)和许多出行创新技术都依赖于电力,电力正在迅速改变城市生活。

在大众交通和照明领域,燃煤电力是石油作为能源的主要挑战者。托马斯・爱迪生、尼古拉・特斯拉(Nikola Tesla)等发明家和一些企业家很快不断地设计出新的技术装置,使电能够从一个地方传输到另一个地方,并应用于各种工作。虽然发电是一种技术,但它的颠覆性能力足以迅速重新定义人们日常生活中主要事物之间的基本状态和关系,无论是在交通、照明还是建筑方面。作为一种动力来源,电能具有无与伦比的灵活性。

20 世纪初,随着电能在美国和欧洲各大城市扩展,自然发展演进的城市逐渐被技术基础设施所改进,依托原油供应的持续增加,这些技术性基础设施将城市生活与电力照明和公共交通结合起来。与之相关的是,当石油供应鱼龙混杂的时候,石油市场急剧萎缩。虽然石油是一种更灵活的液态烃能源,但它在许多

---

〔1〕 Clay McShane and Joel Tarr, *The Horse in the City: Living Machines in the Nineteenth Century* (Baltimore: Johns Hopkins University Press, 2009), pp. 15—16.

应用上输给了煤炭供应和以燃煤为动力的基础设施。美国以燃煤发电为动力，经历了令人难以置信的增长：1860 年，美国的工厂工人还不到 150 万；到 1920 年，已有 850 万。1860 年，美国有大约 31 000 英里的铁路；到 1915 年，已接近 25 万英里。

令洛克菲勒十分懊恼的是，尽管有标准化的公司组织，石油在世纪之交能派上用场的地方还是少之又少。为了满足照明、交通和建屋的需求，科技基础设施引领美国消费者走向石油之外的其他路径。事实上，现代交通的理念已经从役用马匹出行急速地转向如何以最有效的方案组织构建交通系统本身，而这一方案就是电力公共交通。而对出行理念的改变，要首先改变消费者对出行方式的偏好。镀金时代的企业巨头最终让位给了那些认识到新的消费文化能够激励和普及新产品的企业家。20 世纪初，当大量廉价石油充斥市场时，石油似乎有巨大的潜力改善与发展人们出行的交通系统，但其重点不是放在大众交通上，而是开创诸多个性化出行方法。

人们出行机械化、自动化

在人类生活的几乎所有方面都在不断创新的时代，美国人和欧洲人对有限的个人出行方式感到不够满意，他们要求得更多。针对上述所列举的役畜驱动或人力驱动交通的局限性，花大力气创造出技术解决方案的努力，创造了 20 世纪早期最具竞争力的市场之一。

蒸汽机和生物燃料

试图将出行方式机械化只是创新挑战的一小部分。整个 19 世纪，发明家努力探索各种各样的交通工具，特别是对未来交通工具的动力来源的探索。例如，1805 年，奥利弗·埃文斯(Oliver Evans)在美国制造第一辆机动车，选择了蒸汽机作为驱动力操作机车的挖泥船和平底船这一组合在陆地和水上运行。他根据国际实验报告建造了这一机动车，这些报告包括法国耶稣会传教士费迪南德·沃拜斯特(Ferdinand Verbeist)和菲利普-玛丽·格里马尔迪(Philippe-Marie Grimaldi)1665 年在中国的实验报告；瑞士工程师尼古拉斯·约瑟夫·库尼特

(Nicolas Joseph Cugnot)18 世纪 60 年代末的实验报告;以及康沃尔(Cornish)的工程师理查德·特里维西克(Richard Trevithick)1769 年的实验报告。随后,有各种各样的发明以蒸汽机为基础。例如,理查德·道金(Richard Dudgeon)于 1867 年发明的道路机车,类似于农用拖拉机,可以搭载 10 名乘客。19 世纪 90 年代末,有近 100 家制造商在销售以蒸汽为驱动力的汽车。这些蒸汽汽车制造商中最著名的是弗朗西斯·E. 斯坦利(Francis E. Stanley)和弗里兰·O. 斯坦利(Freelan O. Stanley)双胞胎兄弟,他们在 1897 年发明了"斯坦利蒸汽机"汽车。

这是一个技术创新风起云涌的时代,然而,各国对人们出行方式即将发生的变化反应不一。蒸汽机技术在美国比在英国扎根得更快的原因之一是英国那部不得要领的号称《红旗法案》(Red Flag Act)的政策。[1] 1865 年,该法案是在从铁路公司到马车制造商的利益推动下出台的,将"公路机车"的速度严格限制在市内每小时 2 英里,郊外开阔路面每小时 4 英里。更引人注目的是,法案要求一名手持红旗的乘务员在任何这类机车前 60 码行走。多数型号的蒸汽机车烧煤油加热汽车水箱中的水。溢出的蒸汽的压力激活了汽车的驱动系统,从而发动汽车。在法国,标致公司的巨大成功是一辆蒸汽动力三轮车,而许多其他制造商也都在蒸汽驱动系统上下功夫。1900 年,巴黎地铁开通了第一条蒸汽动力列车线路。大约在第一次世界大战期间,蒸汽动力汽车的受欢迎程度开始下降,其生产在 1929 年走到了尽头。然而,这并非是因为人们对汽车的兴趣下降了。

尽管知道在某种程度上很危险,但是早期汽车的发明者还是经常试验燃烧各种各样的油。尽管 20 世纪早期石油资源供应已经势不可当,不过,在个性化出行的早期,人们仍然在交通工具上不断实验使用生物燃料,并持续了几十年。事实上,早在 1859 年发现石油之前,人们就利用这类油照明和做其他工作。早在 19 世纪中期,许多生物材料就被有目的地利用,诸如制造肥皂等。早期的原料是玉米油、花生油、大麻油和牛脂。此外,乙醇在南北战争之前就已经在使用了。在 19 世纪下半叶,与松节油混合的乙醇(酒精),即众所周知的莰烯,已经成为一种流行的照明油。

在个性化出行方面,从 19 世纪末的第一次实验开始生物燃料就是一种变通性能源。把汽车向大众普及的亨利·福特在 1896 年制造的第一台交通工具,是

---

〔1〕 Rudi Volti, *Cars and Culture: The Life Story of a Technology* (Baltimore: Johns Hopkins University Press, 2004), p. 19.

一辆以乙醇为动力的四轮车。福特不愿意完全放弃生物燃料，在他成功设计出T型车之后，他在1908年制造了一种可以使用乙醇、汽油或两者结合提供动力的车型。福特开办了自己的工厂生产乙醇。后来，他与标准石油公司合作，在该公司的加油站分销和售卖以玉米为原料的燃料。大部分乙醇与汽油混合。福特在20世纪30年代继续推广乙醇。但最终，在1940年，因为来自低价石油燃料的激烈竞争，他被迫关闭了乙醇工厂。

在石油和汽车行业中，生物燃料被视为必要的副业，尤其是在20世纪初石油供应的不确定性持续存在的情况下。一些开发商打算使用这类燃料作为汽油的替代品，而另一些开发商则试图通过将其添加到汽油中来提高辛烷值。最有名的是亚历山大·格雷厄姆·贝尔(Alexander Graham Bell)在1917年美国《国家地理》上发表的一篇文章。文章预测，当石油耗尽时，酒精将成为未来的燃料。它"是一种洁净高效的燃料"。贝尔继续说："酒精可以从玉米秸秆生产，事实上几乎从任何能够发酵的植物生产。我们不必担心现有燃料供应会枯竭，只要我们每年能够生产需要的酒精量。"

大约从1890年到1920年，驱动人类文明前行的一种革命性力量开创了汽车技术上一个有目共睹的探索性时代。创新以一种罕见的速度频发，创新者彼此之间的竞争，激烈而残酷。

最初的电学实验

个性化出行交通工具自动化的早期，一些美国人采用了19世纪80年代欧洲正在建造的电力驱动的汽车。蓄电池作为交通工具潜能的关键部件，在19世纪末的法国得到了完善。到了1890年，电动汽车在巴黎投入使用；然而当时的法国几乎不生产这类汽车，美国变成了应用和拓展这一技术的良田沃土。

美国第一批电动车之一由威廉·莫里森(William Morrison)在1891年生产。在电动车最时髦的1896年至1915年期间，大约有54家美国制造商生产了近3.5万辆。比较有名的牌子有哥伦比亚、贝克和瑞克。电动汽车运行平稳，操作简单，然而，运行速度不能超过每小时20英里，在充电的情况下，电池最多维持汽车跑50英里。

当时(现在也一样)电动汽车的主要问题是电池持久充电能力有限。在电力驱动的初期,电池似乎能够带来各种各样的机会,但实际上,真正能够实现的很少。在大多数设计中,电池通过其电极接收外部电流,并将其传递到一系列的铅条上,这些铅条积累并储存电荷。制造蓄电池,也就是通常所说的电池,需要长达两年的时间才能正确地准备好铅条。1882年,美国商人乔治·布拉什(George Brush)将新的法国电池设计带到美国。[1] 然而,在接下来的十年里,他的事业陷入了与法国发明家的诉讼之中。记者埃德温·布莱克(Edwin Black)描述了19世纪晚期交通领域的情况:

> 电池可以让一切变得合理,让一切成为可能。实际上,电池就是无线电源。但是正如每个人都渴望用电池把世界带入下一个世纪一样,电池在当时也是谎言和欺骗、欺诈和猜测、夸张和歪曲的同义词。谁会相信电池——或者任何提供电池的公司呢?[2]

1883年,甚至世界上最著名的发明家托马斯·爱迪生对此也发表了很有影响力的意见,称蓄电池是"股份公司欺骗公众的一种手段"。[3]

然而,到了19世纪末,一些大型供应商已经引导城市运输转向电动汽车。电动汽车是个人运输系统的第一次系统性尝试,正如人们所料,它们经历了许多困难。尽管任何新系统都会遇到困难,但对公众来说,这些问题主要归咎于电动汽车。哥伦比亚电动汽车总公司与美国东北部多数城市里的小公司合作创造区域利益,在1899年建立了出租车队和中央充电站。在波士顿,一份检查员报告指出两个主要问题:出租车车辆运行系统的日常定期检查完全缺失;防止正常磨损的预防措施完全缺失。这份报告最后指出,这项工程不太像一桩生意,更像是一件怪事。[4] 之后事情得到了改进,而且,到了1900年夏天,新英格兰电动汽车公司在波士顿和罗德岛的纽波特运营大约175辆汽车。在波士顿地区,新英格兰电动汽车公司开始实施建设充电站的计划,该计划所建的充电站分布在以市中心为轴心规划的不同半径的同心圆上。

类似的发展也出现在新泽西州的旅游城市,包括大西洋城和开普梅(Cape

---

〔1〕 Edwin Black, *Internal Combustion: How Corporations and Governments Addicted the World to Oil and Derailed the Alternatives* (New York: St. Martin's Press, 2006), pp. 40—46.

〔2〕 Ibid., p. 51.

〔3〕 Ibid., pp. 51—52.

〔4〕 David A. Kirsch, *The Electric Vehicle and the Burden of History* (New Brunswick, N. J.: Rutgers University Press, 2000), p. 65.

May)。在费城,电力交通的时代以“电蝙蝠”开始,1894 年 8 月,一款样车在布罗德街(Broad St.)做了清场试驾。这辆车的重量超过 4 000 磅,携带 1 600 磅铅电池,放有一排开放的长椅,乘客可以坐在上面。类似于自行车的设计,一条长链条将电源连接到车轮上,并使车轮向前或向后移动。1894 年,电蝙蝠经常出现在费城的林荫大道上,尤其是在费城的高雅文化区费尔蒙特公园(Fairmount Park)。1895 年,第二代电蝙蝠成为那个时代众多技术创新角逐中的范例,仅仅一年之后,这款车型只需要 160 磅电池作为动力,是以前电池重量的十分之一。创新飞速向前,竞赛等活动对技术进步是一种鞭策。

每一个品牌的全国性电动汽车公司都会设立地区分公司,以开发特定的市场。以完全盈利为基准和出发点,这些地区分公司必须在很短的时间取得成功。1901 年年初,国立电动汽车公司(National EVC)宣布不为纽约市场以外的任何项目购买额外车辆。历史学家大卫·A. 基尔希(David A. Kirsch)写道:“到 1901 年,汽车运营公司的主要股东更关心的是保留资本,而不是电动汽车本身的最终成败。”[1]在纽约,电动出租车、公共汽车和观光大巴继续在市内及周边地区运营,直到 1912 年。在此期间,新的电池设计直接投入使用,允许一次充电的续航里程增加到大约 20 英里。在这样的城市环境中,基尔希追溯了电动汽车的具体分布状况:“尽管该公司最终收购了如 44 街的亚朵酒店、26 街的马丁简餐厅和 34 街渡轮码头等一些偏远地区的下设站和基电站的特许经营权,但是,西区的大型车站继续作为出租车运营的基地。”[2]

大卫·A. 基尔希的发现清楚地表明,在经历了直到 1904 年的亏损之后,电力企业在纽约变得越来越盈利。然而,就在他们刚刚时来运转之时,却旋即跌入多事之秋——1906 年机械师罢工,紧随其后的是 1907 年一场大火灾,这场火灾烧毁了中央车站的 200 辆出租车。但是以商业的视角估算形势,公司还是从法国进口了 50 辆新的以汽油为动力的汽车组成出租车队。利润增加了,但电动汽车的最后堡垒在 20 世纪的前十年却成了无人坚守的空阁。基尔希写道:“这家出租车公司非但没有充分利用其在引进电动汽车服务方面的先锋作用,反而为

---

〔1〕 David A. Kirsch, *The Electric Vehicle and the Burden of History* (New Brunswick, N. J.: Rutgers University Press, 2000), p. 73.

〔2〕 Ibid., p. 75.

创新付出了高昂的代价。”[1]

内燃机把对石油资源的利用灵活化

正如前面提到的1895年在法国举行的比赛上,德国汽车设计师首次展示的汽油驱动的内燃机引起了关注。戈特利布·戴姆勒和卡尔·本茨(Karl Benz)设计的使用燃油喷射发动机的车型显示了这种设计在续航里程、速度和重量方面的优势,使其领先于其他先前设计制造出的代步工具。历史学家詹姆斯·弗林克(James Flink)写道:“毫无疑问,欧洲大陆(主要是法国和德国)汽车制造商在以汽油为动力的汽车的技术开发方面至少领先英国和美国的同行10年。”[2]德国发明家尼古拉·奥托(Nicolaus Otto)发明了一款四冲程发动机,并在1878年的巴黎展览会上展出。这是戴姆勒公司在19世纪80年代后期完善的设计。利用这种设计,卡尔·本茨将汽车推向了可行的商业化阶段。到1900年,本茨已将这种车型在欧洲和美国售出了几千辆。那时,仅此一项发明就不断地被全世界的其他研发者广泛采用并加以改进。

到20世纪初,许多发明家已经大规模进入了汽车领域,其中以法国人为首。法国布通公司(De Dion-Bouton)在1895年至1901年间售出了15 000个汽油驱动的三轮运输设备。从1900年到1910年,该公司还开始向世界各地的汽车制造商销售其发动机;这些发动机的销售,加之英国的倡议,说明了国际社会为创造新的交通机遇所做出的巨大努力。总的来说,法国的汽车产量从1896年估算的320辆跃升到1900年的近5 000辆,到1904年超过16 000辆。1904年,美国超过法国成为世界上最大的汽车生产国。弗林克报告说,直到1924年,法国一直是欧洲领先的汽车生产国,之后英国超过了它。[3]美国汽车工业的出现使以汽油为动力的汽车发挥了潜力,彻底改造了人类的生活。美国汽车工业的发展不仅源于生产能力,也源于美国独特的消费能力,其数量之多在世界其他地区是无法理解的。

---

[1] David A. Kirsch, *The Electric Vehicle and the Burden of History* (New Brunswick, N. J.: Rutgers University Press, 2000), p. 82.

[2] James J. Flink, *Automobile Age* (Cambridge, Mass.: MIT Press, 1990), p. 11.

[3] Ibid., p. 19.

美国在内燃机方面的努力始于1893年，当时詹姆斯·弗兰克·杜里埃(James Frank Duryea)和查尔斯·埃德加·杜里埃(Charles Edgar Duryea)兄弟成功地在美国生产了第一辆汽油车。1896年，兄弟俩开始商业化生产杜里埃汽车(Duryea)。内燃机的明显缺点是噪音和烟雾。早期的创新发明人实际上试图颠覆这一评价。查尔斯·埃德加·杜里埃认为："几乎每一项重要发明的历史都是这样的，在其早期阶段会遇到一些最不合理的反对意见，但如果反对者活得足够长，就会看到他们的反对意见被打脸。"显然，对杜里埃等人来说，那些在一些批评者看来明显标志着燃烧汽油缺点的事物对于他来说则是正面积极的象征。[1] 他接着不无嘲讽地引用了那些常常批评以燃气为动力的交通工具的话：

> "想象一下，一整条街上都是这样的车辆！哎呀，你们不可能住在这样的城镇！"……但是，事实上，人们逍遥地坐在前面嘟嘟鸣响后面突突喷气的汽车上，汽车喷出来的气不仅有煤的燃烧产物，还有煤中的杂质——煤渣在燃烧过程中所产生的硫黄气体，以及强制通风吹出来的煤烟粉尘和煤的粉尘。乘客并不喜欢这些令人避之唯恐不及的特征，但他们又总是这种旅行方式的常客，而且通常不会抱怨。[2]

最终，杜里埃完全以美国消费者的立场强调了这一选择，他写道："如果美国人在有更好的出行条件之前拒绝乘车，那么这一出行条件很快就会到来。"人们对个性化出行的自主的期待和渴望只会越来越强烈。正如杜里埃所预见的那样，消费者的需求和渴望将是内燃机获得卓越地位的主要推力。

人类未来拥有个性化出行的工具是极有可能的；不过，专注于汽油发动机似乎又是必然中的偶然。内燃机的使用依赖于无数微小的创新，这些创新一旦集结起来，就汇总成一个相对可靠的交通工具。我们不可能把这些突破一一列举出来；然而，有一个问题必须加以讨论。随着电动汽车在20世纪第一个十年掀起热潮，消费者最常说的一个基本理由是，尽管电动汽车有很多缺点，但电动车的起步时间至少是最短的。而启动汽油车，通常需要你是懂行的机械师或者你要在一个懂行的人的指导下。尽管今天一个人开车可以完全乐在其中地操作着

---

〔1〕 Edwin Black, *Internal Combustion: How Corporations and Governments Addicted the World to Oil and Derailed the Alternatives* (New York: St. Martin's Press, 2006), p. 64.

〔2〕 Ibid., p. 65.

车内的各个部件,但想象一下,当第一个创新者,试探着点燃装在一个固定好的小盒子里的石油分馏出来的物质和其他易燃物质,并将这一方法纳入交通运输设备的设计中,会多危险和困难!

发动机上的难题让早期所有的汽车都麻烦不断,直到出现了一些创新,使这种让发明家乔治·鲍德温·塞尔登(George Baldwin Selden)称之为“足以在必要时把你该死的脑袋轰掉”的爆炸力有所控制,并且这一创新将燃爆用于点火,而且将整个装置精简为便携式,同时又足以为一辆汽车提供动力。[1] 整个19世纪末,塞尔登在他位于纽约罗切斯特(Rochester)的实验室里用各种物质做实验。到19世纪70年代,他淘汰了煤油和石油的其他蒸馏成分,而青睐于汽油。在接下来的30年里,塞尔登几乎是单枪匹马地围堵了许多其他发明家对汽车发动机设计的专利申请。他自己的“公路发动机”专利最终在1895年11月获得批准,从获批之日起,他享有对这项技术17年的控制权。1899年,前面提到的为自行车和电动汽车的研发一直不懈努力的交通运输业的企业家蒲柏为塞尔登的专利支付了1万美元的使用权。此时,无数发明家对汽车发动机的改良尝试被淘汰出局,剩下的是为数不多的合法制造商在这个环节货真价实的打拼。蒲柏在让美国交通基础设施以电力为主的同时,打算阻止所有人的行动。这一想法可谓雄才大略,但是对此问题的法律斗争迫使蒲柏的公司斥资组建律师团队,而不是按照原计划在每个主要城市建设充电站。

其他汽车制造商联合起来,组成一个所谓碳氢化合物协会的松散组织,对抗塞尔登的专利。一个奇怪的扭曲的讽刺是,到1902年,蒲柏的电动汽车公司资不抵债的经济状况下不得不实施一项政策,即允许其他制造商生产带有内燃机的汽车,这样蒲柏的公司可以收取专利使用费,然后用这些钱资助主要位于纽约的仍然在进行的小规模的电动汽车项目。1903年,制造商们联合起来,成立了一个交通运输联盟,名为特许汽车制造商协会(Association of Licensed Automobile Manufacturers, ALAM)。特许汽车制造商协会作为一个受控制的信托公司,确保大多数汽车的价格在1 000美元到2 000美元,这个价格其实对大多数美国人来说是负担不起的。信托公司的这种做法很快受到挑战,尤其是来自底特律的一个商人的生产车间。

---

[1] Edwin Black, *Internal Combustion: How Corporations and Governments Addicted the World to Oil and Derailed the Alternatives* (New York: St. Martin's Press, 2006), p. 84.

发明和创新改变了人类生活的基本模式。在创新这个非常小的群体中，有一些创新可以改变人类与周围世界的基本关系。在这种情况下，石油从工业燃料的地位转变为汽车消费文化中交通燃料的核心地位，很大程度上要归功于一位创新者。1863 年出生于密歇根州迪尔伯恩(Dearborn)附近的亨利·福特代表了美国商业的新时代。在底特律受训成为一名机械师后，福特于 1891 年离开该地区，成为爱迪生灯泡厂的一名工程师。1893 年，当福特被提升为总工程师时，他就专注于自己的交通装置试验，特别是那些内燃机装置。他的第一次成功是在 1896 年推出的四轮车，然后他开始做大量工作准备自己开公司。当发现交通工具市场上有大量的专利纠纷时，福特不想蹚浑水。他特立独行，拒绝加入特许汽车制造商协会，而这，正是他未来成功的动力，在这个过程中，他改变了整个汽车领域的游戏规则。

内燃机的大众化

1901 年，福特挑战美国汽车制造业已经存在的权力结构，成立了自己的公司——亨利·福特汽车公司(Henry Ford Motor Company)，并成为该行业未来的国际性代表人物。福特一直专注于完善汽车技术，特别是赛车的改进和制造。他的标新立异使他前进的道路变得异常艰难，与不同意见的争执不下让他对汽车技术完善的努力备受阻挠。投资者对福特在质量、价格与利润之间不以利润为先非常懊丧，弃他而去，福特不得不两次重启自己的汽车事业。福特一度被迫离开了以他的名字命名的公司，他还在业内被冠以“奇葩”之名。他离开后，前亨利·福特汽车公司改名为凯迪拉克汽车公司(Cadillac Automobile Company)。从此，凯迪拉克成为亨利福特商业生涯中最大的竞争对手之一。尽管经历了重重困难，福特对美国交通的独特愿景还是不可阻挡地破土而出。他的目的是“要为最大多数的人生产汽车”。对于潜在的投资者，他更详细地解释了自己的想法，他说：“让从工厂里出来的一辆车像另一辆车，唯一的方法就是要像生产图钉的工厂制造一枚图钉像另一枚图钉，或者生产火柴的工厂生产一盒火柴像另一盒火柴。”[1]当时，汽车日渐成为彰显财富的专属物，有“富人捕获器”之称，福特

---

〔1〕 Edwin Black, *Internal Combustion: How Corporations and Governments Addicted the World to Oil and Derailed the Alternatives* (New York: St. Martin's Press, 2006), p. 99.

说这番话简直就是离经叛道。多年以后回头看，福特对汽车行业的展望与两个具体的发展趋势契合：第一，在世纪之交出现了一个非贵族社会的大众消费市场；第二，在美国，公共交通不可行，而以蒸汽或电池为动力的个性化出行为民众接受并成为主要交通方式。

福特试图抓住这个时机和市场，但他没有必要让特许汽车制造商协会感到自惭形秽。[1] 1903 年 6 月，福特在仅 2.8 万美元私人投资的支持下，成立了他的第三家公司——福特汽车公司。因为被视为对特许汽车制造商协会控制整个交通运输市场的直接威胁，所以福特最初试图与他们谈判，以实施他的计划。此外，他还提起诉讼，希望打破塞尔登对该行业的控制。伴随着攀升的法律费用而账户上仅剩 223 美元，福特加紧汽车生产以期有进账。从 1903 年夏天开始，福特卖掉了他生产的 1 700 辆汽车，比其他任何制造商卖出的都多。交通运输业的发展趋势明显倾向于以内燃机为动力的汽车。正如记者埃德温·布莱克(Edwin Black)所写：

> 如果电动汽车公司投资其资本在充电基础设施和能把蓄电池摆在货架上，就像出售煤油和汽油那样方便分销的五金店，那么美国人的自由、散漫和独立精神就可以作为一种不污染空气、不渗入肺部、也不会使正午的天空暗淡的、更安全、更安静的精神来实现。[2]

与这次成功紧随其后的是特许汽车制造商协会对福特和他的事业的攻击，这威胁到福特的汽车产品和公司的未来。

因汽车生产商缺乏协调发展，电动汽车的时代渐行渐远，所以在决定美国交通运输工具未来发展方向上，不可过于夸大福特所扮演的角色。在 1903 年晚些时候公布的一封信中，福特解释说，他的公司的计划非常简单。他写道："我们打算生产和销售所有的汽油车，尽我们所能。我们认为根据塞尔登专利提出的权利要求完全是毫无道理且没有事实根据的。因此，我们不打算尊重任何此类的权利主张，如果问题强加于我们，我们不仅要为自己辩护，还要为我们的代理和客户辩护。"[3]在诉讼旷日持久的过程中，福特形成了类似杰弗逊式的愿景，并

---

[1] Douglas Brinkley, *Wheels for the World: Henry Ford, His Company, and a Century of Progress* (New York: Viking, 2003), pp. 83—87.

[2] Edwin Black, *Internal Combustion: How Corporations and Governments Addicted the World to Oil and Derailed the Alternatives* (New York: St. Martin's Press, 2006), p. 105.

[3] Ibid.

重新定义了美国。正如托马斯·杰弗逊(Thomas Jefferson)曾经相信的那样，个人拥有土地所带来的自主权将最好地延续美国民主的价值，福特相信汽车的未来，特别是如果他个人能从每辆汽车的制造和销售中获利的话。福特的销量一直保持稳定，直到 1906 年到 1907 年，销量翻了五倍，达到 8 500 辆。尽管出现了国家经济危机，福特还是推出了 T 型车，这对美国消费者的生活是一种前所未有的革命。他的创新使得个性化出行成为可能，特别是对于农村和新兴的城郊消费者，因为创新使得汽车的单价降低至 1 000 美元以下。[1]

除了物美价廉外，T 型车受欢迎还得益于精彩的广告和优秀的产品标识。1909 年 6 月，T 型车赢得了纽约—西雅图汽车横贯大陆赛，声誉得到进一步提升。这次比赛是由迈耶·罗伯特·古根海姆(Meyer Robert Guggenheim)赞助，是为了推广在西雅图举办的阿拉斯加—育空—太平洋博览会(Alaska-Yukon-Pacific Exposition)。福特公司大规模生产使得这款车非常亲民，此外，T 型车的性能也是可圈可点的：零件标准化，维修简单；易清洗，这是在无路时代是最关键的卖点；20 马力的引擎，1 200 磅重，每加仑汽油可以跑 20 到 30 英里。[2] 在接下来的 20 年里，该车售出 1 500 多万辆。T 型车，绰号“廉价小汽车”或“轻便老爷车”，对于面向普通消费者的汽车的发展，这款车比汽车史上任何其他型号的车都具有更大的里程碑意义。

乘着席卷美国的个性化出行工具的新浪潮(美国居民拥有的汽车注册量从 1898 年的 800 辆增加到 1900 年的 8 000 辆，再到 1912 年的 902 万辆)，福特坚持完善自己的产品，充实自己的资金，以持续塞尔登专利的法律战。[3] 经过漫长的诉讼，福特最终获胜。1911 年，地方上诉法院裁定塞尔登的专利只适用于二冲程发动机。无论法院的裁决如何，塞尔登专利都将在 1912 年到期。在专利的有效期内，特许汽车制造商协会(于 1912 年解散)收取了大约 580 万美元的费用，并人为地迫使个性化出行交通工具首先转向电力，在 1910 年后转向内燃机，希望从专利费中获得利润。无意中，他们也促成了亨利·福特的传奇和创新。

---

〔1〕 Tom McCarthy, *Auto Mania: Cars, Consumers, and the Environment* (New Haven, Conn.: Yale University Press, 2007), p. 34. “Of the first million Model Ts that Ford sold, 64 percent went to the farm and small town market” (p. 37).

〔2〕 Ibid., pp. 38—39.

〔3〕 Daniel Yergin, *The Prize: The Epic Quest for Oil, Money, and Power* (New York: Free Press, 1993), p. 80.

资料来源：美国国会图书馆印刷品与图片部，档案号 LC-USF34-054571-E。

图 4.2　以今天的标准来看，T 型车不是很好用。在这张来自俄亥俄州沃辛顿(Worthington)1938 年的照片中，司机正在使用前曲柄发动汽车，这是汽车自行发动装置发明之前的一种启动设备。

1911 年的决定导致了大多数美国制造商之间的交叉许可协议交由汽车制造商协会管理。[1] 然而，在 20 世纪 10 年代，美国汽车的未来也尚未确定。事实上，1914 年的事件表明，汽车背后的许多技术问题还有待解决。福特也很清楚这些。[2]

汽车发展的岔路口

对于人类未来的交通出行方式，各种技术在 20 世纪的曙光中各领风骚，不过，异军突起矗立桥头的，除了有重大的技术突破外，这其中也不乏运气的成分。在创新和商业运行的带动下，将个性化出行交通手段转向基于对石油的应用的开发，这是诸多努力自上而下积极引导消费趋势的一个显著例子。随着石油供过于求以及更多石油储量的迅速发现，石油在人类生活中将无所不在地发挥作

[1] Jane Holtz Kay, *Asphalt Nation: How the Automobile Took Over America and How We Can Take It Back* (Berkeley: University of California Press, 1997), pp. 154—158.

[2] Edwin Black, *Internal Combustion: How Corporations and Governments Addicted the World to Oil and Derailed the Alternatives* (New York: St. Martin's Press, 2006), p. 105.

用的时机已经成熟。

工业领袖对于交通形式的重新构架劳苦功高。当城市居民的生活经历了疾风暴雨式的出行方式的改变时,某些工业领袖,尤其是亨利·福特和约翰·戴维森·洛克菲勒,单枪匹马地完成了交通工具动力能源的转变:从电力转向另一种形式。这仿佛从一辆驶入超车道的汽车的乘客座位上伸出手来,把方向盘往左一推,于是车行方向完全不同。到了1920年,经过他们的努力,人类交通运输的未来与石油相结合了。

电动交通并没有完全消失。许多人仍然认为,商用车辆,尤其是卡车,最好用电力驱动。例如,取代马拉货车的商用车,短途旅行中必须可靠,这就发挥出了电力的最大效用。此外,与满足个人出行需要的汽车不同,货车要全天候运行,风雨无阻,这又是电动汽车的优势所在。此外,在整个新司机群体,每个人驾驶汽油动力卡车的速度和车辆行驶中对情况的应变能力千差万别。开车超速一直被认为是一个主要问题,其实源于购车时候的出资。如果选择汽油驱动的卡车,通常要在汽车的引擎上安装调速器。然而,选择购买速度较慢的电动汽车则没有此类困扰。但总的来说,每种技术所服务的领域,对交通替代方案的考量,都意味着企业管理层对新领域的商业时机把握。这也是弗雷德里克·温斯洛·泰勒(Frederick Winslow Taylor)等提出的企业管理模式。[1] 史料显示,美国商人很早就思考将商业行动置于复杂、灵活和多样化的交通运输系统的发展中。

1909年,芝加哥爱迪生公司做了一项研究,结论是用电动卡车取代马车每英里的运营成本增加了70%;然而,当平均服务里程达到每天27英里时,电动卡车的运营成本降低了5%。其他研究也表明,在城市半径10英里范围内,电动卡车的运行成本低于汽油动力卡车。[2] 不幸的是,随着企业在20世纪10年代的扩张,很少有企业把自己的业务限制在这样的距离范围内。一言以蔽之,他们的选择偏好开始变为选择一种可以满足任何行进距离的灵活的交通工具。总的来说,卡车为交通运输方式的转变提供了重要的机会。基尔希写道:“机动化像一个楔子插入困囿于马厩和船室的传统交通领域。”他继续说,大多数企业在

---

〔1〕 Thomas P. Hughes, *American Genesis: A Century of Invention and Technological Enthusiasm* (New York: Penguin, 1989), pp. 33—36.

〔2〕 David A. Kirsch, *The Electric Vehicle and the Burden of History* (New Brunswick, N.J.: Rutgers University Press, 2000), p. 148.

实施组织变革的同时，也开始了机动化。他们并不是想让卡车立刻取代马车，只是想以卡车来提高交通运输的整体效率。[1]

甚至在1914年，未来个性化出行所使用的交通工具还不明朗。美国最伟大的发明家托马斯·爱迪生在他位于新泽西州西奥兰奇(West Orange)土地上为一座占地20万平方英尺、四层楼高的工厂剪彩揭幕，这座综合楼用于研发完善一种蓄电池，该电池设计可以使汽车续航4万多英里，也可以用于其他用途。[2]然而，现有的电池制造商并不希望看到爱迪生的A型电池获得成功。此外，尽管电池在卡车和其他用途上取得了成功，但是爱迪生并不希望投身于汽车制造。埃德温·布莱克写道，与此同时，亨利·福特也发现了自己创新的汽车在驱动活塞电气点火系统时存在缺陷。[3]而此时，随着塞尔登专利诉讼落下帷幕，福特不再需要完全避开电动交通的概念。因此在1912年秋，福特与爱迪生联手对交通运输工具做进一步革新。

1912年9月，《纽约时报》宣布，爱迪生完善了“汽油发动机、发电机和蓄电池的组合，使用这套组合，花费不高，每个人都能在自己的地窖里用电”。[4]第一个完全投入使用这套装置是爱迪生位于新泽西州卢埃林公园(Llewellyn Park)的豪宅。诸多可从中央发电机充电的产品中，有一种是福特计划大批生产的A型电动汽车。事实上，他曾决心在第一年每月生产12 500辆。布莱克写道：

> 最后，如愿以偿。开始时使用电力的汽车革命，后来又回到了上一代的概念。汽车革命可能会变成一个更清洁、更安静、更高效的任务，从自然和电力中汲取力量。要实现美国的独立精神，不仅要允许人们流动，而且要实现惊人的个性化出行。[5]

福特在1914年1月9日宣布计划承诺每辆车价格将在500美元到700美

---

[1] David A. Kirsch, *The Electric Vehicle and the Burden of History* (New Brunswick, N.J.: Rutgers University Press, 2000), p. 134.

[2] Edwin Black, *Internal Combustion: How Corporations and Governments Addicted the World to Oil and Derailed the Alternatives* (New York: St. Martin's Press, 2006), p. 130.

[3] Ibid., p. 131.

[4] Ibid., p. 136.

[5] Ibid., p. 140.

元。他还表示其子埃德塞尔(Edsel)将领导这家新的电动车公司。[1]

就在这款新车取得积极进展之际,电池的内部测试出现问题。然而,面对公众,爱迪生在接受《华尔街日报》采访时说:“我相信最终电动车将被用于所有大城市的卡车运输,而电动汽车将是未来家庭的出行用车。所有的卡车运输必然走向电力。”[2]然而,到了秋天,当爱迪生的电池在实验室里运行得很成功,而在底特律的工厂实际生产中仍旧不成功时,有消息传来,道奇公司(Dodge)将推出一款廉价的电动车。最后,1914 年 10 月传来了欧洲可能爆发大规模战争的不祥消息。美国电动交通工具的倡议无疾而终跟这些事情都不无关联,不过,有一件事情的发生也许是直接让当时美国电动交通研发停滞的主要原因,那就是 1914 年 12 月 9 日,在一个清冷的夜晚,伴随着一道闪光,爱迪生的综合大楼在大火中毁于一旦。

火势迅速蔓延,爱迪生立即命令他的消防队优先保护蓄电池大楼。虽然综合大楼外挂防火建筑材料,但大火还是持续烧到第二天。最后只有他的私人实验室和蓄电池厂得以保存。爱迪生再也无法完全恢复他的事业,他最终患上了神经衰弱。伴随着爱迪生个人经历的悲剧和困难,电动车的未来很快破灭在人们对战争的恐慌和求生的惊悸中。

内燃机改变人类的生活环境

当福特和爱迪生尝试批量生产电动汽车时,广泛适用性汽车的制造遍及世界。到了 1907 年,美国的生产能力与其他国家逐渐拉开了距离。当美国的汽车产量上升到 4.4 万辆时,法国以 2.5 万辆位居第二;其他国家的产量要低得多,英国为 1.2 万辆,德国仅略高于 5 000 辆。[3] 1910 年,生产汽车的美国公司大约有 250 家,有赖于福特的创新,大规模的生产使美国的汽车生产能力远远超过其他任何国家。此外,围绕着个人消费,在美国诞生的新兴资产群体为汽车行业

---

〔1〕 Edwin Black, *Internal Combustion: How Corporations and Governments Addicted the World to Oil and Derailed the Alternatives* (New York: St. Martin's Press, 2006), p. 148.

〔2〕 *Wall Street Journal*, May 27, 1914, from Edwin Black, Internal Combustion: *How Corporations and Governments Addicted the World to Oil and Derailed the Alternatives* (New York: St. Martin's Press, 2006), p. 156.

〔3〕 James J. Flink, *Automobile Age* (Cambridge, Mass.: MIT Press, 1990), p. 25.

创造了规模经济的基础。例如,欧洲制造商直到 20 世纪 20 年代才采用汽车生产装配线。[1] 而到 1913 年,美国登记汽车牌照已达 125 万张,大约每 77 人拥有一辆汽车。历史学家鲁迪·沃尔泰(Rudi Volti)提供了以下汽车与人口的比例数据对欧洲国家汽车产能和消费做了对比:当时,英国每 165 人拥有一辆汽车;法国每 318 人拥有一辆汽车;德国每 950 人拥有一辆汽车。[2] 这种新型交通方式所带来的后续影响非比寻常,到了 1913 年,美国拥有世界上大约 80%的汽车,这就不难理解汽车的消费首先被美国大众感知!

资料来源:美国国会图书馆印刷品与图片部,西奥多·霍里扎克(Theodor Horydczak)摄影收藏,档案号 LC-H814-T01-1504-001。

图 4.3 加油站的核心体现在服务人员身上,他们关注每一辆前来加油车辆的每一处细节。

仿佛名角登场,交通运输革命一出现,旋即带给其周遭的事物各种变化。无论使用何种能源驱动,人们出行方式的变化创造了人与环境之间的新需求和新关系。对生活环境的适应很快在美国出现了,非但如此,在其他那些人们对汽车有很大依赖的地方也可以看到类似美国的模式。最终,在美国,新模式所带来的主要结果是打破中央集权;然而,这是人类社会中的一个渐变。20 世纪的头几

[1] Rudi Volti, *Cars and Culture: The Life Story of a Technology* (Baltimore: Johns Hopkins University Press, 2004), p. 30.

[2] Ibid.

十年是一个由普通民众在社会中的崛起来界定的时代，那时，草根阶层努力寻找自己对汽车的需求以及司机这一群体在他们生活中的意义。

真正的平民大众广为拥有汽车始于20世纪10年代，并且一直持续到第二次世界大战。在这段令人心驰神往、繁花似锦的时期，人人拥有汽车这一景观中只有一小部分是由第二次世界大战后的大规模工业扩张来实现的。相反，其中的大部分是源于少数企业家的远见卓识在早期争先恐后地投入汽车生产。因为他们真切地认识到，美国人的未来将由汽车所牵引。而有些企业家以极富个性的思维，发现了为汽车旅行者提供必要服务的机会，最终，随着这些企业在诸多条主路上汇集，汽车业中又一新景观出现了。

像马需要添加饲料一样，开车的司机也需要休整。于是，在城市茶室、咖啡屋以越来越流行的形式为人们提供食物，这些是开创路边文化的首批企业。与上流社会和性别独立有关，茶室是从维多利亚时代的茶会和下午茶传统发展而来的。到了20世纪初，茶室已经成为人们吃顿轻松午餐或休闲地喝杯下午茶的好去处。到1910年，许多城市酒店的老板开始注意到，酒店大堂的茶室比酒店酒吧的生意更好。[1] 独立的茶室生意开始发展起来，继而，当驾车变得越来越流行，茶室也随之成为越来越流行的路边生意。特别是在驾车之风开启最初的几十年里，开车常常是人们的一种休闲活动，于是，经常光顾茶室的客户群和茶室文化便同步形成了。到了1912年，路边茶室在偏远地区也涌现出来。女性杂志将这些信息传递出去，便催生出许多方便三五成群的女性旅行者从城市到乡村一日游的旅行目的地。

车辆自身的补给也是需要的，在加油站用汽油泵的形式提供。在19世纪晚期，普通商店或杂货店出售锡罐装煤油，或者由店员在后面的储藏室补充。然而，一旦内燃机汽车开始四处行驶，燃料的供应就变得至关重要。炼油过程的"热裂解"使汽油的来源和组分更加复杂，热裂解技术始于1912年，这一技术让从原油中提炼汽油的产量翻了一番。[2] 然后用卡车和火车分送到方便消费者的各个网点。上文所述的加油站，以一种前从未有过的方式使交通系统化和规

〔1〕 Jan Whitaker, *Tea at the Blue Lantern Inn: A Social History of the Tea Room Craze in America* (New York: St. Martin's Press, 2002), p. 18.

〔2〕 Tom McCarthy, *Auto Mania: Cars, Consumers, and the Environment* (New Haven, Conn.: Yale University Press, 2007), p. 47.

范化。与那些不必非得有汽车元素在内的茶室和其他消费形式不同,加油站重中之重是创新——最终,以一种文化形式成为地域性的景观。最初,使用内燃机面临的最大挑战之一是易燃、易爆汽油的储存和扩散。对这些因素的考量成为以汽车为导向的新景观的基础。

结论:汽车的社会与政治纬度

如 1895 年巴黎—波尔多—巴黎的比赛,所做的远不止满足人类对速度的需要。这些汽车赛开启了一个进程,在这个进程中,全世界的人都了解到如果社会开始依赖机械化交通工具会需要什么。20 世纪的前几十年就是由人们努力地将这些认知和经验应用于既已存在的日常生活而界定的。人们努力尝试各种技术以便选择出驱动这些交通工具的动力来源,所以那些年见证了能源的急剧转变。很明显,在电力作为驱动能源的例子中,技术是有缺陷的,创新模式支离破碎,各种想法在技术修补匠中扩散。对于一项需要集中创新和资金的技术来说,电力驱动的交通运输不可能在短时间内变得具有成本效益,从而保持竞争力。它不是必然失败;更准确地说,它没有迅速地成功,从而把一个不太理想的而且存在重大缺陷的解决方案一举歼灭。这一解决方案——通过燃烧汽油来为交通提供动力——的缺陷是许多观察家都认同的。

个性化出行交通市场是 20 世纪第一个十年所有发达国家经济增长的来源。当电力驱动和蒸汽驱动的交通运输工具的企业家为抓住这一历史性时刻奋力战胜每种技术困难时,内燃机的创新者也做了同样的事情。没有考虑到长期的影响,开发人员很快意识到,燃烧汽油为满足个性化出行的交通需求提供了最快速可行的解决方案。此外,历史事件也给人们提供了额外的动力,促使汽油在用于个性化出行的交通工具方面领先于任何竞争对手。总之,这些事件实现了一个特定的历史融合,让个性化出行的交通工具的能源使用转向汽油,并通过关联使 20 世纪成为发达国家的石油动力时代。

在其他国家,这些新机会并非必然地被自由市场的企业家抓住;相反,这个新时代道路建设的集中化,与几个世纪前罗马人的思维逻辑相似。20 世纪前几十年,当欧洲国家在政治变革中挣扎时,道路是现代经济发展巩固中央集权的重要工具。特别是在法西斯主义中,道路发展与推动军事化以及强调内部发展和

资料来源:美国国会图书馆印刷品与图片部,档案号 LC-USZ62-96465。

图 4.4　即使在 1938 年,汽油价格仅为每加仑 20 美分,公众也想知道公司是如何得出这个数字的。新墨西哥州圣达菲(Santa Fe)的一位加油站老板试图为他的顾客解决这个问题。

贸易相结合。这种情况除了在 20 世纪 30 年代德国的“莱因哈特计划”(Reinhardt Program)期间变得最为明显之外,也在 20 世纪 20 年代的意大利出现。事后看来,这些公路项目显然是阿道夫·希特勒战争准备的一部分:德国需要一个最先进的高速公路系统,以便能够快速调动军队和军需物料。

就像罗马人学到的那样,使交通网络标准化是一种加强意识形态的工具。在美国,新的美国汽车产业似乎是实用和功利的;然而,茶室、餐车和加油站却将资本主义的经济意识形态根植于国家的利益中,而这种意识形态将消费者越来越深地引领到以石油为基础的消费中。无论从象征意义还是从实际情况上看,美国的道路建设把所有美国人都联系到同一个意识形态和经济体系中。在许多方面,加强这一转变的中央权力和联邦影响力采用促进经济发展的形式来实现这一目的。然而到 1910 年,汽车时代建造类似的基础设施经常被用作一种手段,也是意识形态根本转变的表达。很明显,道路被领导人视为一种展示政府中心地位和连接能力的方法,即政府统治。

资料来源:美国国会图书馆印刷品与图片部,西奥多·霍里扎克摄影收藏,档案号 LC-H832-2070。

图 4.5　这张引人注目的照片是一架格拉夫齐柏林飞艇(Graf Zepplin)飞过纽约曼哈顿的 13 街,捕捉到 20 世纪早期十字路口一景,各种动力汇聚在此。在 20 世纪头几十年,交通运输工具同时利用了多种能源——然而,很快就被石油占据。

第五章　向石油挺进:供给与武器

第二次世界大战给人们留下了许多难以磨灭的印象,如大屠杀集中营、原子弹产生的蘑菇云。而另一个留在欧洲人脑海中更为普遍的印象则是纳粹战争机器对现代战争的影响。或者,更准确地说,纳粹把石油应用于战争机器后对现代战争的影响。

纳粹的技术创新与战场上的一项战略结合,便有了那闻名遐迩的名字——"闪电战",意思是在一片广阔的区域,机械化部队实施的为时短暂、火力密集的战斗。德国上等兵马尔曼(Mollmann)回忆起当时的场景:

我们前面有坦克轰鸣开道。这是军事实力的一次庞大展示。前进路上的一切抵抗势力均被坦克碾压,所以到目前为止,我们进入敌方的城镇和村庄如入无人之地……

驾驶坦克的士兵在进军中默不作声。他们咬着牙,拼尽全力让自己保持清醒状态!路!路!路!——不管哪里,只要能开过去的地方,就是路!坦克车不停地向前滚动,所向披靡,吞噬数公里。向前!向前!越过路边数不尽的壕沟。对我们来说,路边的壕沟有一种"神秘感"。而这些壕沟,或者说越过这些壕沟就是这次进军的特质!废弃的车辆,残损的武器,被丢掉的弹药、头盔、军服,敌方溃败后的遍地横尸。

壕沟里的惨状告诉我们这里到底发生了什么。[1]

另一名军人，中尉迪亚茨(Dietz)补充道："没有休息时间：前进—突袭—攻破—追击—摧毁，把一切投入战斗，没有后援，即使最后的预备役也要上！这是这场战争的格言。这是一场可以快速调遣部队的战争，所获简直是超人的！"[2]然而，事实上，只有那些拥有石油，并掌握如何使用，将石油运用到战斗的一方才有可能获得这种"超人的"成就。

许多由汽油提供动力的新式武器装备在战场上的疯狂使用，不是一场各方旗鼓相当的改变，这一改变在第一次世界大战中出现，到第二次世界大战时已明显成为一种新的战略方法。跟随纳粹军队横跨欧洲的随军记者维尔纳·谢弗(Werner Shafer)以夸张的笔触描述了这一特质：

> 军官和士兵最大的希望就是坦克！……
>
> 进军？那就比谁的坦克开得快。我们会对坦克车辆提出很多要求。这支装甲部队太棒了！它像一个匍匐前行的火力网，以难以置信的速度向马恩河推进。
>
> 我们现在只用公里来衡量距离。动力强劲的装甲车已经把我们惯得不能用任何其他度量单位来计算。第一次世界大战中的前线士兵恐怕想不到纳粹军队不仅在波兰闪电战中以这样的速度进军，在法国也是如此！[3]

坦克、摩托车、汽车、卡车以及飞机和火箭都使用了以石油为基础的燃料，这永远地改变了人类的战争。随着纳粹军队将这些武器创新逐一带到战场上，盟国军队便紧追猛赶并且决心要最终超过。在太平洋战场上，日本军队用由大型航空母舰运送的"零式战机"，实现日本的帝国野心。

不断发展的石油生态的一个重要成分是人类交通运输文明的革命；然而，把这些革命和创新用于国家安全的需要则完全是另一回事。石油巨头是建立在石油资源供应不断增加以及石油在人类社会中重要性与日俱增的基础上。由于石油行业的发展规模和应用范围，企业向石油领域的扩张就要求国家政府的参与。

---

[1] Heniz Guderian, *Blitzkrieg: In Their Own Words* (St Paul, Minn.: Zenith Books, 2005), pp. 76—77.

[2] Ibid., p. 138.

[3] Ibid., pp. 171—173.

战争对石油的需求意味着各国政府已经开始与石油工业暗通款曲依偎在一起了。直截了当地说,20世纪20年代,没有任何其他一个行业能如此容易地、持续地获得一个国家领导层的关注。

基于英国、美国和其他国家海军义无反顾地转向使用石油资源,20世纪上半叶的战争日复一日地越发依赖石油。但是就美国而言,新的供应压力出现在国内,大部分石油供给都是用于国内的。一旦美国跌入那些需要大量从国外进口石油的国家的行列,那种不牢靠的石油供给关系就势必需要通过跨国公司利益、外交,甚至军事干预来确保。虽然美国国内原油供应提振了消费,但战场上的国家领导人认识到他们依赖从别处获得原油的现实。第一次世界大战证明20世纪应该定义为石油世纪的主要转折点。始于1914年到1918年石油在战场上的使用,石油对于工业和军事都变得不可或缺,以至于到20世纪末,不得不发动战争确保石油的供应。

大战中的创新

第一次世界大战依赖于新型汽车的使用,电动汽车对此并未给出一个靠得住的选项。第一次世界大战期间,民用汽车生产停止,企业都组织起来为军队生产汽车、摩托车和其他战略物资。1914年马恩河战役中,巴黎大批出租车被征用运送增援部队去前线,汽车的作用显现出来。[1]

第一次世界大战期间,盟军在战场上使用了12.5万辆T型车。此外,卡车的产量翻了一番。美国的汽车和卡车工业在战争期间生产多样化,如炮弹和枪支,但对更多车辆的需求也以前所未有的速度增长。历史学家大卫·基尔希指出,在法国、英国、德国,以及后来的俄罗斯,卡车购买者从政府购买一辆经批准的汽车时,可获高达1 200美元的补贴——但明确规定在内燃机驱动的汽车与电动汽车之间,以内燃机驱动的汽车为首选。在1916年和1917年,美国制造商确立了对标准战争卡车的设计,随后他们开始向前线售出车辆。基尔希写道:“机动卡车在第一次世界大战中所发挥的引人注目的同时又令人振奋的作用,增强并加速了和平时期商业卡车的标准化。到了1919年,电动卡车占美国商用车

[1] Rudi Volti, *Cars and Culture*: *The Life Story of a Technology* (Baltimore: Johns Hopkins University Press, 2004), p. 44.

资料来源：美国国会图书馆印刷品与图片部，档案号 LC-USZ62-136090。

图 5.1　这张第一次世界大战中德国护卫队的照片以真实的影像记录了 20 世纪 10 年代在战场上出现的军械装备所用驱动能源的更新换代。内燃机出现后，首先在战场上找到了用武之地，而后在各个发达国家的社会经济中占据了支配地位。

的总数从 1909 年的 11%下降为不到 1%。”[1]

美国后方的交通运输工具的生产从根本上受到战争需要的影响。例如，美国国家铁路的压力导致军方强调长途卡车运输，并要求修建这些路线所必需的公路。此外，大多数用于战争的卡车是在中西部生产的，需要运到东部沿海地区然后船运至海外。从 1917 年到 1918 年，估计有 18 000 辆内燃机驱动的卡车就是这样生产后运送至国外的。这些必要的运送证明了这些交通工具能可靠地用于州际运输，而不是铁路。1912 年，联邦政府的资金在 1912 年开始主要在美国偏远地区建设开发这类用于通邮的公路。1916 年，《联邦公路援助法案》将联邦资金集中在公路上，以帮助农户更方便、更灵活地将产品运出偏远地区。[2]

第一次世界大战后，美国的商用卡车成为技术选择中令人瞩目的例子：消费者更多地选择了内燃机驱动的车辆，而不是电动汽车。城市地区商业交通的主

[1] David A. Kirsch, *The Electric Vehicle and the Burden of History* (New Brunswick, N. J.: Rutgers University Press, 2000), pp. 162—164.

[2] Rudi Volti, *Cars and Culture: The Life Story of a Technology* (Baltimore: Johns Hopkins University Press, 2004), p. 46.

要形式仍然是马车;然而,电动卡车似乎是短途运输系统的更好选择。不过,基尔希解释说,在第一次世界大战后,工业界的标准做法迫使"电动卡车的适用范围越来越小,包括使用铁路进行长途运输"。[1] 虽然电动汽车的支持者以不同的技术手段推动不同的交通领域,但企业所有者并不支持混合动力汽车。在做出内燃机驱动卡车的决定时,企业接受了一个成本效益方案,这让他们能够在不同领域取得全面成功,即使另一种技术——电力驱动——更适合短途运输。在便宜的燃料价格和政府资助基础设施的推动下,这样的选择决定了人类交通文明的未来模式。

第一次世界大战期间,无论做出何种监管选择,国内丰富的原油储量都使美国处于优势。而其他没有石油的发达国家对石油日益增长的依赖决定了新的贸易和外交模式。即使在海军储备石油之前,石油在现代战争中也是不可或缺的。英国对石油的依赖导致的能源转型对战场战略产生了明显的影响,先是在第一次世界大战中,然后是在第二次世界大战中。历史学家忽略了石油在国家安全和外交事务中的重要性架构的时代的宏大格局,尤其是两场大战之间的间歇期中以石油为基础发展民用经济的情况。

尽管两场大战没有一场是完全由关涉石油供应的争议引起的,但新的谈判和需求体系已经出现,并最终被称为"地缘政治"。这一概念包括势力范围和贸易范围,每一范围都取决于地域和所需要的具体资源。考虑到 1915 年至 1945 年的一些大格局,可以看到,石油正在成为工业国家安全关注的焦点。战争冲突越来越少地集中于边界争端,而更多地着重于能源等重要资源,特别是瞬息万变的石油资源,这一资源并非俯拾即是随处可见。

当然,上面提到的欧洲冲突后来被称为大战,或者回顾历史时称为第一次世界大战。这场战争是旧世界战略与现代新技术的灾难性结合。共有 1 300 万人死亡,数百万人受伤或失去家园和生计。"这是一场人与机器之间的战争,"耶金写道,"这些机器是以石油为动力。"[2]

1914 年春天,当英国开始建立以石油为动力的海军时,欧洲战争似乎是不

---

〔1〕 David A. Kirsch, *The Electric Vehicle and the Burden of History* (New Brunswick, N. J.: Rutgers University Press, 2000), p. 165.

〔2〕 Daniel Yergin, *The Prize: The Epic Quest for Oil, Money, and Power* (New York: Free Press, 1993), pp. 104—108; Ron Chernow, Titan: The Life of John D. Rockefeller, Sr. (New York: Random House, 1998), p. 168.

太可能。就在议会通过丘吉尔的石油法案第 11 天后，奥地利的弗朗茨·斐迪南大公在萨拉热窝遇刺身亡。7 月 30 日俄罗斯调遣军队，8 月 1 日德国向其宣战。英国对德国的敌对行动开始于三天后，也就是 1914 年 8 月 4 日。

战争爆发时，马匹和其他需要参战的动物被纳入军事战略。三个士兵一匹马，在这场“能源过渡性的冲突”中，这一基本模式称为战斗中的主导。随着战争的进展，动力能源发生了转变，从马匹到汽油驱动的卡车和坦克，当然，还有以石油为燃料的船舶和飞机。创新技术的作用在第一次世界大战的战场上立竿见影。例如，英国人发明了一种由内燃机驱动的装甲车，从而打破了堑壕战的僵局。当英国其他的政治家安于现状时，丘吉尔再一次因将编号为“坦克”的项目变为现实而备受赞誉。这种坦克在 1916 年的索姆河战役(Battle of Somme)中就开始使用，但是其发挥出决定性的作用是在 1917 年 8 月的亚眠战役(Battle of Amiens)中，一个由近 500 辆英国坦克组成的中队突破了德国的防线。此外，1914 年赴法国的英国远征军得到 827 辆汽车和 15 辆摩托车编队的支援；到战争结束时，英国军队拥有 56 000 辆卡车、23 000 辆汽车和 34 000 辆摩托车。[1] 这些汽油驱动的车辆在战场上表现出卓越的灵活性；然而，它们对陆战的影响是在未来的冲突中充分实现的。因此，第一次世界大战呈现出的传统战略方法中融入了新技术的特征。

空中和海上的战略变化最为明显。到 1915 年，英国已经建造了 250 架飞机。在这个红色男爵时代，最早的战机通常需要飞行员装配随身武器用于射击敌方。不过，更多的情况是，这些飞行装置可以在战术轰炸中用来运送炸药。德国飞行员在用齐柏林飞艇对英国的轰炸中用的就是这个方法，后来把这个方法又用到其他战机上。在整个战争过程中，飞机的使用明显增加：英国出动战机 55 000 架，法国 68 000 架，意大利 20 000 架，美国 15 000，德国 48 000。[2] 海上使用石油与否加剧了既已存在的引发战事的冲突。不过，将石油用于战船的驱动导致耶金所说的战争期间舰船应用“僵局”的，只有一次海上战役，即 1916 年的日德兰半岛之战(the Battle of Jutland)。当时，英国新出现的以石油为动力的海运船队与德国完全以煤炭为动力的海运船队之间是云泥之别。如此情况

---

〔1〕 Daniel Yergin, *The Prize: The Epic Quest for Oil, Money, and Power* (New York: Free Press, 1993), pp. 170—172.

〔2〕 Ibid., p. 172.

资料来源:美国国会图书馆印刷品与图片部,档案号 LC-USZ62-115011。

图 5.2　由英国在第一次世界大战时发明的坦克最初的设计是主要用来破防德军战线以及士兵藏身的战壕的。20 世纪 10 年代后期在法国圣米歇尔(Saint Michel)的这辆汽油驱动的战车在当时没有配备枪支。

下,德军对抗英国海军毫无战略意义;因此,德国使用了潜艇战。不过,除了能够在使用电池的情况下短暂下潜实施水下攻击之外,这些早期的潜艇主要以柴油为动力在水面运行。

鉴于这些新用途,战时石油资源供应成了一个关键性的战略军事问题。荷兰皇家壳牌公司为军方提供了大量的原油。此外,英国在中东地区的扩张更为深入。特别是,当 1915 年土耳其作为德国的伙伴加入战争时,英国军队奋力抗击土耳其入侵位于波斯的阿巴丹炼油厂(the Abadan)。此外,英国士兵推进占领巴士拉,最终控制巴格达。这些军事防御措施使英国得以继续从阿巴丹炼油厂进口燃料。波斯的石油产量在战争期间从日产 1 600 桶增加到 18 000 桶。当然,这些增长和稳定的供给源自英国的盎格鲁－波斯公司,战争结束时该公司从波斯王室手中买下这一英国石油分销公司。为了有针对性地提供石油,该公司迅速展开油轮业务,成为这一行业的先驱。为此,到 1917 年,油轮便成为德国潜艇舰队的首要攻击对象。1917 年年末,油轮损失惨重,以至于英国领导人担心原本胜利在望的战场态势有可能受到影响。

1918 年,当盟国采取新的措施推进战争时,在每个人的头脑中,石油就是一种武器。为此,同盟国召开内部会议,以便汇集、协调和控制所有的石油供应和油轮运输。[1] 此举解除了盟军的大部分忧患,而美国的参战使得这一组织行动尤为必要。作为全球近 70%石油资源供应的生产国,美国在第一次世界大战中最强大的武器可能就是原油。伍德罗·威尔逊总统任命了美国首位能源全权专属官员,其职责是与美国各大石油公司的领导人近距离合作。这些政策开启了一个多世纪以来美国政府与石油巨头高管之间的密切关系。由于这种合作关系,当美国国内原油价格在战争期间上涨时,这位能源全权专属官员向民众呼吁"周末徒步日"以及其他的自愿节能措施。

在战场上,同盟国还制定了扰乱有限石油供应的战略。尽管德国严重依赖罗马尼亚油田,但这个小国拒绝卷入战争。最后,在 1916 年,罗马尼亚对德国宣战。结果,德国军队挺进油田并将那里的石油储备作为其军需补给。鉴于罗马尼亚抵御德军的进军不够坚决,英国不得已采取了自保的解决方案:摧毁罗马尼亚工业,德军无法利用那里的油田资源作为协助力量。到 1916 年年底,英国的炸药已经被用来使罗马尼亚的整个工业领域、储备和其他设备沦为废墟。破坏是彻底的;然而,德国夺回了罗马尼亚的油田,并在 1918 年恢复了大约 80%的石油供应。此外,在 1917 年俄国革命之后,德国则进一步获取了巴库的石油资源。然而,他们自己的盟友土耳其迅速占领了宝贵的资源,却突然失防。1918 年年中,英国军队应巴库的求救,带着"如若防御不成功,则摧毁油田"的指示抵达巴库油田抗击德军。

研究矿产的历史学家小阿尔弗雷德·E. 艾克斯(Alfred E. Eckes Jr.)爵士写道:"在第一次世界大战之前,国家力量更多地依赖参与肉搏的士兵的素质,而不是机械化工业和城市人口所能获得的资源。"然而,第一次世界大战中首次投入运用的、新的、重中之重的东西提升了矿产资源的重要性,包括煤、铁和石油。[2] 在每个发达国家,确保这些资源的供应显然已成为国家安全问题。

---

[1] Daniel Yergin, *The Prize: The Epic Quest for Oil, Money, and Power* (New York: Free Press, 1993), p. 172.

[2] Alfred E. Eckes Jr., *The United States and the Global Struggle for Minerals* (Austin: University of Texas Press, 1979), pp. 10—11.

军用石油的战后焦虑症在美国渐显

1919年7月7日,一群美国军人在华盛顿特区的白宫南草坪为"里程起点"纪念碑举行了落成典礼。第二天早上,这群从战场返回的军人,又一次以他们的行动帮助定义了美国未来的国计民生。这些探险者乘坐的不是探测火箭或深海潜艇,而是42辆卡车、5辆客车、各种各样的摩托车、救护车、坦克车、机动战地厨房、机动修理厂和信号部队探照灯卡车。在前三天的驾驶中,他们的时速仅仅大于5英里。这是最大的麻烦,因为他们的目标是开车穿越美国,探索全美境内道路状况。

领导这支探险队的是美国陆军上尉德怀特·D.艾森豪威尔(Dwight D. Eisenhower)。在20世纪美国历史中,艾森豪威尔扮演了关键角色,但是,他对道路的热情对美国国内的经济社会活动可能产生了最重要的影响。这次征途颇具象征性地把美国和这个年轻的战士置于一个十字路口。从第一次世界大战的战场回来后,艾森豪威尔正寻思着离开军队,接受一份地方性工作。而他最终决定留在军队,这一决定对美国至关重要。到20世纪上半叶,新的道路景观重塑美国民众的生活。然而,对艾森豪威尔来说,公路不仅代表着国计民生的发展,也代表着国家安全。

对这一点的认识来自艾森豪威尔的切身感受,他认为探险队头两天的进度"不太好","甚至跟最慢的运兵车一样"。艾森豪威尔形容他们走过的路"太普通了,就像不是路一样"。他接着说:"在一些地方,重型卡车冲出了路面,我们不得不用履带拖拉机把它们一个接一个地拖出来。有些天,我们盘算着走60、70或100英里,却只能跑三四英里。"[1]1919年9月6日,艾森豪威尔的探险队完成了这趟征途,抵达加利福尼亚州的旧金山。与横穿美洲大陆中西部的梅里韦瑟·刘易斯(Meriwether Lewis)、威廉·克拉克(William Clark)以及其他横贯美国大陆铁路的建造者一样,他们的这趟不辞辛苦的征途证明这对于美国来说至关重要。尽管对于这群人来说在征程的终点,既没有闪亮的金道钉,也没有飘摇的美国国旗;但是他们的长途跋涉激发了民众对道路重要性的意识,激发了美国

[1] Daniel Yergin, *The Prize: The Epic Quest for Oil, Money, and Power* (New York: Free Press, 1993), pp. 207—208.

人长达一个世纪的行动反应。然而，这一富有象征性的举动不言自明：交通运输问题和石油问题现在需要美国军方的介入。

艾森豪威尔对其探险队之旅的回忆，以惯有的轻描淡写的表述风格，让听众没有注意到这一深层的重大转变。“以前的护卫队，”他解释说，“让我开始思考好的、两车道的高速公路。”其实，对道路的重视，尤其是艾森豪威尔所计划的州际公路系统，对美国有脱胎换骨的影响；然而，艾森豪威尔在表述中并未提及这一根本性转变，尽管他身处其中。当务之急的事情很明确，即无论是通过筑路倡议还是通过国际外交，美国也好，其他国家也好，一个国家对石油的依赖会对国家的稳定和安全产生影响。

纵观人类的历史，石油成为人类生活必需品的过程，既不是始于它助燃 T 型车的能力，也不是始于其分馏成分被加工成让你吃得直打饱嗝的快餐塑料碗的能力。石油作为必需品，维持其供应的必要性是始于每个国家国防的需要。石油的使用最终让消费者的生活在许多方面更为便捷，不过，它在军事上的使用却完全是另一回事。如果石油供应不足，美国最基本的保护措施就必然要有所妥协。1919 年，艾森豪威尔和他的探险队认为他们仅仅是在决定修建公路的需要。事实上，他们是在宣布美国的一项政治价值取向和政治承诺，而这指导了美国几十年的外交政策。这是一项由贫油国付诸实施的政治承诺，然而，实际情况是，美国很晚才意识到自身拥有巨大的国内原油储备。

军事对石油的依赖为人类 20 世纪对原油的依赖定下了基调。与其他资源不同，石油受到了政府最高层的行政关注，这是当一项资源成为军事基础设施的命脉的必然。历史学家大卫·S. 佩因特写道：“其结果是石油领域的公私合作，实现了美国的政治、战略和经济目标，满足了各种私欲，顺应了美国的意识形态准则，更是舒缓国会批评的一剂妙方良药。”[1]把国家安全与石油挂钩后，20 世纪的美国获得了一个不那么引人注目但却更为关键的、确保原油稳定、甚至是增加供应的理由。就像一个物种意识到其与食物源的最基本和最重要的关系一样，到了 1920 年，政治领袖将石油资源供应列入直接处理优先事项清单，其必需性直接指向美国和其他发达国家的安全和未来。现在，国家之间的谈判必须把这一关键的逻辑和理由纳入其中，从而产生了地缘政治概念的一个基本组成部

[1] David S. Painter, *Oil and the American Century* (Baltimore: Johns Hopkins University Press, 1986), p. 183.

分。

两次世界大战间隙世界格局中显现地缘政治

耶金写道，第一次世界大战快结束时，对巴库石油供给线的阻断证明是“对德国具有决定意义的打击”。[1] 在停战协定签署后立即召开的同盟国内部石油会议上，首席发言人宣布：“盟军的正义之师能够顺利走向胜利，其实是乘着石油的巨浪而行的。”随后一位来自法国的发言人提出这样的观点，“正如石油曾经是战争的命脉，现在它也应该是和平的命脉”。[2] 在接下来的几十年里，这一认识界定了大多数人的生活，因为石油成为一种重要的国计民生运行中的商品。

更重要的是，作为一种战略物资，石油永远都会在舞台的中心。就在伍德罗·威尔逊领导世界各国领导人考虑以国际联盟的形式通力合作时，英国军队占领摩苏尔确保了对美索不达米亚石油的控制。此外，随后签订的协议确保了英国在该地区(即现在的中东地区)的主导地位。英国在该地区的深入涉足推动了石油公司和石油地质学家的进一步勘探。到 20 世纪 20 年代，这些勘探发现划定了一条红线，从土耳其到阿曼，这些国家拥有地球上最大的石油资源。到 1928 年，由这一区位划分进一步形成正式的《红线协议》(Red Line Agreement)，协议中，荷兰皇家壳牌、盎格鲁—波斯、由五家私人公司构成的“美国集团”和法国利益集团同意在该地区只与土耳其石油公司合作，该公司由亚美尼亚企业家卡拉斯德·萨迪斯·古尔班基安(Calouste Sarkis Gulbenkian)领导，他是起草签订该协议的主导者。签署协议的联盟成员获得了 23.75%的股份，并被要求认同一项自我约束条例，该条例对联盟内的成员国在指定地区从事单独的石油开发活动予以禁止。[3]

进一步的石油市场管理协议则具有较低的包容性，尤其是美国不在其中，美

---

〔1〕 Daniel Yergin, *The Prize: The Epic Quest for Oil, Money, and Power* (New York: Free Press, 1993), p. 182.

〔2〕 David S. Painter, *Oil and the American Century* (Baltimore: Johns Hopkins University Press, 1986), p. 182.

〔3〕 历史学家大卫·S. 佩因特写道：“《红线协议》是为确保该地区的石油开发以合作而不是竞争的方式实施。”1929 年，组织方改名为伊朗石油公司。每一成员单位都是英国法人代表，其法律规定可在英国法院执行。参见 David S. Painter, *Oil and the American Century* (Baltimore: Johns Hopkins University Press, 1986), p. 5。

国担心这些协议会违反本国的反垄断法。美国用了20世纪30年代初的大部分时间解决公私合作关系以管理国内石油供应,而《红线协议》上的沿线国家则确保其石油资源的全球影响力。1934年,海湾石油公司和盎格鲁一波斯石油公司联合开发科威特的石油。不想错过中东的这一块大蛋糕,美国石油公司的代表于20世纪30年代中期在沙特阿拉伯展开了一系列测试。1930年,加利福尼亚州标准石油公司获得了位于沙特阿拉伯海岸附近的巴林岛的开采权,随后又在1933年获得了在沙特阿拉伯的开采权。1936年,加利福尼亚州标准石油公司与得克萨斯州的一家公司联合成立了加德士石油公司(Caltex),于是,加利福尼亚州标准石油公司对该地区的石油开采权成为美国开发沙特阿拉伯石油的依据。到20世纪末,巴林岛和沙特阿拉伯的美国石油公司都发生了大规模的罢工。

美国和英国为获得和控制石油以及其他矿产资源所做的努力受到其他国家的关注。历史学家阿尔弗雷德·E.艾克斯写道:“德国、意大利和日本强烈地、反复地抱怨这些关键物资的非均分配既不公,也不可忍受。”他继续写道:“1939年,英国和美国控制了总矿产资源的四分之三还多,而德国、意大利和日本只控制了11%。”[1]尽管还有其他的复杂因素,艾克斯认为矿产的短缺促使这些国家考虑将战争作为可行的选择以缩小矿产缺口。而石油可能是这些矿物中最重要的。

在上面说过的众所周知的巴库石油产区,在20世纪20年代和30年代苏联占领后恢复了石油生产,因此1940年在阿塞拜疆,石油采出量达到2 220万吨,占苏联全部石油开采量的71.5%。在此期间,石油工业开发新的油田,1925年建造了巴库一巴统(Baku-Batumi)输油管道,并在海上钻了第一口油井,1927年,抽干比比黑巴特湾(the Bibi Heibat)。这些是开采原油的巨大的、甚至是英雄史诗般的成就,也显示了在两次世界大战之间,原油与日俱增的地缘政治意义。

第二次世界大战是一场石油争夺战

到20世纪30年代末,石油已经成为每个工业化国家当务之急要处理的事

〔1〕 Alfred E. Eckes Jr., *The United States and the Global Struggle for Minerals* (Austin: University of Texas Press, 1979), p. 58.

情。虽然不是稀缺的,但现有的石油资源直接引起了其他国家的兴趣。在殖民主义的衰退期,中东石油资源吸引了许多国家展开利益角逐。其中最重要的莫过于沙特阿拉伯庞大而且还没有被占有的石油储量。当这场争夺影响力的较量逐渐明朗时,世界滑入了第二次世界大战,一些学者称之为"石油战争"。特别是,尽管前盟军已经锁定了已知的石油资源,地质学家明确表示沙特阿拉伯的石油储量是令人震惊的,让人无法理解的。佩因特写道,美国在沙特阿拉伯的利益有三重:"对美国石油储备充足程度的日益忧虑,对沙特阿拉伯石油巨大潜力的逐渐清晰的认识,以及对英国可能利用其在沙特阿拉伯的影响力损害美国石油利益的忌惮日复一日。"[1]

总的来说,对于那些没有参与中东地区权力斡旋的国家来说,确保原油资源供给安全的需求成为发动战争的主要理由之一。尽管 1941 年美国的石油产量占世界供应量的 64%,但其能源消耗也以同样的速度攀升。从 1920 年到 1941 年,美国人口从 1.06 亿增长到 1.33 亿,石油和石油产品的年消费量则从人均 4.3 桶增长到人均 11.2 桶。佩因特写道:"战争前夕,由于经济萧条、世界大战以及产油国控制自身经济命运的能力和愿望不断增长的影响,首个'英美石油秩序'协约无果而终。"[2]即将成为轴心国的每一个国家面对本国的能源需求,便通过向沙特国王赠送豪礼和支付巨额资金,同时实施旨在控制产油国的军事扩张,寻求与沙特阿拉伯签订油井钻探协议。

激发日本的帝国野心

尤其是日本帝国主义,可以说,对石油的渴求促使他们发动了第二次世界大战。供给日本石油约占 80%的美国,与其他西方国家一起谴责日本侵略中国和其他邻国。1937 年,富兰克林·德拉诺·罗斯福总统开始公开讨论经济战,即所谓的"隔离"政策。对日本的这一威胁公开化后,日本试图找到其内部量化石油供应的方法,这样即使美国拒绝供应更多的石油,日本仍然有油可用。1940 年 7 月 2 日,在纳粹入侵西欧后,富兰克林·德拉诺·罗斯福总统签署了《国防

---

〔1〕 David S. Painter, *Oil and the American Century* (Baltimore: Johns Hopkins University Press, 1986), p. 9.

〔2〕 Ibid.

法案》。这一政策赋予总统一项执行冻结敌对国家经济活动的特权。作为报复，日本军队深入东南亚，以便在荷属东印度群岛获得更多的原油供应。在 1940 年和 1941 年，当美国领导人争论是否要彻底切断对日本的石油供应时，日本领导人认为日本的石油供应会被完全切断，因此，感到被盟军包围，于是制定了一个决定性的进攻计划，将美国拖入战争。这次袭击就是对太平洋舰队总部珍珠港的海空袭击。

资料来源：美国国会图书馆印刷品与图片部，档案号 LC-USE6-D-008870。

图 5.3　在第一次世界大战期间，飞机的使用彻底改变了战时战略。照片显示了抗击恶名远播的纳粹空军力量（如红色男爵等）的部分英国飞机。

从航空母舰上起飞奔向一个遥远的、毫无防备的地点，战争中对石油的使用，让日本对珍珠港的攻击成为可能。尽管如此，必须注意到的是，如果日本有更仔细和深思熟虑的计划，这场空袭灾难对美国海军的影响可能会更大。日本的攻击摧毁了一些海军舰艇和近 200 架飞机，造成 2 400 多名美国军人死亡；然而，美国舰队在瓦胡岛（Oahu）的石油储备基本上没有受到影响。一些学者认为这是由于疏忽造成的，而另一些人则认为恰恰相反——日本希望在全面入侵和占领后将这些物资用于自己的舰队。[1] 基于一项依赖于飞机燃料随时供应的

[1] Daniel Yergin, *The Prize: The Epic Quest for Oil, Money, and Power* (New York: Free Press, 1993), p. 380.

军事战略,这种逻辑似乎很有可能。

希特勒的闪电战就是在“喝油”

在欧洲,没有几个思想家能意识到给战用机械供能的重要性,而德国国家元首阿道夫·希特勒在这方面却遥遥领先。一位历史学家称第一次世界大战为阵地战,第二次世界大战为机动战。[1] 1933年,也就是富兰克林·德拉诺·罗斯福在美国掌权的那一年,希特勒在德国组建了自己的政府,他的计划和想法从不受任何限制。希特勒建设一个全能德国的愿景,相当一部分就是当今被称为“能源独立”的概念。合成燃料的想法给予德国科学家制造新能源的能力。不过,这些实验很早就开始了,事实上,其中一些是在美国先行实施的。例如,德国化学品制造公司法本(I. G. Farben)与美国标准石油公司合作,尝试将石油中的某些成分氢化,从而合成新燃料。1931年,法本科研团队的负责人卡尔·博世(Carl Bosch)和弗雷德里希·贝吉乌斯(Friederich Begius)因对氢化反应条件研发的重要贡献而获得诺贝尔化学奖。

希特勒掌权后,这些技术创新成为德国国家机器的一部分。由于能源在安全方面的重要性,石油的私营公司与英美两国政府关系密切,而希特勒的德国直接让法本公司成为纳粹国家的一部分。然而,不管是前者还是后者,石油能源都被明确认定为国家安全问题。希特勒扩大了合成燃料应用的同时,也使占领石油资源供应成为1939年后其帝国扩张的主要部分。

希特勒的基本战略被称为闪电战,“是在广阔区域内以机械化部队实施短暂而集中的战斗”。他对速度的渴望一部分来源于需要在石油资源耗尽之前完成战斗这一需要。石油资源供应影响了所有纳粹指挥官,但是欧文·隆美尔(Erwin Rommel)将军穿越北非大陆的战斗最为有力地证明石油资源的重要性。当他的部队无法从德国的任何基地获得补给时,部队被迫停止挺进。事后,隆美尔回忆道:“最勇敢的人没有枪也无能为力,枪没有充足的弹药也无能为力,在机动

---

[1] Daniel Yergin, *The Prize: The Epic Quest for Oil, Money, and Power* (New York: Free Press, 1993), p. 382.

作战中，枪和弹药都没有多大用处，除非有足够的汽油载着它们四处跑。"[1]此外，希特勒革命性地使用火箭技术攻击欧洲，使用的是由合成燃料(主要由奴隶劳工制造)驱动的装置。意识到能源的重要性让他创造了世界上有史以来最为所向披靡的军队——至少在当时是这样。

为盟军的战争机械功能

为了高效地打赢这场战争，同盟国突显其最大资源——士兵的勇气，将军的战略，以及最关键的，几乎无穷尽的石油资源供应。这一巨大优势直接转化为战场上的战略。在军事行动最活跃的时候，美国军队在第二次世界大战中消耗的汽油是第一次世界大战时的 100 倍。耶金估计，在第一次世界大战中，美式全装备师消耗 4 000 马力，而在第二次世界大战中，这一数字上升到 187 000 马力。在 1942 年的军事计划中，美国陆军估计，战场上每名士兵需要大约 67 磅的补给和装备，其中一半是石油产品。[2] 从 1939 年到 1943 年，美国的石油消费量猛增 28%。[3]

大多数盟军使用美国的原油，苏联则从在两次大战的间歇时期开发的巴库油田获取补给。考虑到战争对石油需求的日益增长，1941 年，巴库的石油工人创下石油开采纪录：234.82 亿吨。当成千上万的石油工人在第二次世界大战中不得不离开油田去打仗时，本来由男人做的工厂的活儿便是由妇女来完成的。到 1942 年夏天，估计有 2.5 万名妇女在巴库油田作业，约占苏联工人总数的 33%。作为苏联石油工业的中心，巴库成为希特勒的一个重要目标。[4] 1942 年 9 月 25 日，纳粹军队试图控制这一巨大的原油资源供应。

在准备撤离时，巴库的工人在 1942 年停止了 764 口油井的生产，并计划摧毁这些油井。此外，苏联的石油部门寻求绕过德国对传统运输方式的封锁，通过

---

[1] Daniel Yergin, *The Prize: The Epic Quest for Oil, Money, and Power* (New York: Free Press, 1993), p. 343.

[2] Ibid., p. 382.

[3] David S. Painter, *Oil and the American Century* (Baltimore: Johns Hopkins University Press, 1986), p. 34.

[4] Daniel Yergin, *The Prize: The Epic Quest for Oil, Money, and Power* (New York: Free Press, 1993), p. 387.

中亚运输石油。为此,他们第一次使用铁路运输油罐,原本是计划从巴库到克拉斯诺沃茨克(Krasnovodsk)海运。1942年10月,苏联国防委员会命令将大约1.1万名石油专家和大量设备从巴库撤离到库叶比舍夫,即鞑靼斯坦(Tataristan)和俄罗斯其他地区。这些工人大部分被运送到直接靠近鞑靼斯坦城的周围,在那里建立"第二个巴库"。1943年底,斯大林格勒战役之后,开始重新恢复生产,当时巴库一带的危险已经过去。然而,战争明显影响了阿塞拜疆的石油开采水平,到1945年,阿塞拜疆的石油开采降到了1 150万吨。[1]

在第二次世界大战的战场上,石油发挥了巨大的作用。事实上,一个重大的变化不是发生在战场的阵地上而是发生在战场的上空。早在1940年,英国喷火式战斗机使用辛烷值100的汽油,在空战中就明显优于燃烧辛烷值87的德国梅塞施密特109(Messerschmitt 109s)。这种辛烷值100的汽油是在美国发明的,贵如黄金,在绝密的情况下通过布满U型潜艇的水域运输。因此,盟军最大的战争资源之一是美国先进的炼油工业,他们利用热裂解技术制造出提高引擎在战场上的性能的燃料,如辛烷值100的汽油。然而,没有任何时刻能像盟军诺曼底登陆那样清楚地表明这种新的战略重要性。燃料的输运是诺曼底登陆的一个主要组成部分。事实上,当盟军穿过法国时,乔治·巴顿(George Patton)将军和其他人面临的困难是,燃料供应仍然停留在诺曼底的登陆点。快速行军的盟军部队直接超过了他们的石油补给线。耶金写道:

> 只有半天的汽油供应,巴顿非常生气。他出现在美军指挥官奥马尔·布拉德利(Omar Bradley)将军的总部,"像一头愤怒的公牛一样咆哮"。"只要你让第三集团军继续前进,我们就能赢得这场该死的战争,"他对布拉德利吼道,"只要给我40万加仑汽油,我就能在两天内让你打进德国。"[2]

在美国这个世界上最大的石油资源供应国,总统富兰克林·德拉诺·罗斯福要求石油工业采用新的组织方法,包括系统化的分销、标准化的产品生产,甚至采用一些不足为奇的策略,如使用统一尺寸的五加仑汽油罐,但是配有全新设计且有着重要影响的内置喷嘴。为了监督这些新的标准和系统,总统富兰克

---

[1] John D. Grace, *Russian Oil Supply: Performance and Prospects* (London: Oxford University Press, 2005), p. 280.

[2] Ibid., p. 281.

林·德拉诺·罗斯福设立了国防石油协调员的职位,并让内政部部长哈罗德·伊克斯负责这项任务。伊克斯的主要任务之一是改变石油产业的文化,这些引领石油产业发展的文化完全是在生产盈余的概念下建构起来的。收到委任状之后,伊克斯被指派"获取如下信息:第一,关涉军事和民用对石油和石油产品的需要;第二,关涉影响石油和石油产品供给的任何拟议行动"。[1] 虽然这一职位主要是收集信息,但战争的需要迫使他公开讨论一个新概念:资源保护。例如,1942 年春季美国第一次出现了消费配给。

在第二次世界大战期间的石油配给的实施意味着石油的重要性对国家安全保障的直接关系。美国从 1941 年底至 1945 年 8 月卷入战争,在整个战争期间,国内石油供应配给量和配给程序是变化的。最初,美国全境禁止赛车使用汽油。下一个阶段是 1942 年 5 月,美国东部发放汽油配给卡,即在加油站加满油之后在卡片上打一个孔。最后,这些配给卡变成了加油站广泛使用的代金券,另外需要强调的是,汽油配给卡一般集中在人口稠密的东北部地区,而在西部和其他地区则是想加多少油就加多少油。另外的方法是实施限速每小时 35 英里和寻求"非必要不开车"的禁令。"非必要不开车"的禁令产生了五个级别的开车出行汽油配给,从医生和神职人员的必需开车出行到非必要出行,标识是以开车人将获得的准许出行的贴标放置在车前窗来显示的。这一禁令的典型分配方案是,非必要不开车的居民只能收到每周 1 至 4 加仑的汽油配给,而必须开车出行的人则是完全没有限定的。另外,开车出行的限制也受其他资源配给的影响,包括橡胶资源的保护。

可以不无夸张地说正是石油使得盟军在战争中的机械化部队打败了轴心国的军队,而这些石油的供给主要来源于美国。尽管美国普通消费者在很大程度上对这一现实毫不知晓,但是美国的领导人却对此了如指掌。在华盛顿的国会大厅里,毫无疑问,有一项外交战略是无论何时至少要考虑确保石油供给的源源不断和运输便利。

---

[1] David S. Painter, *Oil and the American Century* (Baltimore: Johns Hopkins University Press, 1986), p. 11.

第二次世界大战的地缘政治延伸到冷战时期和殖民化时期

因为第二次世界大战揭示了石油新的重要性,因此一些意义重大的地缘政治转移就关涉到拥有大量石油资源储备的地区。特别是,在 20 世纪中期,中东地区地缘政治的全盘重新筹算。举例来说,在美国,根据艾森豪威尔的战略物资军需授予权,对石油的战事管理方式延伸到 20 世纪 50 年代。尽管美国民众在战后的几年时间里享受着价格低廉的石油供应——以至于让人感到很堕落地看到在日常无关紧要的一些事情上人们也会消耗掉石油,但是美国军队和政治领导人已开始将这一资源与国家未来的战略规划全盘整合的步骤。具体地说,这些决策者按照英国和法国的做法,加强与北非地区石油资源富有的国家的战略联系。在 1943 年的早期,艾森豪威尔就写道:“我们正在耗尽石油!”他进一步强调“第三次世界大战将不得不用其他国家的石油作战,因为美国的石油储备日渐萎缩”。[1]

美国政府官员和美国的石油公司都力求与沙特国王伊本(King Ibn Saud)以及该地区其他领导人接触。甚至在第二次世界大战期间,这一努力被某些美国官员视作其在同盟国中为了赢得盟友(特别是英国)青睐的竞争优势。战争期间,在艾森豪威尔的努力下,富兰克林·德拉诺·罗斯福总统创建了石油储备委员会。而这一番经历让艾森豪威尔很快意识到美国政府直接参与石油工业事务的局限。于是,他改变策略,着重强调未来联邦意向计划在于打造外交关系纽带,而这一关系纽带最大限度地远离公众视线。这些努力促成了一系列界定美国外交和 21 世纪能源地位凸显的关系,而且这些关系不仅仅只是美国与中东各国政府的关系。

在 1945 年第二次世界大战结束前夕,当罗斯福还健在的时候,英国首相丘吉尔密切关注到艾森豪威尔等人为与英国竞争获取中东石油的通道动作不断。1944 年 2 月 20 日,丘吉尔致电罗斯福,说到他看到从美国发来的关于石油的电报,倍感疑虑。他继续说道,“对石油的争执不休对于强强联合是一个很糟糕的

---

〔1〕 Daniel Yergin, *The Prize: The Epic Quest for Oil, Money, and Power* (New York: Free Press, 1993), p. 395.

前奏而且必然牺牲英国在那里业已付出的努力。从某一角度来说,美国是急着剥夺英国在中东的石油利益以及其他事务,乃至英国海军的整个能源供给。”[1]丘吉尔得出的结论是,一些英国官员感觉到被美国玩弄了。而富兰克林·德拉诺·罗斯福没有让步,他们就这样你来我往地争论着,最后以双方保证互让一步而告终:英国进入伊朗和伊拉克而美国进入沙特阿拉伯。最终,1944年8月8日签署了《英美石油协议》,协议确保了各方的公平,也确保了对从中东开采的石油实施开发和技术应用的合作,以及将石油用于盟军军需。该法案不太可能在参议院中获得通过,因此,由总统富兰克林·德拉诺·罗斯福直接牵动成为1945年1月雅尔塔谈判中的一部分。

说美国能源的未来有赖于这个国家当时迟暮之年的总统的巨大的个人魅力是否过于简单?确实,上述这些交易不仅仅是与富兰克林·德拉诺·罗斯福有关。然而,尽管没有记录显示1945年2月在雅尔塔会议之后,在“昆西号”(USS Quincy)上发生了什么事情,但不可否认,富兰克林·德拉诺·罗斯福开始了美国和沙特阿拉伯两国之间新关系的征程。当“昆西号”停靠在埃及港口外苏伊士运河时,一艘船载着富兰克林·德拉诺·罗斯福而另一艘船载着沙特国王伊本。现有记录显示两人建立了亲密的友好关系:烟瘾很大的富兰克林·德拉诺·罗斯福在沙特国王面前克制自己没有吸烟,而在战争中受伤基本上行动不便的沙特国王说自己对总统的轮椅羡慕不已,并称俩人是“双胞胎”。两位领导人关于犹太人家园、中东地区的战后格局,以及沙特的石油资源交谈了五个小时。当伊本离开“昆西号”的时候,富兰克林·德拉诺·罗斯福总统把自己备用的轮椅送给他。在接下来的半个世纪中,当美国石油资源供应萎缩时,沙特阿拉伯成了美国最值得信赖的石油供应国。

在1945年8月日本投降的24小时内,美国国内汽油配给制结束。所畅想的战后生活设计让消费者重返那种能源用度毫无节制的生活状态,这一情况将在下一章详细讨论。1946年,美国政府与新泽西标准石油公司和其他石油公司的一系列幕后谈判达成了瓜分开发阿拉伯石油商机的协议。利用“事后违法”这一法律概念,石油高管宣布《同盟国石油会议协议》(Inter-Allied Petroleum Conference Agreement)无效。这一法律概念曾经被英国利用,罚没了任何与轴心国

---

[1] Daniel Yergin, *The Prize: The Epic Quest for Oil, Money, and Power* (New York: Free Press, 1993), p. 401.

有关的所有者的股份和财产;而《同盟国石油会议协议》曾设定“红线”并在战前对中东地区的石油早有分割。这样他们又不得不回到谈判桌上,美国的石油高管要求对中东的石油资源有一个正式的划分。尽管最终沙美石油公司和英国的领导人同意继续协商以达成一个新的协议,但是法国方面不同意。而各方希望会见国王伊本,这可能勾起了在第二次世界大战前他与总统富兰克林·德拉诺·罗斯福的会面,所以沙特国王要求美国必须包括在谈判之列。最终,1948年11月的集团协议提出了一个新的世界架构,即地缘政治组织。

以石油为中心的新的世界观在第二次世界大战期间就这样形成了。1941年,巴林石油公司的副总裁之一,马克斯·韦斯顿·索恩(Max Weston Thornburg),被引荐到美国国务院做顾问。现在,石油对美国国务院日益增长的重要性显示出获取石油资源的必要性,而在整个战争期间,索恩的工作正是为此目的。除了与竞争石油资源的其他国家周旋,石油外交也被用于应对和处理当时墨西哥和委内瑞拉对其资源国有化日益强烈的呼声。在董事会,索恩强调指出,如果美国打算保持其在世界石油资源中的主导地位,那么美国需要一个正面的外国石油政策,这一政策可以用来保护美国的国家利益,也可以用来预测美国石油公司与外国政府之间的利益纠葛在没有陷入危机之前所出现的一系列问题。[1] 在处理与委内瑞拉的石油问题上,这些政策要求美国支持委内瑞拉政坛中更愿意支持美国石油利益的政治领导人。在整个20世纪中期,总体来说,这一政策的施行在委内瑞拉比在墨西哥更为成功。即便这一政策的实施有时不尽如人意,但是第二次世界大战后,美国是否出现在世界的某一地方很大程度上是基于那里是否可以获取关键的能源。

新的世界秩序的重要关注点仍然是中东。美国国务院的经济顾问赫伯特·费斯(Herbert Feis)曾经与索恩共事,注意到历史上的这一关键点:“在对这一情况的所有调查中,一个地方让所有的人都驻足惊叹,这个地方就是中东。”[2]就像儿童音乐剧中的排排坐,当音乐停止时,每一个西方霸权便与拥有石油的地区或者国家配对,后起之秀美国坐到了没有其他国家感兴趣的地方——沙特阿拉

[1] David S. Painter, *Oil and the American Century* (Baltimore: Johns Hopkins University Press, 1986), p. 17.

[2] Ibid., p. 35.

伯。[1] 贯穿整个 1943 年，在担心英国独占全部资源的忐忑不安中，美国国务院利用财政和外交的帮助为其与沙特之间的关系打下坚实基础。伴随着 1943 年石油储备委员会的成立，美国将这一委员会的任务定为购买或者获取美国本土之外的已经探明储量的石油。石油储备委员会成为完成这一任务的主要机制，将公有的和私有的力量结合起来确保美国在沙特阿拉伯的石油利益。[2]

在偏袒的而且很大程度上是剥削性质的安排中，与同盟国相关联的石油公司利用了历史上的这一时刻确保了世界珍贵的石油资源供给，但是这一日程成为众所周知的"冷战"的一个主要组成。1950 年美国总统哈里・杜鲁门(Harry Truman)在给沙特国王伊本的致信中写道："我希望再次向陛下明确在过去也曾经向您多次表述过的：美国对于沙特阿拉伯的独立和领土完整的保持非常关注。威胁到您的王国的事情就是直接关涉美国的事情。"[3]相似的安排最终把科威特带入美国的势力范围，也使得美国开始涉足如伊朗这些国家的内政。

当美国把精力集中在中东的石油资源机遇上时，苏联高层扩大对巴库的石油开发。一项最大的工程是创建世界上第一口深海油井，地点在石油岩石城(Oil Rocks)，即纳夫特・达什拉里(Neft Dashlari)附近，在大约距离巴库 110 公里的里海海面上。1948 年 11 月 14 日，由尼古拉・贝巴科夫(Nikolay Baybakov)率队的第一支石油工人队伍抵达这片布满黑色岩石群的海面。在这支队伍中，有地质学家阿加古本・阿里耶夫(Agagurban Aliyev)，正是他提出在这片海域储有石油这一想法。[4] 在这些巨大的岩石上建立了一个小型电站之后，他们开始开钻第一口油井，那是 1949 年 6 月 24 日，而到了 11 月 7 日，油井已经深达 1 100 多米。在几个月之内，油轮就开始将开采出来的石油运往岸边。很快，在石油岩石城，一个岛屿接着一个岛屿地建起来了。1952 年，各个码头建立起来了，将这些人工岛连接起来。很快，石油岩石城有了 5 层甚至 9 层高楼，包括宿舍、医院、文化馆、面包房和工厂，绿树环绕的公园也建成了。从 1949 年开始，石

---

[1] Daniel Yergin, *The Prize: The Epic Quest for Oil, Money, and Power* (New York: Free Press, 1993), p. 401.

[2] David S. Painter, *Oil and the American Century* (Baltimore: Johns Hopkins University Press, 1986), pp. 46—47.

[3] Daniel Yergin, *The Prize: The Epic Quest for Oil, Money, and Power* (New York: Free Press, 1993), pp. 427—428.

[4] John D. Grace, *Russian Oil Supply: Performance and Prospects* (London: Oxford University Press, 2005), p. 280.

油岩石城勘钻出 2 000 多口油井，产油超过 1.6 亿吨，天然气 120 亿立方米。

苏联人在 20 世纪 60 年代建成了世界上最长的输油管道——德鲁日巴输油管道(The Druzhba)，即友谊输油管道和经济互助委员会输油管道，全长 4 000 公里，从俄罗斯的东南部开始途经乌克兰、白俄罗斯、波兰、匈牙利、斯洛伐克、捷克共和国和德国。从 1964 年开始，这条输油管道将俄罗斯的原油输送到需油的苏维埃联盟的西部地区，以及东欧社会主义国家和西欧。而今，它是俄罗斯石油横跨欧洲最大的运输管线。

基础设施建设虽然因为石油资源而得到了提升，但是有学者认为，20 世纪 80 年代世界石油价格的波动和苏联石油产量的起伏促成了 80 年代末期苏联解体。20 世纪 70 年代，苏维埃成功地应对了第一次石油冲击，确保了其势力范围内稳定的石油供应，可以说经济上毫发无损。然而，苏联的石油价格被人为地设定得比世界石油价格低得多，也远远低于其在社会主义体系内的稀缺性价值。石油的低价与几乎无限供应支撑苏联和东欧经济体直至 20 世纪 80 年代。然而，苏联石油产量在 1988 年和 1992 年之间下降了大约 30%，而且其内部价格需要提升。这一压力在苏联内部引发石油危机，并且对东欧的石油出口大部分停滞了。因此，首先是产量下降然后是消费下降，迫使社会经济运行进入资源节约与油价上升的阶段，而这两种情况没有一种是苏联和东欧经济体所接受的。有学者指出：这一内部经济衰退在苦联无力参与全球竞争方面扮演了重要角色，使得以前所定义的冷战的“两极格局”变得不稳定。[1]

无论苏联解体的原因是什么，冷战的结束给巴库的石油带来新的机遇，主要是新的输油管道。最著名的是巴库—第比利斯—杰伊罕(Baku-Tbilisi-Ceyhan)输油管道，全长 1 768 公里，从阿塞拜疆境内的阿塞—茨朗格—古涅斯里(Azeri-Chirag-Guneshli)经里海直至地中海。通过将其首都巴库，与格鲁吉亚首都第比利斯，以及土耳其在地中海东南部的港口城市杰伊罕连接起来，这条输油管线为阿塞拜疆的自治提供了极大的支持。如今，这条继苏联的德鲁日巴输油管线之后第二长的输油管线，穿越了前苏联几个加盟共和国，从 2006 年开始向杰伊罕输送石油。

---

〔1〕 Todor Balabanov and Raimund Dietz, “Eastern and East West Energy Prospects,” in *Dismantling the Command Economy in Eastern Europe, ed. Peter Havlik* (Boulde, Colo.: Westview Press, 1991), p. 125, p. 137.

这条输油管线及其巨大的输油载量直接影响了全球政治。美国等西方国家开始更多地介入这条输油管线所穿越的三个国家的事务中。这些介入可以制衡自然资源和地理位置所赋予俄罗斯和伊朗在该地区的经济和军事优势。近些年，中国的影响力在该地区也有增长。总体来说，冷战后，巴库的石油供给让一些默默无闻的国家在世界舞台上担当起重要的权力掮客的角色。

结论：从冷战到能源战争

冷战时期的分层使得世界上的一些国家受到制约几十年。两极世界之间最早的摩擦出现在日益重要的资源问题上，特别是石油资源，它们超越了强加的意识形态边界。所以，对于那些拥有石油资源和需要石油资源的国家，这样的发展标志着对新的世界秩序的尝试。

1950 年，新泽西石油公司的一名高管直接说："有迹象表明，在未来中东的石油供给也许会大大地超过需求。"[1]到了 1960 年，石油出口国为了合力对抗那些不受约束的国际石油大公司的势力，成立了石油输出国组织，这个内容将在下一章详细讨论。在接下来的几年，该组织通过自身的一些活动同时也通过对其有石油依赖的发达国家(如美国)获得了相当多的政治权力。1948 年至 1972 年，美国的石油消费增长从日均 580 万桶到 1 640 万桶。这一增长量还被世界其他国家或地区所超越：具体地，西欧在这段时期石油消费增长 16 倍，日本增长 137 倍。在整个世界范围内，这一增长主要是用于汽车：世界范围内，汽车保有量在 1949 年为 1 890 万辆，而在 1972 年为 1.61 亿辆；这一增长中，美国占了重要的比例，从 4 500 万辆[2]到 1.19 亿辆。新的技术使得一些炼油厂提高了每桶石油产出汽油、柴油和飞机燃油的比例，以及民用燃料油的产出量，但是，需求仍然比世界所看到的要大很多。

---

〔1〕 Daniel Yergin, *The Prize: The Epic Quest for Oil, Money, and Power* (New York: Free Press, 1993), p. 430.

〔2〕 此处数据有误，需要核实。汽车保有量可能是 450 万辆，而不是 4 500 万辆。原因如下：我查找到 1935 年，美国的汽车保有量是 397.1 万辆，那么大概率可以推断，1949 年，美国的汽车保有量可能是 450 万辆，而不是 4 500 万辆？但是有一个问题，如果是这样，1949 年美国汽车保有量占世界汽车保有量接近 24%，而到了 1972 年，美国汽车保有量占世界汽车保有量接近 74%。所以此处需要修改。——译者注

这样对燃油的依赖迫使美国政府持续地质疑相关政策。1969 年,理查德·尼克松(Richard Nixon)政府开始再次讨论配额计划。1973 年 4 月,尼克松就能源问题发表首次总统讲话,他在讲话中宣布将废除限制美国原油的配额制度。然而,新的现实是美国国内生产——即使在有配额的情况下——也不能满足美国的需求。很清楚,配额旨在在一个供大于求的石油市场上管理和限制石油供应,而不是在石油短缺的市场上发挥作用,但是这一短缺的市场正在形成。在没有进口壁垒的情况下,在世界石油市场,美国是一个成熟但非常具有依赖性的成员。1990 年冷战结束时,石油的全球图景以非常戏剧化的方式改变了:美国与其他国家一样抄着手排长队等待持续的石油供给。

基本框架:“想要炸薯条吗?”

1954 年,在艳阳高照的加利福尼亚,当冷战波及全球之际,无论怎么说,都很难想象:一个中年人把车停在餐馆的停车场,在车里一坐就是个把小时。而这个人没有吃东西,没有点餐,也没有烦躁不安,他只是在看。与弗雷德里克·温斯洛·泰勒或者亨利·福特相似,雷·克拉克(Ray Kroc)正在思索一种运行机制。或者至少,他观察到这里有某种潜能。1954 年当他观察汉堡店的这些活动时,这种消费经济运行机制处于萌芽阶段。克拉克和其他人创建了延伸美国日益增长的石油消费文化的方法。冷战期间,美式消费模式使得每个公民成为意识形态战争中的一名战士。

莫里斯·麦当劳(Maurice McDonald)和理查德·麦当劳(Richard McDonald)打算把他们著名的麦当劳免下车即定即取汉堡店设在加利福尼亚的圣贝纳迪诺(San Bernadino)66 号公路旁。克拉克,一个用来做奶昔的多功能搅拌机的销售员,接到了从汉堡店来的一份要 8 台奶昔机的订单,于是,他来到此地看看什么样的规模要在制作奶昔上有这么大的投入。

克拉克发现一个大型停车场,中间有一座小的八角形建筑。他观察到,在上午 11 点时排队的车开始多起来,但是没有蜂拥而至的场面。顾客在一个窗口订餐然后开到下一个窗口取他们所订的东西。为了让顾客的车顺次向前移动起来,每一不同的食物从各自的窗口递出,但是,变化并不是很大,基本上是汉堡包 50 美分,炸薯条 10 美分,奶昔 20 美分。这里没有桌椅让顾客坐下来用餐,而是预设这些食物可以在停车场或者顾客各自的车里食用。当克拉克回到中西部在伊利诺伊州的德斯平原(Des Plains)开自己的汉堡店的时候,他说服麦当劳兄弟让他使用他们的名字和技术并向他们支付特许权使用费,但是克拉克保留了自己在新开设汉堡店的时候做出调整的权利。特别是,他改变了麦当劳的模式,即 50 秒钟内做好食物。1955 年,他开始销售连锁经营权,到了 1957 年,他的连锁店达到 37 家。

克拉克等企业家观察到,炫耀性消费激发出新的文化和社会图景,反之亦然。这一图景中的特定元素主导着新的行为和习惯。当社会的发展主要由驾车所引导，那么为人类活动而做的、革命性的、系统性的新设计就会诞生。在21世纪里，开发者和设计者带给美国民众想要的东西：生活和城市景观与汽车相结合。除了努力规范和框定第二次世界大战前汽车时代中很大程度上不正规的实用设计外，更多的细节在这一新设计景观中展示了社会的发展动态。而在这些以往对于人类来说是不可想象的特殊关联中，巨大的机会和可能也出现在人们眼前。

让克拉克感到兴奋的是一个时代的来临。这是一个规范了人们开车取食的时代，一个在四个轮子上觅食的时代。到了20世纪末，快餐成了许多美国人的主要食物来源。

始于20世纪20年代和30年代在城市边缘让人未曾预见的快餐亭的传统，到20世纪70年代蔚然成风，美国进而将这一模式引荐给其他国家，甚至输送到那些并没有太多以石油为基础的驾车生活方式的社会中。

克拉克的麦当劳模式采用了快餐演进形式并且使其更加完美。他强调标准、洁净，并倡导整个家庭一起就餐消费。到了1959年，克拉克授权经营连锁店已经达到了100家。他帮助连锁店业主选择高效的地产作为店面，在20世纪50年代和60年代首选繁华地域的中心点，克拉克麦当劳成为新的汽车文化景观的坐标点。事实上，当后期麦当劳开设在更多的城市街区时，那些以前的有价值的地点对于饭店来说就成了重要的房地产帝国。最终，麦当劳成了消费社会的象征。不同于其他的连锁生意，麦当劳以效率作为荣誉徽章——当作为消费者所期待的每个点，已经确认服务过“100亿人次”，你还有什么好担心呢。在这样的规模上食物是否好吃变得不重要了。

克拉克把他的快餐连锁建立在扩大规模上，为10亿顾客提供相同的食物是必然的结果。他的精神构建了新的美国理想并最终影响了全球的消费者。

第三部

石油主导的全球化

（1960年至今）

基本框架：科学巨匠联手石油大亨

在 20 世纪伊始，石油供应的增长推动着全球使用石油大幅提升。每一阶段的石油开发都有新科技助力，而这其中最重要的是发现新的石油资源。科学技术让石油公司从很难开发的地矿储备中勘探钻取石油的同时，也为石油资源提供了更为确定的地质学评估。

现代石油勘探是围绕着反射地震学发展起来的。这一方法的基本原理是从空气枪中或者放置在船或卡车上的地震振动仪中发射地震能量波，然后，通过记录能量波被反射的时间和到达接收器的时间，估算地表下的结构，包括深度和矿物储备的范围。记录反射能量波是凭借预定的时间段（称作记录时长），采用水中听音器和置于地面上的地质听音器测量这一数据。反射信号是由接收器记录的，通常记录在磁带上。这些记录能够被计算机软件解读，并生成一个地震剖面图，包括潜在的石油储备。这与地球 X 光照射非常相似，也被用来探测海底。

这一令人瞩目的科技手段出现于 20 世纪初，20 年之后得到广泛应用。这一技术首先被加拿大发明家雷纳德金·费森登(Reginald Fessenden)在第一次世界大战期间用来探测潜艇。1924 年，德国矿物勘探家卢德戈尔·敏特罗普(Ludger Mintrop)首次利用这一技术定位了得克萨斯州和墨西哥的商业油井。意识到这一技术在商业领域的巨大应用价值，俄克拉荷马大学以及其他地方的地质学专家创建了合作公司，包括地质物理服务集团(GSI)、得克萨斯科学仪器助力社和西部地质物理技术服务部，从而使得地震波勘探成为石油行业开发的标准方法。这些技术服务公司提供全球性的技术勘探服务，不过，大型石油公司也有自己的地震技术应用与开发研究部。与这一技术相伴的一个问题，其实也不是一个真正的问题，那就是地震波数据是结论性的，没有悬念。因此，地震波绘图给人类文明史留下关于石油储备最具结论性的知识。

当一处的石油储备被定位并且石油开采的情况决定了性价比，大部分石油钻探的艰苦真切地展示了早期石油开采情况。当然，与早期相比，一个最主要的不同是这一令人瞩目的技术被用于开发海洋石油资源。第一批海上油井简直就是奇迹：19 世纪 60 年代在美国宾夕法尼亚州的油溪中部地带钻探的是陆地油井,20 世纪左右在加利福尼亚州海岸线圣巴巴拉的萨玛兰油田(Summerland Oil Field)的码头开始实施海上石油钻探。[1] 这些油井都处于浅水湾。而今,世界上最高的独立海上钻井平台是位于墨西哥湾新奥尔良海岸线的佩特罗尼乌斯(Pentronius)钻井平台,这是一座价值 5 亿美元的深海单体塑性海上石油钻探平台,由雪佛龙公司(Chevron)和马拉松石油公司(Marathon)联合运营。该主体结构水面之上部分高达 2 000 多英尺(即 609.9 米),包括 21 口油井,这一结构的建筑设计是可以随浪而动,海面之下深达 1 700 多英尺(即 535 米),由 12 条输油管道支撑(每一边角为三条输油管道),输油管道从塔架的支撑柱深入墨西哥湾直至海面下 450 英尺。佩特罗尼乌斯钻井平台值得如此巨大的投入是因为据测此处石油储量为 8 000 万至 1 亿桶原油。

佩德罗布拉斯 36 号(Petrobras 36)是另一处海上石油钻探平台,由巴西石油公司建设并运营,它是世界上最大的浮体钻井平台,于 2001 年 3 月 20 日沉入海底。价值 3.5 亿美元的佩德罗布拉斯 36 号钻井平台曾经在巴西海岸线沿海运营,日产原油大约 8.4 万桶。平台爆炸导致 11 名钻井人员死亡,并导致在平台上存有 39.5 万加仑的柴油和原油的主体结构以及全部 21 条输油管线下沉,与 2010 年英国石油公司在墨西哥湾的原油泄漏情况相似。佩德罗布拉斯能够盖住深海井口,防止如埃克森·瓦尔迪兹那样规模的原油泄漏,当然 2010 年的英国石油公司的原油泄漏就没有那么幸运了(这个将在稍后讨论)。在佩德罗布拉斯的这起事故中,钻井平台彻底损失掉,沉入大洋底部。

以技术创新来满足人类对原油不断增长的需求是必需的。尽管石油开采后的收集技术不断得到改进,但是诸如原油泄漏这种失误总是存在。科技使尚未开采出来的原油储量可计算,并让人类可以估测石油供应将持续多久。

[1] 此处原文有误。海上油田勘探在加利福尼亚始于 1896 年的圣巴巴拉的萨玛兰。到了 1902 年,在萨玛兰油田至少有 187 口油井。所以译者直接把正确信息加入里面。——译者注

第六章　消费文化

1984年12月3日凌晨1点左右,在印度的中心地域博帕尔(Bhopal)城人口稠密的地区发生了有毒气体泄露事件。英国的联合碳化物公司(Union Carbide)将其杀虫剂工厂设在这一繁华区域以便雇佣廉价劳动力。对于化工厂来说,印度是一个尤其有利的选址地,因为在1970年之后,在世界其他地方的环境规章都严格起来。而就在这一天,剧毒气体(即大量的异氰酸甲酯)从这家工厂一排排管道爆裂出来,形成一片毒云。当时在博帕尔有80万居民,有2 000人当即死亡,多达30万人受到不同程度的伤害。另外,有大约7 000头动物受伤,约1 000头动物死亡。

工业事故也许随处可见,但是,博帕尔这一事件代表着准工业化殖民主义的危险新时代。在这样的经济发展氛围中,难道应该把这一事件看作一个事故、灾难、灾害或者是危机?或者更适合称之为文化破坏、共谋抑或大屠杀?威廉·伯加德(William Bogard)在《博帕尔悲剧》(*The Bhopal Tragedy*)一书中写道:"这些描述的每一部分都以各自的方式弱化人在这个事件中的作用和意图,因此拒绝解决直接的责任问题。"[1]对于伯加德等人来说,博帕尔是一场悲剧,它是由20世纪的地缘政治(即地理位置、资源和国际外交方面的关系)的诸多维度而导

〔1〕 William Bogard, *The Bhopal Tragedy: Language, Logic, and Politics in the Production of a Hazard* (Boulder, Colo.: Westview Press, 1989), p. ix.

致的一场“悲剧”。这一事件与石油之间的关系不是源于石油的勘探开采，而是源于石油化学工业，这一领域构成了20世纪晚期人类与原油关系的重要组成部分。

石化产品，包括消费品(如除草剂和塑料)，提供了无穷无尽应用的方式，极大地改变了石油的用途。选择使用这些化学品极大地改变了民众的生活条件，无论是在发达国家还是欠发达国家。然而，生产这些化学品，通常会给工厂周边社区造成健康危害。充分意识到这些后果之后，这些企业就把工厂厂房设在那些不会对此有抱怨或者即使有抱怨也不会被关注的社会或者国家里。如此的计划实则是环境非公正或种族主义的一个样板。通常，这类以高昂的人的健康为代价而制造的产品是“计划性报废”体系的一部分，就是有意地设计有限的使用周期，因此会不断需要新的替代品。在美国和许多西方社会，这催生了一个称为大众消费的社会循环，在这一消费结构中居民的参与度超过投票的范畴，包括购买商品，从而促进经济发展。

在石油生态系里，这一时代的新社会转变对人类来说具有深层的讽刺意味，特别是当石油资源的定位变得越发困难之时。跨国公司，前面所描述的那些由石油公司演进而来的如巨兽一般的石油集团，开启了石油殖民主义时代，践行不遗余力地钻采石油的理念，其残酷之举让20世纪前几十年标准石油公司和其他石油公司闯进墨西哥和南美洲的丛林里攫取石油的行径都相形见绌。在尼日利亚三角洲这一油田的开发中，如壳牌石油这样的大公司就运作出与当地政治和军事首领的协议，使得居民没有从石油的勘探开采中获取任何好处，但是石油的一系列开采又严重影响到他们的健康和当地的生态环境。是否开采石油或加工石油做进一步消费，整个社会被迫支持由发达社会所称的“现代生活”方案。另外对于如博帕尔这样的城市，石油生态已然悄悄潜入，而民众几乎不怎么使用石油，例如尼日利亚。

总之，石油生态已经将石油与第二次世界大战后的西方生活密切交织在一起。在开篇中所引用的罗伯特·马克斯所讨论的国家之间的经济差距的形成是错综复杂的，也是被对石油日益增长的依赖所不断恶化的。一个世纪以来，许多石油消费国变得越来越好，也越来越繁荣。作为一个长期的发展战略，对石油炫耀性的消费最终会山穷水尽，因为资源供给是有限的。甚至在短时间内，发达国家对石油的成瘾性消费所产生的令人惊讶的结果也让他们自己在遥远的土著居

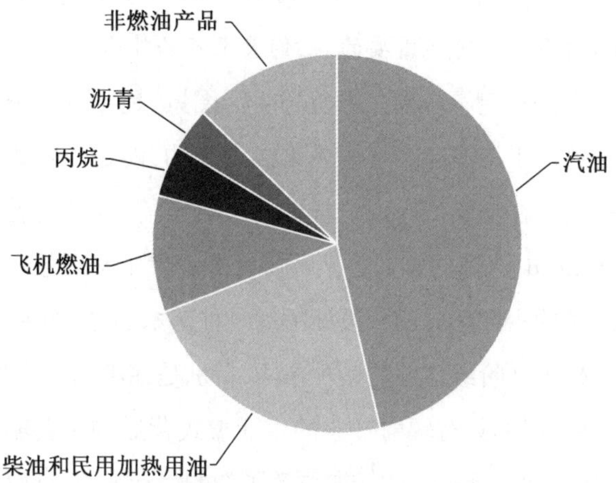

资料来源：美国能源信息署。

图 6.1　从每桶 24 加仑的石油中加工产出的产品种类。

民或者对石油以及石油产品几乎不太使用的人群中丑态百出。与生态学家所说的在自然世界中的反馈循环相似，石油文化的这一阶段的结果表明，一些人需要的石油在生理和社会层面可能都是极为有害的。

全球规模的炫耀性消费

石油对人类来说是有用的，但是并非必不可少，直到人们，特别是美国人追求和创造了一种人类的生活条件，一种完全不同于 19 世纪甚至 20 世纪初的生活条件。美国人并不隐藏他们要打造更自动化和机械化的人类生活的热情，而且他们把这与繁荣和爱国的理念捆绑在一起。美国人把这些理想堂而皇之地展示给世界，例如 1939 年在纽约举办的世界博览会。在美国没有卷入第二次世界大战之前，美国人借机逃避现实并使其乌托邦主义更为高大上。尽管这些美梦形式多样，但他们是被一只“看不见的手”糅合在一起，具体地说，每个场景的后面都有一个基本假设，那就是大量的廉价能源的供给。著名小说家埃德加·劳伦斯·多克托罗(Edgar Lawrence Doctorow)回忆通用汽车公司大厦的“未来世界”(Futurama)，做了如下描述：

> 在我们的眼前，整个世界上天了……并且展示出的每样东西都经过精心规划，人们生活在线条流畅而又百转千回的高楼大厦里，每个人

> 都能在芸芸众生里找到自我，而且，一切尽在掌握，学校、食品店、洗衣房、电影院等，所有他们可能需要的，他们甚至不必外出。[1]

这次展览帮助人们构建了一幅全方位的生活图景，是一种完全不同于过去的生活方式。尽管这对于许多社会来说是难以企及的，但是由发达国家所形成的这一精神激励是建立在与科幻小说一样的愿景之上的，并结合着像刘易斯·芒福德(Lewis Mumford)这样的知识分子所持有的现代主义理想。现代主义不再是局限于欧洲沙龙的少数艺术家和设计师的一种艺术题材，如今，现代主义设计及其“新颖”是新兴中产阶级当中的某种东西，特别是在美国。这些被“未来世界”所塑造的消费期待成为具有辐射效应的生活模式背后的主要驱动力。在美国，第二次世界大战之后生活模式的转变导致了新的生活方式，而这些新方式远远不止于历史学家曾经给出的“大众消费”这一形态。莉兹白·科恩(Lizbeth Cohen)等历史学家证实消费的增长(特别是中产阶级消费的增长)是由冷战时期的政策和政治所煽动的，由第二次世界大战后意识形态冲突所促成的。在这样的社会模式下，由大规模的消费所引发的反馈循环是隐性的。事实上，你甚至不能辨清藏匿在这样的理想社会后面的原动力，其实是廉价的石油。

资料来源：美国国会图书馆印刷品和图片部，档案号 LC-G613-T01-60423-B。

图 6.2　1957 年，纽约州的莱维敦镇(Levittown)是一个规划出来的社区，在这一城郊设计之初就已经考虑了开车出行的生活方式。在冷战期间，这样的便利购物中心成为美国社会发展的一个象征性标志。

[1] E. L. Doctorow, *World's Fair* (New York: Random House, 1985), pp. 252—253.

在20世纪后期,美国人率先将石油带入人类生活的各个方面。在这一时期的大多数时间里,石油的可获得性让人们感到人类对其的依赖似乎是有道理的。然而,石油的状态不是一成不变的,甚至当石油资源供给使其廉价到可以用于无关紧要的事情上(例如生产牙膏的包装软管),那么石油作为有限的资源,终将被耗尽。人们对此佯装不知,美式生活标准成了世界翘首企盼的目标,于是当其他国家寻求美国人的行为方式时,石油生态的后果便随之而来。尽管这一新的石油生态的后果将证明是可怕的危害,但是第二次世界大战之后大众消费标志着一个幸福的、扩张的时代,也是毫无疑问的。当美国利用意识形态来打这场冷战,这一消费型社会便成为那些对美式生活标准梦寐以求的国家的样板。总之,在经济差异的两端,发达国家这一面的人生观驱动欠发达国家主动向发达国家的目标靠拢。

发达社会提升了人类的生活标准

在整个20世纪发展过程中,按照那些在美国所界定出来的消费模式,每一个发达国家都改变人类文明状况的基本面,不过,夹杂着各自所遗留的文化传统。当各国寻求经济发展之时,廉价的石油使得人类生活的每一个层面的改变都有实际意义,而且也是有可能的,只是程度不同而已。这些发展给人类带来显而易见的好处:生命得到拯救,人可以吃饱,对时间和空间的概念完全转变。繁荣紧随创新之后,而各类创新是从更为广泛易得的石油中激发出来的:交通运输,食物的获取和食品的加工生产,人造产品的生产,居家环境中的各种活动等,范围涵盖居住、化学品和气候控制。

交通运输

个性化出行是与石油文化相关的人类文明发展中最为明显的变革,然而,这一转变只是石油在20世纪带给人类对于时间和空间认知中所有颠覆性认知的吉光片羽。更大的范畴内(即石油所驱动的交通运输网络)让人类社会发生蜕变,具体地说是通过那些卡车昼夜奔驰的道路,以及让人类能够腾空而起旅行的发明(即飞机)所构架起来的贸易网络。尤其是后者,通过石油产品衍生出来的

资料来源:美国国会图书馆印刷品和图片部,档案号 LC-USF34-051229-D。

图 6.3 1939 年,如在佛罗里达州迈阿密海滩的这个汽车服务站,代表石油公司直接为顾客服务,特别是在美国。第二次世界大战之后,越来越多的石油公司普遍地而且非常认真地采用这些组织架构并且利用现代的设计和全套的跟踪式服务博取司机的好感。

不断增长的连接体系,人类社会的活动从国内扩展到国际。每一种情况都是初始的发明激发了复杂体系的逐步构建,而这些复杂体系让人类跨越边界,跨越以往难以实现的或难以穿越的空间限制。

有理由说,长途卡车运输带来了铁路运输无法做到的灵活性。迅速抓住石油的副产品——柴油——的优势,长途卡车运输证明是性价比最高的运输方式。19 世纪 70 年代鲁道夫·迪赛尔(Rudolf Diesel)开发了这一燃料和引擎设计,希望克服其他早期驱动系统的低效性。驱动引擎的原始方法只利用初始动力供给的 10%驱动车辆,而柴油将空气压缩,在升高引擎温度的过程中燃烧更多的燃料,推动车辆前进。在柴油引擎的设计中,燃料与空气一道被注入活塞,产生直接的燃爆力推动活塞下移。另外,所需燃料是不同的:从一开始,柴油引擎所用的燃料就具有灵活性,因为在被稀释并混合各种天然植物油后,汽油可以被使用。在 1897 年,迪赛尔发明了第一台用于实践的引擎,这台发动机的效率大约为 75%。这台发动机是利用从花生油中提取的生物柴油,选择花生油是希望刺激小型的当地企业的经济，补充从其他地方进口汽油。到了 1900 年，在工业行业和船运业，固定式柴油引擎变得非常受欢迎，然而这一设计的尺寸和重量仍然限制其应用。

这些限制让企业家想到把柴油引擎用于不同的运输任务来赚钱，特别是卡车长途运输。20 世纪 20 年代中期，柴油驱动的卡车在德国上路，梅赛德斯—奔驰在 1936 年发布其第一辆柴油引擎汽车。由于柴油作为卡车燃料动力越来越受欢迎，特别是在美国，炼油厂于是就缩小了生物燃料的使用而创新了完全从化石燃料生产柴油的方法。基本上是行业的倾向性选择，生物柴油从主力市场退下来大约有一个世纪了。在 20 世纪中，完全基于石油而生产的柴油是美国卡车和工业的主要燃料。全球范围内，柴油也让卡车运输助力于欠发达国家的贸易。那里由于道路建设不足，卡车对经济的影响受限，但也不能完全忽视卡车的作用。长途卡车运输的作用在地域辽阔的美国将让人们感受到更多的便利，基于其灵活性，这一交通运输形式已经开始组建未来的企业。

第一次世界大战后，使用卡车运输远不止用于本地传输递送任务，这其中，美国使用了大约 60 万辆卡车。1935 年，通过扩展州际商业委员会权限，即从有权规范铁路运输和水路运输到规范参与州际商业的卡车公司，《机动车运输法案》让联邦政府名正言顺地支持州际卡车运输的未来。尽管在 20 世纪 50 年代对州际高速路的扩充有各种各样的理由，但是上述这一法案的实施对长途卡车运输行业发展的促进作用绝对不可小觑。州际高速路将卡车运输业务扩张为一种行业，这种情况还没有在其他国家见过。围绕着卡车停泊点构成的网络，卡车运输文化逐步形成了，这些停泊点对一趟运输需要几天和几周行驶在路上的卡车司机至关重要。在州际公路所穿过的偏远地区需要为卡车加油，卡车停泊点就成了重要的连接通道。

整个 20 世纪下半叶，美国企业将卡车输运网络深深地渗透到这个国家的商业经济之中。历史学家肖恩·汉密尔顿(Shane Hamilton)写道，在美国的乡下，长途卡车运输的扩展使得“农业工业化，这让许多生活在偏远地区的人的经济和社会生活逐渐边缘化”。卡车运输促使这一转变是通过给卡车司机在偏远地区提供一个持久的职业，把更多的分散的经营活动联系在一起。[1]

---

〔1〕 Shane Hamilton, *Trucking Country: The Road to America's Wal-Mart Economy* (Princeton, N. J.: Princeton University Press, 2008), pp. 100-101.

汉密尔顿继续写道:“农户、食品加工作坊和零售商越来越多地选择卡车取代铁路运输,不是因为与铁路运输相比,卡车运输本身更好或者成本更低,而是因为对于新的分销配送方式,卡车提供了技术便利。”[1]20 世纪末,一开始在道路建设和补贴方面的政治上的成功作为一种体制理所当然地诞生了。到了 20 世纪 80 年代,对这种分销配送体制的掌握做出的零售创新在沃尔玛那里达到了顶峰。从卡车停泊点到冷冻食品,实现沃尔玛那样的高效分销配送,需要许多创新,然而基本立足点就是柴油驱动的长途卡车运输行业。

空中旅行要求更为复杂的创新发明,而这其中的每一个都是基于石油产品作为驱动力的内燃机。尽管早期的飞行器是由各种石油衍生品所驱动的,但是,在第二次世界大战中纳粹化学家通过对飞机燃油的使用和发明创新增加了更多的新的可能。随着莱特兄弟在 20 世纪 10 年代开始的基于螺旋桨的机械的一系列实验之后,在第一次世界大战中个体双翼飞机和飞行员开始使用自动机枪并投弹。随后,“红色男爵”时代让位给称为“谷仓风暴勇士”的炫技飞行员,人类飞翔的理念得到了更为广泛的传播。到了 20 世纪 30 年代末,航空公司开始在全美境内运送邮件和乘客。飞行虽然非常昂贵而且很慢,然而,那些能买得起机票的美国人开始从飞行的便利中受益。

第二次世界大战从几个方面推动了美国航空商业化。退役的军用机场卖给了城市转为商用机场,道格拉斯和波音公司这样的飞机制造厂通过添加加压和加热的舱室将其飞机改造适于商用。另外,第二次世界大战也加速了喷气发动机的开发。1931 年第一台喷气发动机问世,到了 20 世纪 50 年代,大型飞机(如波音 747、767 和 777)起飞。汉斯·冯·奥安(Hans von Ohain)制造的喷气式飞机在 1939 年 8 月 27 日起飞。这台发动机使用汽油作为动力。英国人弗兰克·惠特尔(Frank Whittle)开发了自己的喷气发动机,但是直到 1949 年 5 月 14 日才实现使用这台发动机的飞机的起飞。战争使得汽油短缺,惠特尔的发动机就使用煤油,而这一形式就是现代飞机燃油的基础。如今,石油被精炼为各种燃油用于航空飞行,包括喷气 A 型和喷气 A-1 型。

使用这些新的动力,到了 20 世纪 60 年代,旅行与商业一并结合到空中旅行后便以一种全新的时尚方式把远隔重洋的人联系到一起。从联邦快递到外交使

---

[1] Shane Hamilton, *Trucking Country: The Road to America's Wal-Mart Economy* (Princeton, N. J.: Princeton University Press, 2008), p. 115.

团，空中旅行成了全球经济的命脉。这一联系可以追溯到波音707喷气式飞机的首航，1959年开始在纽约和伦敦之间飞行，穿越大西洋上空仅用6小时。在美国，严格的联邦法规使得机票居高不下，直到1978年航空公司不再受政府管制。尽管一些主营运送商务旅客的航空公司仍然保持较高的机票价格，但是新的低价运输公司如美国西南航空、捷运航空(JetBlue)和穿越航空(AirTran)诞生了，他们主要针对休闲旅客的需求。1975年，在放松对航空公司监管前，每年有2.05亿人次飞机旅行。这一数字在1980年增加到2.97亿人次，放松监管后，在2000年达到6.38亿人次。[1]

现代人用起来心安理得的那些为人们出行和货物运输带来便利的路网和空中联结，造就了一个无边界阻隔的全球化时代。互联，让全球企业和有影响力的机构(如联合国)得以在世界范围全面铺开。这一全球化的潜在影响也带来了严重的安全问题。当飞机突然遭到劫机犯的劫持或被他们所胁迫，恐怖分子就有可能进入发达国家，这是一群少数的、希望用他们的立场观点撬动全球强权的、没有国家的人。另外，贸易和人口流动中总会出现一些生物学意义上的交流，特别是疾病。在2008年的禽流感中，我们看到的只是一个例子，说明了复杂的交换如何将病原体带到这个世界的新区域。20世纪80年代艾滋病的蔓延也被认为是由航空旅行这一新联结所加剧的。

新农业与绿色革命

在第一次工业化时代，欧洲和其他地方的农业受到交通运输创新发明的巨大影响。在西欧和美国，铁路助力于食品开发制造和分散的基础设施建设。类似的，蒸汽机货轮允许大量的谷物开始通过海洋在全世界转运输送。而这一早期阶段只是这些变化的起点。历史学家克里斯蒂安·斯迈格索戈(Christian Smedshaug)写道："在发达国家，当农业发展壮大从化石燃料获取能源(即柴油和汽油)而不是从新鲜的有机物(如干草和燕麦)中获取能源时，大面积的土地得

〔1〕 更多信息参见 U. S. Centennial of Flight Commission, "Air Travel: Its Impact on the Way We Live and the Way We See Ourselves," www. centennial offlight. gov/essay/Social/impact/SH3. htm。

以释放。”[1]除了机械化让原本种植役畜饲料的土地得以转变为种植粮食外，如拖拉机以及其他设备的机械化使得更大面积的土地得以耕种。1915 年是役畜使用数量最高的年限，到了 1920 年拖拉机在美国农业中的使用率达到 10%，40 年后，美国农业使用拖拉机达到 100%。[2] 其实在 19 世纪末，现代农业的其他驱动因素让工业化国家有大量的粮食盈余产出；在 1920 年后，石油在农业机械化中的使用让这一情况出现复利增长。[3]

资料来源：美国国会图书馆印刷品与图片部，档案号 LC-USSZ62-93779。

图 6.4　领先的农业机械化设计是从内燃机开始的，甚至在其还没有十分惹人注目的时候。这张 1905 年的照片展示的是当时在英国使用的“自动耕犁机”。

发达社会的起源通常被简单地解释为将重点放在工业化上，事后看来，其实这些国家是下定决心着力于发展基础建设，例如饮食文化方面的基础建设。在 20 世纪 30 年代，以美国为例，粮食过剩和气候干旱与大萧条相伴造成了农业危机。历史学家唐纳德·沃斯特等学者认为由机械化农业所带来的农耕的拓展种

---

[1] Christian Anton Smedshaug, *Feeding the World in the 21st Century: A Historical Analysis of Agriculture and Society* (London: Anthem Press, 2010), pp. 49—50.

[2] Ibid., pp. 180—181.

[3] 案例参见 Richard Tucker, *Insatiable Appetite: The United States and the Ecological Degradation of the Tropical World* (New York: Rowman and Little-field, 2007)。

植给北美大陆上广袤的大平原带来了生态危机。[1] 另外，农业危机刺激了政治响应。历史学家斯迈格索戈写道："在美国等发达国家以农业为基础开始实现工业化。"他对欧洲国家绘制了稳定农业发展的各种方法的图谱，注意到：一个清晰的模式在历史的纵向脉络中呈现出来——那些对农业加以规范化的以及中央集权的国家，其工业化非常成功。他写道："今天，没有哪一个发达国家的工业化不是满怀国家的意愿，发挥政治能力以宽泛的方法，即从进口控制到进出口管制，以国家利益为先，集中发展基础建设、制度建设、教育以及其他重要的竞争力，来实现的。"[2]美国对 20 世纪 30 年代的危机所做出的反应是今天的农业产业政策的核心基础。采用法律法规助力农业，同时保持燃油低价，这是一些发达国家大力发展能够满足人类对粮食的基本需求的农业产业的成功密码。

石油在简化农业生产和提高农业生产效率中的作用让它在这一历史前行的道路上所扮演的角色远不止于燃料用油。无论是用于向各地分送的长途卡车还是机械化的工具(如拖拉机和联合收割机)，每种机械设备都是用柴油驱动的，这些设备让人类所需的粮食食品的生产运输网络发生了质的蜕变，多数情况是大幅度降低了粮食和食品价格。然而，石油作为燃料只是原油在 20 世纪带给农业与食品产业革命的一部分。在拓展农业、提供便捷的食品供应、而且不断丰富居民菜篮子的道路上，石油化学更是扮演了重要的角色。

通常石油碳氢化合物作为组分或活性配方的化合物可以用来控制和管理与农业生产相关的问题，如虫害和杂草。各种从石油中衍生出来的化合物或者利用石油作为能源而生产出来的化学品被农户用来增加作物产量或控制病虫害。1905 年前后，石油化学行业开始生产这些产品，特别是除草剂和杀虫剂，大批工厂就像一间间巨型实验室。炼油厂将石油提炼为各种燃料产品，而对于这些化学品，上述的这些工厂就像是孕育它们的生身父母，这些化学品的生产正是以石油为基础，而这些化学品是发达国家农业发展必不可少的要素。在许多情况下，石油化工厂成了世界上最严重的污染源，这些化学品在哪里生产，哪里就会留下

---

[1] Donald Worster, *Dust Bowl: The Southern Plains in the* 1930*s* (New York: Oxford University Press, 2010); David R. Montgomery, *Dirt: The Erosion of Civilizations* (Berkeley: University of California Press, 2007), pp. 150—152.

[2] Christian Anton Smedshaug, *Feeding the World in the 21st Century: A Historical Analysis of Agriculture and Society* (London: Anthem Press, 2010), p. 221.

有毒的残留物。另外,20世纪农业另一件重要的事情是化学家发现了制造合成氮的方法以提高农作物的蛋白含量,于是乎,石油在这个过程中又一次当仁不让地出场了。

地球上的氮元素资源是有限的,而氮元素却是所有生命的基础,它是氨基酸、蛋白和核酸生物合成的基石和骨架。没有氮元素,植物不会生长,现在发现,地球上许多可用植物资源属于根瘤菌固氮类植物。化学家努力研发人工"固氮"方法以衍生出合成氮化物。基本的原理是在实验室先行裂解氮原子,然后将这些游离的氮原子与氢元素结合,合成氮氢化合物。化学家弗利茨·哈勃(Fritz Haber)和卡尔·波茨(Carl Bosch)研发的人工固氮法后来被广泛用于合成氮肥的生产。

哈勃-波茨合成法是在高温高压条件下氮气和氢气发生化合反应的化学方法。高温高压的反应条件是由电力供能产生的,而氢气则来源于化石燃料,通常是石油、煤炭或者天然气。记者迈克·伯伦(Michael Pollan)写道:"当人类获取这些能源来固氮,土壤供植物生长的基础便从对太阳光能的依赖转移到对化石燃料能源的依赖。"[1]氮肥的供应突然变得无穷无尽,人类似乎可以不再局限于有限的自然资源,从此,农耕,尤其是在美国的农耕,便可以在工业化的原则下运作。伯伦补充道:"固氮让食物链从自然状态下的生物规律转变为人类文明中的行业运行规律。更形象一点地说,从仅仅依靠太阳吃饭,现在,取而代之的是人类开始'啜饮'石油。"[2]借助于这一人为的推动,1950年之后,农业挣脱了土地的自然束缚,开始了近乎野蛮地扩展。

这些在石油化工上的突破使得农业国家得以扩展和精简其农业生产,从而在世界范围内为现代农业集团的诞生创造了条件。这些手段和化学品刺激了被称为"绿色革命"的国际合作的第一步。为了弥合差距,在20世纪60年代,发达国家的农业科学家把农业技术和杂交种子传播给发展中国家的农民。绿色革命把农业技术带给许多由于这样或那样的原因原本不具备农耕文明的社会后,便把粮食带给了非洲和南美洲的饥民。全球的这一农业革命始于小麦在墨西哥的

---

〔1〕 Michael Pollan, *Omnivore's Dilemma: A Natural History of Four Meals* (New York: Penguin, 2006), p. 44.

〔2〕 Ibid., p. 45.

种植,而后是在印度的小麦种植,接下来便是在非洲的玉米种植。[1]

然而,在这一为农业助力的过程中,许多技术和产品都是将这些农民融入更多依赖于石油的农业生产模式下而不是他们以前的耕作方法。最为明显的证据是在农业化学品(如工业化肥)的使用上,从 1975 年至 2000 年,化肥的使用上涨了 7 倍。[2] 地貌学家大卫·蒙哥马利(David Montgomery)写道:"从 1961 年到 2000 年,全球化肥的使用和全球谷物产量几乎完全正相关。"[3]在亚洲、中美洲和南美洲的许多国家,绿色革命在粮食生产上取得了惊人的成功。例如,在亚洲,超过 3/4 的稻米的种植来源于引进作物。而在另一些区域就不是特别成功,如非洲。

资料来源:美国国会图书馆印刷品与图片部,档案号 LC-USF33-005004-M4。

图 6.5　基于石油产品而制造出的化学品在世界范围内以各种方式应用于田间作业。而且通常,农户采用飞播喷洒农药实施田间作业,飞播机使用的燃料又是来自石油。

---

[1] James McCann, *Maize and Grace: Africa's Encounter with a New World Crop*, 1500—2000 (Cambridge: Harvard University Press, 2007).

[2] Christian Anton Smedshaug, *Feeding the World in the 21st Century: A Historical Analysis of Agriculture and Society* (London: Anthem Press, 2010), p. 221.

[3] David R. Montgomery, *Dirt: The Erosion of Civilizations* (Berkeley: University of California Press, 2007), p. 197.

发达国家和发展中国家之间的区分在一种农业化学品 DDT 的使用上可见一斑。到了 20 世纪 50 年代末期,DDT 的产量几乎是第二次世界大战期间产量的 5 倍。在美国,大大小小的城市和村镇在城郊地带任意喷洒 DDT 以根除天幕毛虫、舞毒飞蛾以及携带传播荷兰榆树病的甲壳虫。DDT 曾经是为了创建唯有人类所希望的绿色审美的一个重要手段。通常,居民们会看到周边的邻里在喷洒 DDT 时,无论对他们自己还是小孩和自家的宠物都不做任何防护,而且对 DDT 的过度喷洒一无所知。事实上,当看到喷洒 DDT 的卡车或飞机的农药喷雾器,人们会谢天谢地松口气——因为这一化学品会帮助摆脱恼人的害虫。

蕾切尔·卡森(Rachel Carson)出版于 1961 年的著名的爆料著作《寂静的春天》(*Silent Spring*)重点揭示了农药 DDT 对昆虫的无选择性杀灭所产生的大面积波及性后果,同时这本书也促使美国国家环保署出台在美国禁用农药 DDT 的规定。如今,美国仍然是世界上最大的 DDT 生产国,出口这一产品旨在全球范围内的继续使用,特别是对发展中国家的农业扶助。对 DDT 的使用持支持态度的人士认为这些化学品帮助舒缓了世界的粮食危机。另外,部分从石化工业衍生出来的药物也降低了医药成本并且使得如盖茨基金会和联合国这样的机构能够在世界范围内推广健康免疫计划。

当我们迈向 21 世纪的时候,整个食物链网对化石燃料的依赖把人类置于一种非常不确定的境地,而这样的依赖已然在我们的石油生态中难以剔除。伊凡·弗雷泽(Evan Fraser)和安德鲁·瑞玛斯(Andrew Rimas)在《食物帝国》(*Empires of Food*)一书中写道:"7000 年来,只要交通运输所及、农耕土质允许、市场所需,食物帝国便尽其所能地扩展。"在这本书中,两位史学家发出以对全球人类昭彰性的预言:

> 每一个食物王国都实施过度扩张——通过贸易不断扩大那些养活支撑城市文明的专业化的农耕生产网络。人类的农业—工业综合体也许会丁零当啷地继续行驶到下一代或者下两代,也许会更为谨慎地啜吸油井,也许会在种植大豆的田间地头竖下更多的"禁用杀虫剂"的牌子。但是正如钟摆在惯性下会继续运动一样,人类的食物网已然开始改变。[1]

---

[1] Evan D. G. Fraser and Andrew Rimas, *Empires of Food*: *Feast*, *Famine*, *and the Rise and Fall of Civilizations* (New York: Free Press, 2010), pp. 248—249.

地貌学家戴维·蒙哥马利在其著作《被文明侵蚀的土地》(*Dirt*:*The Erosion of Civilizations*)中指出:“绿色革命的新种子增加了第三世界对化肥和石油的依赖。没有价格低廉的化肥,没有制造这些化肥的便宜的原油,这一生产是不能持续的。”[1]已经与人类生活(如饮食文化)密不可分的石油生态使得这些预言令人焦虑。

可塑性物质——塑料

以便捷为主旨,石油生态系包括某些非必需但绝对令人吃惊的革命性产品。与石油用于交通运输类似,从几个基本优先考虑的层面开始,包括灵活性、计划性报废和一次性使用,原油融入人类生活的诸多方面,近乎密不可分。廉价的石油通常使得人类能够制造廉价的东西,这些东西随即吸引了大批消费者并且刺激了更广泛的变革,从产品包装到大型仓储式商店(如沃尔玛)。另外,廉价石油也让化学家以低廉的成本复制较为昂贵的产品,这些产品通常以聚合物制造出来,如我们所熟知的塑料。

塑料属于石油衍生品中的“合成品”,这些“合成品”被认为是便宜的复制品(无论是在化合物这一层面上还是以这些元素为基础生产出来的产品上)。大多数人知道塑料是“石油的副产品”,但是很少有人知道被称之为“黑金”的石油在生产这些产品的过程中所发挥的作用。事实上,在塑料生产的早期,并不需要石油。与塑料相关的合成材料的创新开始于 1907 年,当时纽约的一位化学家里奥·贝克兰(Leo Baekeland)研发出一种遇冷就会变硬、可以被复制为任意一种形状的液态物质。他称这一树脂材料为“巴克利特”,即“酚醛树脂硬质塑料”。这一新材料是第一批热塑材料,即一旦成型即可定型。事实上,“硬质塑料”不能燃烧、煮沸变软、熔化,或溶解在任何通常可以获得的酸或溶液中。

在同类产品中,发明家在 20 世纪初研发了人造纤维和玻璃纸等。大型化学公司(如杜邦公司)有自己的研发人员持续在实验室工作以研发任何有用的合成材料。在这一潮流中,杜邦公司在 20 世纪 30 年代研发出尼龙,但是其直到 1939 年才生产出第一双丝袜。许多相似的发明也出现在 20 世纪 30 年代,包括聚氯

[1] David R. Montgomery, *Dirt*: *The Erosion of Civilizations* (Berkeley: University of California Press, 2007), pp. 150—152.

乙烯、塑料保鲜膜、聚四氟乙烯以及聚乙烯。尽管这些材料中的每一种物质都有很好的家用途径，但是它们中的许多物质都是首先用于其他产品。例如，第二次世界大战中聚乙烯被首先用于水下电缆的包衣，而后作为重要的绝缘材料被用于雷达的元器件上。通过降低雷达元器件的重量，这类材料使得雷达更为小巧便携，以便被装上飞机。

在20世纪30年代，将这些现代的显而易见的人造物品不由分说地植入人们日常生活里平淡无奇的地方，成了人类社会前行并与过去决裂的标识。当时，大多数这些物品的运用还不是很普遍。这类物质的生产多数始于煤炭，化学家从煤炭中裂解出酚类化合物，然后将酚类和甲醛加压聚合树脂，再根据需要重新造型和添加颜色生产出树脂。化学家从早期的硬质塑料开始不断地创造了一系列商品(如电影胶片)，进而又生产出聚丙烯，再与乙烯基化合物矩阵聚合，最终生成聚丙乙烯。

历史学家杰弗瑞·梅克勒(Jeffrey Meikle)注意到，这些发展意味着到了第二次世界大战末，塑料变得更便宜、不耐用、比较轻、越来越多。这一发展引出一个新的物质分类，即人们所知的"热塑材料"，而这一材料的出现"并非是由于市场的需求所驱动的而是由供应的压力而驱动的，过量的化学原材料等待被充分利用"。[1] 当然，替代煤炭的首选物质是石油，从石油中能够制造出与煤炭中制造出来的相似的物质。于是，石油再一次成为人类文明扩展的关键。

到了1976年，更多的塑料被生产出来，以立方做单位来衡量，钢铁、铜和铝加起来都没有塑料的产量多。从某种程度上说，塑料的这种暴增源自生产加工的特异性。相对于其他产品，塑料如果在小规模下生产，就会很贵，这是由于涉及建模和生产设备的高固定成本。因此，公司必须实现大规模生产以弥补其巨额投入，于是就量体裁衣地造成了一种炫富式消费。如今，五种树脂占消费者使用的全部塑料产品接近60%，用于垃圾袋的低密度的聚乙烯；用于装食用油的聚氯乙烯；用于装牛奶的高密度的聚乙烯；用于装汽车蓄电池的聚丙烯；用于一次性食品包装的聚苯乙烯。人类生活中有这么多的塑料，我们必须认识到除了灵活性之外，这一材料还有令人惊讶的耐久性。尽管其外形也许会撕裂，但是塑料本身仍然持久存在。事实上，它几乎不可能被处理！

---

〔1〕 Jeff Meikle, *American Plastic: A Cultural History* (New Brunswic, N. J.: Rutgers University Press, 1995), p. 78.

发展中国家的居民虽然刚开始增加对塑料的使用，但是，他们受发达国家所使用的大量的塑料的影响已经很久了。不可降解的塑料包装充斥着商业性垃圾填埋场，增加了填埋场的运营成本，污染了环境，对动物和海洋生物造成威胁。这些塑料废品加起来占市政固体废弃物的1/4。特别大的麻烦就是塑料明显的耐久性，即不可降解性。20世纪80年代，据估计每年有大约5 200万磅塑料包装被商用飞机倾倒到大洋中，外加3亿磅塑料渔网被弃置在海洋中。这一发展趋势逐步制造出一种怪异的塑料炫耀式消费的时代标识，即在非常遥远的地方，塑料垃圾随着潮涌堆积如山。

几个世纪以来，海洋都被认为是宽广无边的，人类制造的垃圾弃置到海洋里能够被吸收甚至被降解。到了20世纪末，人们清楚地看到，这再也不是如人类所想象的那样了，例如，那些堆积在北冰洋戈恩角(Gore Point)的塑料已经成为非营利组织关注的焦点。一个叫作“阿拉斯加湾守护人”的组织，正在为控制跨过阿拉斯加湾抑或甚至跨过太平洋而堆积在那里的大量的塑料而战。几乎在每一片海滩，都可以很容易看到常见的杯子、瓶子、塑料袋，这些被美国国家环保署称作“可漂浮垃圾”，还有那些可见漂浮的或半漂浮固体垃圾，如棉签棒、避孕套、卫生棉和牙线这些人们随意丢弃的垃圾。

化学品与气候控制

在20世纪，发达国家中民众的居家环境成为不同社会之间差异的最大标识。有了廉价的石油，便可以在舒适度、安全和卫生方面创造出与众不同的物质。以住房为例，发达社会利用以石油作为驱动能源的交通运输系统将居住环境去中心化，转而发展城郊住房项目。为农业产业蜕变发挥重要作用的重型机械现在为建房平整土地。每一户房屋的建造中，由石化工业所制造出来的预制建筑材料确保了建房工程造价的大幅度降低。全球范围内，大量的新建房屋为新生中产阶级实现了居者有其屋。在这些房屋中，人类居住的舒适度和安全性对于以前的普通民众来说是闻所未闻的，特别是在严苛恶劣的气候条件下。

除了用于生产塑料之外，石化原料还用于生产药品、洗衣液和合成纤维。单单一个石油炼化厂每天就要使用大约150万桶液化天然气和炼厂气作为原料。这些原料是从加工各种石油燃料并把它们还原为其基本的化学元素而获得的，并成为主要的民用化学品和工业化学品生产的基础。以石油为基础提炼出来的化学品尤其是制冷技术操作运行的关键,那就是冰箱中的制冷剂。

二氯二氟甲烷,也叫氟利昂,是由小托马斯·麦德格里(Thomas Midgley Jr.)爵士和查尔斯·凯特林(Charles Kettering)利用石油一起发明的。氟利昂被用作替代以前作为制冷剂的那些有毒气体,如氨气、氯甲烷和二氧化硫。这一突破引爆出相关化学品的整个家族,每一个氟利昂产品以数字来标称,包括氟利昂-11(即三氯氟甲烷)、氟利昂-12(即二氯二氟甲烷,是冷却剂)、氟利昂-113(即三氯三氟乙烷,是清洁剂)。氟利昂系列化学品是有用但是从一开始就是非常危险的:举例来说,当温度上升到205℃时,氟利昂就会转变为碳酰氯,即通常为人们所知的神经毒气——带有甜味的除草剂,在第一次世界大战中恶名远播,在整个战争结束之际,这一化学品导致9万人死亡,在第二次世界大战中导致35万人死亡,这个数字不包括纳粹集中营毒气室使用时的致死人数。

通常,四氯甲烷化合物,尤其是氟利昂,已经成为现代环境时代首要关注的问题之一,而且也给了我们在新的石油生态中关乎身处困境的人类一个最初的教训。德芙拉·戴维斯(Derva Davis)描述臭氧层和氟利昂时以现代的专业术语写道:"在较低的大气层,氟利昂基本上呈现惰性状态,但是当氟利昂飘散到平流层的时候,就完全暴露在强紫外线的照射下,分解的氟利昂会释放出氯原子。每一个氯原子都能够破坏成千上万的臭氧层分子,而臭氧层是地球与太阳之间的隔离屏障。"[1]早在公众讨论气候变化的概念之前,戴维斯在自己的著作里就已经深刻探讨了自由基的破坏力,即氟利昂对地球上每一个生命个体造成损害的生物化学机制。

尽管这些化学品的使用有巨大的便利,但无论是使用还是生产这些石油化学品,都会带来巨大的环境问题。在美国,这些化学品的生产大部分集中在美国南部,例如,生产苯和其他化学品的工厂所在地区就引发了公众对其环境公正和环境种族主义的指控。法规和严密的环境监管在一定程度上限制了化学品的生产对这些地区的影响和危害,然而,企业通常的反应就是直接将生产线搬迁到法规薄弱的海外。

每一种对石油的使用都会给人类健康带来某种有害的结果,事实证明,那些

---

〔1〕 Devra Davis, *When Smoke Ran Like Water: Tales of Environmental Deception and the Battle against Pollution* (New York: Basic Books, 2002), p. 250.

典型的位于大量石油资源附近的石化生产已经严重地影响了美国社会和全世界。石化企业潜在危险的典型案例发生在了印度博帕尔,而地球上遍布着濒临此类灾难的大大小小的地域,21 世纪有可能是一个满目疮痍的时代。

通向罹患癌症的羊肠小道和毒物走廊

消费创造的模式,犹如一只在雪地被猎捕的动物,留下了足迹可以让人轻易追踪到巢穴。归根结底,大众消费如蔓藤般深入大多数人的生活,贯穿于产品的生产模式、分销模式,追根溯源可以到石油的开采提炼。石油是很多产品的原材料,石油产地——或者说石油可以很便利地运输的地点——通常是许多工厂的选址地。不幸的是,生产与石油相关的产品的地带很快变成有毒的,进而引发地处石油资源区和消费这些产品的市场的社会中的群体健康问题和疾病。

例如,在美国,"毒物走廊"是沿着密西西比河向北。这一毒物走廊还进一步扩大到得克萨斯州海岸接近休斯敦市一带,那里布满了鳞次栉比的石油炼化厂,以及直达墨西哥湾的运输通道。在这些区域的某些地方,有毒废弃物和污染问题成为环境种族主义的典型案例。在这些地方,如此危险的工业企业坐落在那些其政治权力不能拒绝这些工厂的存在,也不能规范这些工厂运行的地域。

在全球范围内,有一个类似的毒物走廊可以追溯到开放于 1869 年的苏伊士运河。从蒸汽船出现伊始,苏伊士运河就成了一条繁忙的海运走廊,来往的船运连接着亚洲和西北欧地区,特别是地中海地区和西北欧一带。尽管在环地中海沿岸一带,旅游业是第一产业,但是贸易走廊在这些地区例如坎波直布罗陀(Campo de Gibraltar)制造了惊人的污染。欧洲污染排放记录显示,与英国的海外领土直布罗陀相邻的西班牙南部这一乡村小镇是世界上有毒有害物污染最严重的地区之一。

许多工厂建在船运走廊的沿岸,在人口密集的坎波直布罗陀的这些工业企业向附近的城镇居民和周边环境释放各种有毒化合物。在这一工业区最大的公司是赛普沙公司的直布罗陀炼油厂(CEPSA S. A.),该厂开设于 1969 年。经过几十年的扩张,这家炼油厂成为欧洲最大的炼油厂之一,其产能是任何其他一家欧洲炼油厂的两倍。除了炼油,赛普沙还生产各种石化产品,包括飞机燃油。这个炼油厂也是欧洲最严重的污染源之一,所产生的苯环类污染物达到每年 43

吨,远远高于西班牙的任何其他单一污染源。而苯环类化合物与诸多严重的疾病相关,如各类白血病、呼吸性疾病、皮肤病以及各类血液病。在赛普沙炼油厂周边,苯环类化合物的含量被检测到高于欧盟限定排放量的23倍之多。[1]

科学家谴责坎波直布罗陀所排放的有害气体使遭受污染的地区儿童过敏性哮喘病例占比最高,在西班牙总体死亡率达到20%,高于全国平均水平。[2] 地中海地区的水域污染趋向于停留在污染源排放地附近,这是因为那一带海域潮涌和海流比较弱。坎波直布罗陀是《地中海行动计划》影响和指导下的许多地区之一,这一行动计划是1975年在联合国环境项目的帮助下确立和实施的。人们普遍认为该计划成功地唤醒了人们对地中海地区污染的意识,然而,在这一计划框架下环境质量的改善还是有限的。[3]

石油的加工和生产对健康的危害,在世界范围内饱受其苦的石油炼化厂所在地的民众都有切身体会,但是通常对工厂的治理规范和排污的缓解又特别困难。在美国南部,路易斯安那州从巴吞鲁日(Baton Rouge)到新奥尔良延长线85英里的"石化长廊"被称为"罹患癌症的羊肠小道"。沿密西西比河两岸这些偏远的小型社区曾经出现了许多癌症病例,该地区因此获得了这一令人不安的绰号。坐落在这一"羊肠小道"上的一百多家石化厂所排放的有毒有害污染物被认为是让这个州成为全美癌症死亡率居高的几个州之一的铁证。

在这一地区出现过许多事故,同时还存在有毒物质的长期排放污染供水系统。路易斯安那州的莫斯韦尔(Mossville)也是一个典型代表,这个小镇是南北战争之后由获得自由的奴隶建造的,又是在第二次世界大战之后由化工和塑料工业的发展而兴盛起来的。在莫斯韦尔,许多公司发现其可以几乎毫无阻碍地把工厂建造在这些没有投票权的黑人邻居的生活区周边地带。今天,这个小镇的经济以14家之多的生产建筑墙板的企业为支柱。在生产建筑墙板的过程中,每年这些工厂要排放400万磅的致癌物,包括苯环类和氯乙烯。而今,官方研究

---

〔1〕 J. Benach et al., "The Geography of the Highest Mortality Areas in Spain: A Striking Cluster in the Southwestern Region of the Country," *Occupational and Environmental Medicine*, 61 (2004): pp. 280－281.

〔2〕 Information from Environmental Safety Group, "CEPSA Oil and Health in the Campo de Gibraltar," at www.esg-gib.net/cepsa-oil-and-health-in-the-campo-de-gibraltar.

〔3〕 Ibid.

发现莫斯韦尔居民体内二噁英的含量是全美平均水平的3倍。[1]在向美国国家环保署和联邦政府申述后,莫斯韦尔的代理机构现在把他们对环境的担忧提交到美国人权委员会。

原油造成的损耗

整个石油产业链的利益其实是基于石油开采的成本。然而,即使在现代,获取石油所产生的影响仍然对开采区附近的居民社区产生严重的损耗。由于发达国家的消费模式对石油有巨大的需求,国际石油集团尽其所能地追逐石油资源,然而资源所在地的居民并非是这一资源价值的利用者。所以,在许多发展中国家,石油的开采已经对该国的社区和文化造成重创。

厄瓜多尔的石油开采始于20世纪初。在没有政府或当地权威部门对外来公司控制的情况下,开采石油破坏了沿亚马孙河一带的大片丛林和热带雨林,而且建立安装了横跨厄瓜多尔的输油管道。建成于20世纪70年代,而后在21世纪的第一个十年扩建,这一输油管道系统由于缺乏强有力的技术支撑,后续产生了很多额外问题。首先是管道泄漏,这一持续泄漏污染了当地居民赖以生存的亚马孙河一带的整片土地。其次,输油管道的建设因陋就简,整套输油管道是建设在地面而不是地下,这相当于将管道设施暴露在愤怒的当地居民和流氓团伙面前,任由他们蓄意破坏。在厄瓜多尔开发这一石油资源的德士古公司在过去的几十年里又毫无章法地向热带雨林排放石油开采所产生的含油废水。这样的肆意排放,加之输油管道系统自身的两个问题,污染了亚马孙盆地奥连蒂(Oriente)的整片区域。而且,奥连蒂的污染又被德士古公司违规燃烧油气井所释放出来的天然气所加剧。1992年,德士古公司撤离厄瓜多尔,奥连蒂随后成了一片废墟。

在21世纪10年代,当地的维权人士联合国际律师如斯蒂文·唐齐格(Steven Donziger)以及其他的激进人士将雪佛龙公司(该公司接管了德士古公司在厄瓜多尔的业务)一纸诉状告上法庭,要求赔偿因其极具损毁性的行为对当地造

---

〔1〕 Ike Sriskandarajah, "Human Rights in 'Cancer Alley'", Public Radio International, April 26, 2010, at www.pri.org/science/environment/human-rights-in-cancer-alley1965.html.

成的破坏。在共同的努力下,制止石油巨头对发展中国家的剥削有了非常显著的效果。制止的重点是关注这些大公司向丛林里的洼地排放废水和废油的行为,要知道,这些排放会在它们撤离之后仍然污染亚马孙地区的水源。电影《石油》(Crude)的一个著名案例讲的就是雪佛龙公司需要对德士古公司和厄瓜多尔国家石油公司所导致的环境灾难进行抗诉。2007 年法院裁定唐齐格所代表的申诉方可获 270 亿美元赔偿。在法院敦促雪佛龙按照这一判决对以前的污染加以赔偿时,当地维权组织继续争取从不破坏其生活环境的石油开发中获取经济利益。[1]

非洲国家尼日利亚有着相似的由石油开发造成的问题。这个国家的生态在开发石油的影响下不断恶化。自然条件下的极度干旱使得尼日利亚的土壤难以承受高强度农业耕种。而石油和天然气存储全部集中在尼日利亚三角洲的大面积土地上以及海岸线的近海,这使得由石油和天然气泄漏以及污染所造成的影响在限定区域内更为严重。这一地区存在大量的源于油田开发产生的各类长期负面影响,不过尼日利亚人的代价最明显的例证是 2001 年 6 月和 7 月 15 万居住在奥格伯铎(Ogbodo)的居民与从荷兰壳牌石油公司的输油管道原油泄漏的奋战。原油泄漏到社区周边的水域足足 18 天,直到壳牌公司在 7 月 12 日将输油管道截流。这是荷兰壳牌等石油财团在如尼日利亚这样约束力不强和法律法规监管薄弱的地区开采原油并造成令人注目的危害。

石油工业开采原油的理念在南尼日利亚油田开发生产中显现,此地法律法规的缺乏使得壳牌等石油公司基本不考虑对当地居民身体健康的长期影响。正如国际观察组织所注意到的,除了 2001 年的那次大面积原油泄漏,这一地区原本不足的地下水和耕地常常被漏油污染和损毁。1976 年至 2001 年间,官方文件记载了 6 817 次原油泄漏,即 25 年内每天一次。当然,更多的泄漏没有记录也有可能的。公司缺乏对设备更新的意向是主要被谴责的地方。此外,在这一地区还有其他问题,如原油被看作异物,该地区政治领导不稳定,当地居民故意破坏和偷窃等。在机会极为有限的这片土地上,偷窃和破坏行为都显示出尼日利亚人感觉自己对石油产业没有自主权。因此,憎恨石油开发,损坏和偷窃等活

---

[1] Peter Maass, *Crude World*: *The Violent Twilight of Oil* (New York: Vintage Books, 2009), pp. 93－98.

动被当地人认为只影响这些石油集团。[1]

在尼日利亚，居民从来没能把他们的石油资源看作自己国家的宝藏。1906年，英国商人约翰·西蒙·贝格海姆(John Simon Bergheim)获得了这一石油的资源供应的垄断权。在接下来的六年，殖民办公室的官员保护贝格海姆的探矿垄断权，应其要求重新规定了采矿权，形成了1907年的南尼日利亚采矿准则(石油条例)，并且向尼日利亚沥青集团提供出借权支持其勘探石油。到了1912年，该集团在南尼日利亚开凿大约15口油井，从东部的里奇(Lekki)潟湖直到尼日利亚三角洲。中断了几十年后，1937年开发商重返尼日利亚，英国和荷兰的合资公司壳牌达奇(Shell D'Arcy)拥有了对整个尼日利亚的开采特许权。在1938年至1939年间，该公司开凿了7个油井钻孔，随后开发再次搁浅直至1951年。1956年壳牌公司在奥罗伊比里(Oloibiri)的巨型油井诞生，到了1960年，美国石油公司天纳克(Tenneco)也进驻该地。这时尼日利亚已经从英属殖民中独立出来。

当尼日利亚对外界打开大门，独立后的五年之内，不下九个国际石油公司踊跃地来到尼日利亚，如壳牌与英国石油公司(Shell-BP)、美孚石油(Mobil)、天纳克、德士古、海湾石油(现称雪佛龙)、萨夫莱普(Safrap)[现称埃尔夫(ELF)]、意大利石油总公司阿吉普(Agip)、菲利普石油(Philip)和埃索石油(Esso)。在20世纪60年代末，又有一批新的石油公司前来与以上这些国际石油财团分肥，如日本石油公司(Japan Petroleum)、欧美石油公司(Occidental)、德国石油公司(Deminex)、联合石油公司(Union Oil)、尼日利亚石油(Nigeria Petroleum)和尼日利亚油矿资源公司(Nigeria Oil Resources)。这一阶段石油的开发最终促成尼日利亚国家油矿集团(NNOC)的成立，即尼日利亚国家石油集团(NNPC)的前身，它也是尼日利亚在后来得以进入1971年成立的石油输出国组织的许可证。有了这一机构，尼日利亚政府每次与那些国际石油财团达成协议都保有石油利润的一定份额，最初基本的困难就在于尼日利亚政府内部缺乏稳定的和民主性的代表。1986年，尼日利亚政府出台了一份谅解备忘录，确保那些产油公司将获得每桶2美元的利润，以换取某些勘探和提高采收率的承诺。在这一法

---

〔1〕 Duncan Clarke, *Crude Continent: The Struggle for Africa's Oil Prize* (London: Profile Books, 2008), pp. 524－527. Rajen Harshe, "Politics of Giant Oil Firms," *Economic and Political Weekly* 38, no. 2, (Jan. 11－17, 2003), pp. 113－117.

律框架下,尼日利亚整个国家就好像以前的石油矿区营地:尼日利亚居民在石油的开发中没得到一分好处,但是在大多数区域,他们又被弃置在石油开发后污染残留的一片狼藉中。[1]

尼日利亚的社工行动组织负责人伊萨克·阿苏姆·奥索卡(Isaac Asume Osuoka)认为,三角洲一带居民的麻木不仁、冷酷无情源自他们的生活与石油开发毫无关联。“由于有更多的石油收益,该国不再需要从老百姓手中征税。原本作为国家税收来源的民众,现在变成了绊脚石。而政府建立学校和医院毫无动力。”奥索卡十分肯定自己的上述观点。“如果没有石油,尼日利亚应该是一块更好的地方。”当像奥索卡所在的组织提出行动要求时,多国石油财团一致抵制。而尼日利亚的政治结构不允许居民采取行动或者要求补偿。[2]

尼日利亚人对石油工业的自主权的缺失在奥罗伊比里石油开发大面积展开之时最为明显。第一口油井已经有几十年没有产油了,被弃置一旁无人过问。2001年,一块匾额被矗立在那里作为奥罗伊比里石油天然气研究所的奠基石,之后由于各种原因尼日利亚政府将其改建为博物馆和图书馆。然而,这块匾额成了这一设想的唯一证据。这一小镇在其石油产业兴隆之时,人口暴增至一万之多,而现在居民人数不足1 000。这块匾额与其说是一座纪念碑,不如说它标志着尼日利亚石油开发捉襟见肘的一份尴尬。石油产业当然带来了利润,据估计,尼日利亚石油集团占有多国石油公司陆地开采55%至60%的股份,这些权益,每年大约带来600亿美元的收入。[3] 许多专家都认为问题出在尼日利亚的领导层。尽管在最近的几十年,尼日利亚政府已由军政独裁进步到民主政权,然而政府并没有做出任何努力将石油的收益分发到尼日利亚民众手中。西方一名外交官在一份报告中将这一现象称为“对国有资产有组织的抢劫”。尼日利亚反腐机构的负责人估计:在2003年,石油收益的70%——大约140亿美元之多——被窃取或挥霍。[4]

显然,许多尼日利亚人不再对政府开发管控石油的能力抱有幻想。在该国

---

[1] Ike Okonta and Oronto Douglas, *Where Vultures Feast: Shell, Human Rights and Oil* (San Francisco: Sierra Club Books, 2001), pp. 157-160.

[2] Field Reports, “Knee Deep in Crude,” Environmental Rights Action, www.eraction.org.

[3] Ibid.

[4] Edward Harris, “Sorrows Still Spring from Nigeria's First Oil Well,” *Seattle Times*, July 6, 2008.

四分五裂的政治架构中，一些地方军阀在近些年挺身而出扮作杀富济贫的“罗宾汉”式的英雄，带领民众袭击荷兰皇家壳牌石油、雪佛龙和其他石油公司的基础设施和输油管道。杜卡步·亚沙里(Dukabou Asari)就领导了这样的行动，用连接管线将原油输运管道里的石油交到普通老百姓的手中。有时，情况变得越发复杂，因为尼日利亚政府对此的处理方式是雇佣如亚沙里这样的组织来保护原油基础设施。无论如何，令人困惑的石油资源所有权、开发和保护体系构成一团乱麻，每一个团体都与其他团体对抗，唯一清楚的是普通民众既得不到好处，也得不到石油。[1]

按理来说，存在一个分发尼日利亚石油福利的机制：联邦政府保留大约一半，剩下的一半按月分发，分等级地分发给 36 个州政府。石油主产地——河流州(Rivers)、三角州(Delta)、巴耶尔萨州(Bayelsa)和阿夸伊博姆州(Akwa Ibom)——的大部地区可以得到利益分割。然而，即使在这些区域，石油财富也没有丁点儿惠及普通民众。当石油源源不断地流出如波尼岛(Bonny Island)这样的区域，在那里即将远航的油轮在考索恩航道(Cawthorne Channel)排成一排等待着灌装后驶往世界各地分销。在像尼日利亚这样的国家里，石油的开采没有给居民的日常生活带来任何益处——这里的居民既没有见过《飞出个未来》(Futurama)的奇幻世界，也没有用过一次性塑料盘子。然而，他们却要承受那些为提高发达国家民众生活质量而开采石油所造成的各种负面影响。

在这些被石油开发所盘剥的每一个国家里，除了所造成的环境掠夺和社会杂乱无章之外，我们还看到了经济学家所说的“荷兰病”。在一个由石油开采而带动起来的经济体里，外国产品最初变得比较便宜，可以用强劲的本地现金购买，而本地的产品由于被外国的工人所看重，反而变得比较贵。这种对本地经济的扰乱在石油开发缩减后仍然会有残留效应。在一些从事石油开发的发达国家，例如挪威，经济学家打算净化本地经济，采用以石油开发挣得的钱投资外国股市和国债，以此让地方经济相对保持不变。然而，成功地应对这一持续走高的经济繁荣，采用中央调控和计划经济，在厄瓜多尔和尼日利亚这样的发展中国家，是没有能力处理好其与石油产业的关系的。因此，他们毫无选择，只能开采石油、透支经济潜力，放任自己的文化被侵蚀。

---

〔1〕 Peter Maass, *Crude World*: *The Violent Twilight of Oil* (New York: Vintage Books, 2009), pp. 58—60.

结论:终将会有原油泄漏

像其他能源一样,原油并非完完全全是一种工业产品;在开发原油的每一阶段——开采、提炼、分销和使用——都深陷于人类的社会活动之中。多年来,原油对人类社会潜在的影响已经被意识到,例如,艾达·塔布尔和蕾切尔·卡森主张不能粉饰石油巨头用石油开采区泵出的每一升原油毒害人类和污染生态环境的行径。她们认为原油开采和使用的成本不应该超越人们对公平和健康的期待。随着大力推广使用石油而衍生的社会利益,人们广泛的支持常常助推了不断增长的消费模式。然而,总是有例外的。

美国学者约翰·伊势也许是第一个公开评论家,他充分理解了当美国发展模式和国际发展模式合二为一时,在两次世界大战之间出现的社会意识形态中的问题。在《美国石油政策》(*The United States Oil Policy*)这本书里以及在20世纪20年代他的其他著作中,这位堪萨斯大学的经济学教授将石油工业的历史描述为一场道德灾难。塔布尔至少对石油发展的早期(即无序却自由的竞争阶段)还是称赞的,然而伊势对此未做评述,却呼应了塔布尔对石油开发早期批评肆意浪费时对洛克菲勒的指责。石油巨头的出现消除了大量的浪费现象,伊势却对这一正在形成的架构深表遗憾,称其为"一个巨大的错误体系",因为这将继续加深繁荣与萧条这一周而复始的循环。伊势认为,作为一种"自然垄断",石油需要公共监管。

在伊势看来,这种石油文化主要源于消费者,正是消费者制造了大量的浪费,把石油用在微不足道的小事上(如汽车),汽车是一种由"大腹便便的银行家和中产阶级做出的没有头脑的炫富的手段,是一种由年轻的男男女女在令人质疑的所谓快乐中所享受的愚蠢奢侈,也是那些耍小聪明的人在没有自己富裕的人面前招摇过市的一种浮华而有效的方法"。[1] 与这些华而不实和石油巨头的思想体系相反,伊势呼吁一个真正的原油节约模式。廉价石油必须停止,无论何时,只要有可能,美国就需要将自己的石油保留在本土,对所需石油实行进口。当然,这样极端的想法与石油行业精神相悖,某种程度上违背了不断扩张的精

---

〔1〕 Roger M. Olien and Diana Davids Olien, *Oil and Ideology*: *The Cultural Creation of the American Petroleum Industry* (Chapel Hill: University of North Carolina Press, 1999), p. 172.

神。炫富消费为罪过的观点曾被一代人遗忘，在20世纪结束之际得以重现。

随着以石油为基础的工业在全球范围扩展，石油产品的发展成为全球经济的一个重要部分。将石油从资源所在地运输到任何需要的地方的科学技术有了巨大的进步，但是石油运输常常有严重的后果，最多的情况是泄漏。不同于在生产地(如尼日利亚)所发生的小规模、持续不断的泄漏，大量的原油泄漏还发生在远洋油轮运输石油过程中。从广为人知的“埃克森·瓦尔迪兹号”(Exxon Valdez)在1989年的撞船事件到2010年“神能1号”(Shen Neng Ⅰ)(运载煤炭但是发生了原油的泄漏)在澳大利亚大堡礁的撞船事件，石油在海洋中的泄漏成了人类生活中的标记。

甚至在石油装船之前，原油泄漏就已经是石油工业的一大祸害。著名的案例也许是英国石油公司在2010年钻井平台倒塌后在墨西哥湾发生的油井泄漏事件。在这样的案例中，国际石油集团的活动对石油资源开发所在地的国家造成了巨大的危害。正如随后的事件所显示，如果这是美国，该事件就会在媒体的曝光下沸沸扬扬，最终可以让一个世界级的大公司破产。然而，这样的原油泄漏事件通常发生在那些并没有像美国这样有能力获得全球关注的国家里。无论这些事件发生在尼日利亚还是印度，人们对由经常发生的漏油所造成的生命损失的关注很快就会烟消云散。当然，其原因是在每一天的生活中我们对石油都有着迫切的需求。西方国家必须从其他地方获取石油。

泄漏的原油最终会在大洋中分解掉。但是，由原油加工出来的化学合成品，如橡胶玩具鸭子，其材料的耐久性远远超出产品本身的使用时间。最近，多诺万·霍恩(Donovan Hohn)以被弃置到海洋中的成千上万的儿童洗浴玩具证明了这样一个令人震惊的事实。其著作《乌合之“鸭”》(*Moby-Duck*)讲述了这样一件事——一艘集装箱巨轮，如一座漂浮的水屋，1992年从中国香港启航，只是为了将两列六英尺高的集装箱抛入太平洋。洋流将一只集装箱冲开，里面的纸箱子全部浸满了水，里面成千上万的小包装被冲到了海里。进一步的细节，霍恩在书中写道：

> 每一个小包装都由一个塑料外壳和纸板组成，每一个塑料壳里放了四只中空的塑料动物玩具——红海狸、蓝海龟、绿青蛙和黄鸭子，每一只大约3英寸长，并且在纸板上印着活泼的、彩色的、儿童字体的一

行字：一岁小孩洗浴时玩耍和求知用漂浮玩具。中国制造。可水洗。[1]

在他的努力下，尽可能地追踪到 2.88 万只漂浮在海洋中的塑料玩具，很简单，霍恩就想达到一个目的，写一则劝诫炫耀消费的故事。然而，多年以后，他发现了漂浮到世界大洋各个角落里的塑料鸭子和其他塑料动物玩具。

当霍恩追溯这些塑料鸭子是如何诞生的时候，他发现生产这些漂浮玩具的工厂已经停产，该公司 2004 年以 1.368 亿美元的价格出售。于是，他追踪到玩具的制造厂——中国东莞宝星塑料厂(Po Sing)。当他来到珠江三角洲的工业城东莞，霍恩看到了能够生产 10 万个玩具的锌合金的压铸铸模机，报废之前，每分钟生产 3 到 4 个。工厂的工人估计，一套 4 只塑料动物的批发价格约为 80 美分，而制造这些玩具的材料成本约为这一价格的一半。他进一步解释，通常情况下，包装“制造起来比产品更贵”。[2]

当我们把这一文化叙述视为炫耀性消费对环境的持久影响时，其实，一个令人不安的、有着时代迫切性的发问正在叩击人类的智慧大脑，这是一个让人们警醒的问题。在寻找漂浮的橡胶玩具过程中，霍恩了解到 60%～95%的海洋垃圾是塑料。除了塑料漂浮动物玩具，这些弃置在海洋里的垃圾还包括漂浮在 8 500 亿加仑未经处理的废水和暴雨径流中的废物。

正如杰里米·里夫肯(Jeremy Rifken)指出的那样，“我们已经让石油成为对人类的方方面面至关重要的东西”。[3] 在自然生态系统总是有石油不断以各种方式深入进来，从这一交叉互动的状态来审视人类的石油生态文明时，你会发现石油生态其实是不可持续的，也是有害的。即使原油泄漏从未发生，即使制成品的功用被发挥得淋漓尽致，现在人们还是看到让石油在人类生活中无处不在的代价是巨大的。以合成塑料为例，较低的产品价格刺激了过度消费和浪费。人类在加足马力增大需求，对已有的东西不断更新迭代——20 世纪末所有发达社会生活的一个界定性特征，这听起来像是一种创新，即“计划性报废”。

在《从生产到破坏》(*Made to Break*)一书中，文化历史学家吉尔·斯莱德(Gile Slade)写道：

---

[1] Donovan Hohn, *Moby-Duck* (New York: Viking, 2011), p. 10.

[2] Ibid., p. 215.

[3] Jeremy Rifken, *The Hydrogen Economy* (New York: Penguin, 2002), p. 23.

> 存在于所有体制中的“计划性报废”——技术上的、心理上的或者计划上的——是美国的独创，其实就是对物品的一种“蓄意淘汰”。美国不仅发明了一次性纸尿裤、一次性相机、隐形眼镜等一次性产品，也发明了“一次性”这个概念本身，这是让我们摒弃过去、促进改变、走向发展的一个前提。[1]

人类不仅从廉价的原油中制造出廉价的、容易更替的产品，而且把整个社会变得充满欲望、充满需求、一次又一次地不断更迭产品。人类对石油的需求和对这些产品的生产变成了一个无限的圆环，然而，这一圆环不会永远地转下去，正如我们在使用这些产品的时候，早就意识到的一样。

---

〔1〕 Giles Slade, *Made to Break* (Cambridge: Harvard University Press, 2006), pp. 3－4. 计划性报废是一个无所不包的词语，用来描述各类被用来人为地限制制成品耐用性的技术，以刺激重复消费。

第七章 石油的“拥有”和“没有”是个问题

2008年9月23日正式营业,除了“不同寻常”之外,一切照旧。开设一家分公司,要买桌子、复印机和文件夹,然而,在某种程度上,该公司只在象征意义上运作。这一天是壳牌石油公司在伊拉克巴格达设立的分公司营运的第一天,而它只是在一系列象征意义上运作。举例来说,尽管分公司打算从事业务,但是其地理位置必须保密。如果其所处地理位置公开,那么,在这个局势动荡的,由美国接管的国家里,这间办公室将很容易被基地组织或其他敌对势力袭击。这也表明美国五年前的占领仍处于极不稳定的状态。

然而,壳牌石油公司分公司的开业也成为外国石油公司在缺席32年后重回此地的一个标志。在这一时期,伊拉克一直被萨达姆·侯赛因(Sadam Hussein)所统治,他将伊拉克石油国有化,把石油储量作为其联邦政府的资产并且将石油产业的发展作为其政府必须履行的职责之一。侯赛因是今天我们称之为“石油独裁者”的最早范例。“石油独裁者”用其国有的石油资源作为政权的经济支柱并巩固其国际地位。另外,壳牌石油公司的分公司也意味着美国入侵的现实,尽管小布什政府长期否认在其2003年入侵伊拉克中,石油是一份重要考量。

2008年,有关伊拉克的声明掩盖了美国入侵伊拉克的真实原因。由于在美国领导下推翻了萨达姆·侯赛因政权,因此美国石油公司不必竞标就获得了开发伊拉克油田的合同。以壳牌的分公司开业为例证,这些合同标志着继萨达姆·侯赛因对伊拉克石油国有化后,大的石油公司重回伊拉克。尽管侯赛因的倒台包括无数的原因,从大规模杀伤性武器到据信企图刺杀美国总统布什等,但是西方世界对萨达姆·侯赛因的关心其实是关心伊拉克石油。更准确地说,全球的石油资源的转变和中东地缘政治上的变化要求全世界的国家增加在该地区的参与度。美国民众被告知的这场战争的各种理由里有着一个共同的主题,那就是战争会很快结束,因为伊拉克人会很快从他们销售的石油中获利。这里增加一个没明说的暗示,即向美国销售石油。

在1950年,对于美国民众来说,石油是一个国家安全问题,是不可想象的,尽管第二次世界大战让政治领导人敏锐地意识到石油的战略重要性。但是,今天石油作为战略物资的概念已经深入人心,以至于大多数美国人发现,美国控制世界石油主要供给的日子一去不复返了。事实上,新世界的秩序在发展,而这一发展是由石油所散发出来的权力魅力所主宰的:有些国家对石油的需求是必然的,但是自身又没有那么大的储量,有些国家拥有石油资源而本身并不需要。在21世纪这一"拥有"还是"没有"的时代,政治学家迈克·克莱尔(Michael Klare)写道:"美国和其他发达国家现在处于资源战的时代。"他用这样的笔触描述了这一情况:

> 为了美国军队的建设,这一顾虑得到了特别的回应:尽管军队在促进贸易或者提高金融稳定上难有作为,但是可以在资源供给的保护上起着关键作用。资源是有形资产,国外政治动荡和冲突会影响其安全,因此,可以说,资源需要有形的保护。尽管外交和经济制裁在推行其他经济目的时卓有成效,但是,只有军事手段才能确保在战时和危急时刻原油和其他关键物资从远方源源不断地运输过来。正是因为军队对国家经济安全的特别贡献,所以,武装力量可以系统地增强这个国家确保必需物资国际运输的能力。[1]

经济学家把资源战这一概念在新旧战争的类别里又进一步分门别类。他们遵循的逻辑是从20世纪伊始石油和战争就联系在一起了,因为"石油被认为是关键的战略商品和战略安全保障"。经济学家玛丽·卡尔多(Mary Kaldor)、特

---

〔1〕 Michael Klare, *Blood and Oil: The Dangers and Consequences of America's Growing Dependency on Imported Petroleum* (New York: Metropolitan Books, 2004), p. 9.

里·林恩·卡尔(Terry Lynn Karl)和雅赫亚·赛义德(Yahia Said)随后继续解释道:在新石油战中,政府的桥梁作用被削弱了。他们写道:“新战争与软弱的而且有时无力掌控局面的国家如影随形,在这样的国家里,非石油税收一落千丈,政治的合法性在降低,有组织的暴力垄断被瓦解。在这样的战争中,从石油产业中获得的大量租金被用于不计其数的金融暴力和培育掠夺性的政治经济上。”[1]作为一场“收租人的战争”,针对石油发生的冲突只是基于原油最为明显的价值。利益各方对这一地区或资源的长期发展毫无兴趣。另外,除了那些能给他们带来利益之外,他们通常对大宗商品的全球属性毫不关心。通常,他们与国际大的石油财团在毫无约束和没有规章的框架下联手,这种不受约束、无章可循是对石油作为大宗商品的持续稳定的主要威胁。本章将追溯在 1970 后石油发展的盘根错节,正是那一年拉开了新石油战纪元的帷幕。

石油稳定供应对于美国国家安全的必要性在 20 世纪后半叶浮现,而后愈发呈加强态势。由于美国自身的原油资源储备已被大量消耗,加之不断增加的石油消费,这让美国除了增加进口别无选择,于是美国被拖进中东的石油漩涡中。在过去的一个世纪里,各方殖民势力在这个漩涡中纵横捭阖。尽管在这一地区沙特阿拉伯保持着与美国最强的亲密伙伴关系,但是它与伊拉克的冲突彰显了资源战的地缘政治关系。随着殖民政权的瓦解和撤离,许多国家突然面临权力真空,而各路诸侯则虎视眈眈。20 世纪末,发达国家的领导人便试图寻找外交或军事手段来处理与中东各国的关系。对因地理位置和所拥有的资源使其战略意义突显的国家,这种愿望变得越来越强烈。后殖民时代见证了石油这把量尺是如何划分国家的:“拥有石油”或者“没有石油”。而突然独立出来的中东国家被列入“拥有石油”的行列。

然而,在一个国家中,拥有石油并不能直接带来自动的经济转变。正如新闻记者彼得·马斯(Peter Maass)在《原油世界》(*Crude Oil*)这本书中所写:“大多数石油富庶国的一个悖论就是他们并不富庶,石油资源给他们造成的麻烦和问题远大于给他们带来的繁荣和兴旺。”[2]

---

[1] Mary Kaldor, Terry Lynn Karl, and Yahia Said, eds., *Oil Wars* (London: Pluto Press, 2007), pp. 2—4.

[2] Peter Maass, *Crude World*: *The Violent Twilight of Oil* (New York: Vintage Books, 2009), p. 3.

21世纪的伊拉克事件其实是20世纪70年代石油禁运的延续，当时的禁运是针对美国，但是极大地影响了欧洲国家，尤其是英国和法国。禁运的结果使得对石油有着极度需求的美国发展了与沙特阿拉伯和科威特的关系。另外，最早的、始于1901年波斯帝国的、将这一地区与欧洲紧密相连的石油开发特许权也到期了。伴随着20世纪末伊朗政坛的权力更迭，美国在这一地区的地缘政治有了一个全新的开始。另外，从20世纪70年代开始，像伊拉克这样的国家，不再径直交由英国从事贸易和开发。事实上，在萨达姆·侯赛因的领导下，伊拉克在这一地区基本保留了自主性，因此也成为一个不可预估的元素。当20世纪最后几十年供给国中断了石油供应后，确保对石油资源的控制和供给输运便成为发动战争堂而皇之的借口。对剩余石油资源储备的争夺让许多国家把目光聚焦在中东，该地区的石油储备占世界探明储量的2/3。在21世纪的第二个十年里，阿拉伯联合酋长国之一的迪拜，如海市蜃楼一般从沙漠里冉冉升起，随之成为这一地区的强国。

在2010年年初，壳牌石油于2008年在巴格达开设分公司的主要目的显现出来了，因为英国和荷兰石油公司与马来西亚国家石油公司(Petronas)收到了一份为期21年的合同，此项合同是开发伊拉克最大的油田玛吉努油田(Majnoon)。2010年1月14日《纽约时代周刊》头条赫然写道：“美国公司竞相在伊拉克石油的红运中抢占C位。”[1]人们比较熟悉的美国的油田开发公司如哈利伯顿公司(Halliburton)、贝克休斯公司(Baker Hughes)、威德福国际(Weatherford International)等都参与其中。用《时代周刊》的话来说，“试图恢复这个国家迟滞的石油工业，因为伊拉克寻求将自己发展建设为世界头号石油生产国”。石油巨头的这些元素径直进入战后的伊拉克，是否是为了通过稳定伊拉克巨大的石油财富帮助所有相关各方？或者这一直就是美国决策者的意图？他们发动战争是否是为了石油？对这些问题的任何一个肯定的回答都与发达国家向更复杂的石油文化的全面转变相一致。

在这一情况和其他相似的情况的背后是不断增加的对石油的需求，但是这些需求不仅仅是交通工具对燃料的需求。那些缺乏公路和铁路基础设施，以及用来生产、存储和加工粮食食品等基础设施的国家发现养活其国民并非易事。

---

[1] Anthony Garavente, “U. S. Companies Race to Take Advantage of Iraqi Oil Bonanza,” *New York Times*, January 14, 2010.

在 21 世纪,有四个国家生产了世界小麦、水稻和饲料用粮总量的 2/3,这样的产量是基于石油高耗的现代农业。中国和美国分别占大约 20%,欧盟和印度分别占 14%和 10%。不断增长的人口要求更多的粮食生产,结果就是需要更多的石油。[1] 更为复杂的是,在新的世界秩序下,粮食出口国与石油资源国之间形成了错综复杂的贸易和政治经济关系。

操控短缺

在 21 世纪,石油的价值已被世界充分知晓,拥有原油的国家公开利用这一点为自己谋利。在世界范畴的地缘政治构架中这一点完全不同于上一个世纪,那时全球的石油财团以及其背后的国家欺负并主宰拥有石油的国家。20 世纪 70 年代是这一转型的关键,于是,在美国和欧洲加油站排队加油的汽车是这一巨大改变的标识之一,这是第二次世界大战之后令人瞩目的国际事务。

当许多附属国脱离殖民政权,为自身的发展和管理自主负责时,这个时代被称为"去殖民化"时代。冷战产生了一个新版本的准殖民政权,美苏外交官竞相散播其意识形态而且竞相遏制其对立面超级霸权的意识形态,但是总的来说,非洲国家和中东地区国家能够开始追求自己的未来了。即使美苏当时的作为缺乏在那些国家内部的政治基础,但是各方仍旧寻求扩张已有的强权。在这一新的不受约束的政治环境中,每一种资源的使用和管理都极具战略重要性,因此,随之而来的对全世界求知若渴的大宗商品的管理一针见血地反映了这些改变。直截了当地说,当石油资源供给出现磕磕绊绊,对美国和欧洲消费者来说可没有能接住他们的安全网,也就是说联邦政府没有什么办法消减石油供给的失灵。

这些国家和地区从西方霸权的统治和大型石油财团的压制中挣脱出来,将石油发展为一种可用来贸易的,同时也更变化无常的大宗商品。耶金写道,全球石油这一新时代昭示出"石油已经非常明晰地呈现出的重要性远远超过石油商人所能驾驭的范围"[2]。产油国的政治领导人评估如何更好地以石油资源为

---

[1] Christian Anton Smedshaug, *Feeding the World in the 21st Century: A Historical Analysis of Agriculture and Society* (London: Anthem Press, 2010), p. 35.

[2] Daniel Yergin, *The Prize: The Epic Quest for Oil, Money, and Power* (New York: Free Press, 1993), p. 612.

手段为本国谋利,没用多久他们就意识到与同样拥有石油资源的国家联合起来的好处。只有联合起来,他们才能够控制石油供给和价格,最终,获得与跨国公司谈判的竞争优势。

1960 年 9 月,各国在伊拉克成立石油输出国组织,基本目的是控制石油供给和价格。石油输出国组织的成立是第二次世界大战后石油市场几经风云变幻后的结果,也是这些欠发达国家当时所处的新的状态所驱动的。缺乏勘探技巧、生产技术、炼油能力和分销网络的单打独斗的产油国无法挑战那些在第二次世界大战前就抢占市场的石油公司。[1] 现在,石油输出国组织可以使产油国反过来对那些曾经掌控他们命运的国际石油财团杀伐决断了。首个围绕单一自然资源的大体量国际政治集团构建起来了,这就是卡特尔—垄断联盟。在 1960 年,石油输出国组织的组建成员国有伊朗、伊拉克、科威特、沙特阿拉伯和委内瑞拉。后来又有八个国家陆续加入,卡塔尔 1961 年加入,印度尼西亚 1962 年加入,利比亚 1962 年加入,阿拉伯联合酋长国 1967 年加入,阿尔及利亚 1969 年加入,尼日利亚 1971 年加入,厄瓜多尔 1973 年加入,加蓬 1975 年加入。另外,厄瓜多尔和加蓬又分别在 1992 年和 1994 年退出该组织。

跨越了地域、气候、宗教和政治结构的不同,这些国家有着一个共同的关切,那就是石油。从某种程度上说,这些国家都不大,而且在世界舞台上缺乏影响力。紧密地团结在一起,石油输出国组织的目的明确:管理原油在市场上的供给,从而将原油价格保持在高位,以掌控成员国的利润。简而言之,他们希求充分利用石油文化并把握掌控权,石油文化早已打通许多国家社会经济的任督二脉,美国就是其中之一。石油输出国组织希望从新的地缘政治关系中获利,这一新的地缘政治关系就是发达国家对石油已经有了难以割断的需求,但是现实中石油资源供给的减少却日益加剧。

也许让普通民众意想不到的情况是:石油产出者——无论是石油财团还是石油生产国——需要操纵市场以确保石油价格有利可图,如上所述,从 20 世纪

[1] 1938 年,墨西哥从外国人手中夺回石油产业控制权,但是,因没有足够的资金投入和管理经验,墨西哥的石油工业很快从利润丰厚的国际市场败退。其他国家也努力出台有利于本国石油产业的开发协议,如委内瑞拉 1943 年签订的“对等原则”协议,该协议向石油生产商提供整个石油开采使用权,外加对等利润分配;还有伊朗通过了一项法令终止了以前的英伊协议(即 1935 年之前的《盎格鲁—波斯石油公约》),随后在 1951 年当类似的协议不再生效时,将石油产业国有化。新的英伊协议第二年签署,新登基的伊朗国王成了美国中东政策的支柱,直至 1979 年伊朗爆发革命。

20 年代到 60 年代,主要的石油公司之间秘密勾结利用国家霸权通过殖民等手段防止石油价格跌落和利润下滑。一旦石油价格跌落,国产石油商直接就无力竞争。更进一步的,在 20 世纪 50 年代艾森豪威尔政府总结道(如日本在第二次世界大战前那样):对外国石油的依赖会将美国的国家安全置于危险境地。美国对此的反应是实施石油进口配额,这一政策的实施可以人为地保证美国国内石油价格居高不下并且可以将财富从美国石油消费者手里转移到美国石油生产者手里。20 世纪 70 年代,世界原油价格是每桶 1.30 美元,而美国国内原油价格是每桶 3.80 美元。[1]

石油输出国组织与“石油武器”

石油输出国组织操纵石油价格的能力并没有充分实现,到 1973 年年初,埃及领导人安瓦尔·萨达特(Anwar Sadat)敦促成员国将石油这把利刃亮剑出鞘。这一行动的根本逻辑是政治。在整个 20 世纪 60 年代末期,以色列的军事威胁惹恼了其周边的阿拉伯国家。以色列在 1967 年对埃及的袭击引发了较早的石油禁运,但是因为当时国际原油市场的过剩供给,这一禁运并不成功。1973 年 10 月,在以色列遭受埃及和叙利亚的突然袭击之后,美国总统理查德·尼克松(Richard Nixon)同意提供更多的军用飞机给以色列。10 月 19 日石油输出国组织中的阿拉伯国家决定减少对美国和荷兰的石油出口。

在石油这一经济循环中,石油禁运通常被视为“首次油荒”。油荒结合了 20 世纪 70 年代初新的市场特征:首先是石油限产,而且这一限制还特别增加了每月额外减产的 5%;其次是石油出口的全面禁止,由最初的美国和荷兰,最终还包括了葡萄牙、南非和罗德西亚(Rhodesia)。把其他地区石油产量的增加考虑进去,1973 年 12 月石油供应净流失为每日 440 万桶,这约占以前可用石油总量的 9%。[2] 这些数据显示了石油总体供给中不折不扣的短缺,而飘忽不定的石油市场又将不确定性和恐慌嵌入其中,则加重了石油禁运的严重性。美国消费

---

〔1〕 Fiona Venn, *The Oil Crisis* (London: Longman, 2002); Raymond Vernon, ed., *The Oil Crisis* (New York: W. W. Norton, 1976).

〔2〕 Fiona Venn, *The Oil Crisis* (London: Longman, 2002); Raymond Vernon, ed., *The Oil Crisis* (New York: W. W. Norton, 1976).

者感受到的影响最为严重,因为他们早已习惯了丰富的石油供给所界定的社会文化。

为了向消费者提供石油,石油商开始对已有的石油资源储备竞标。1973 年 11 月,每桶的价格从 5 美元升至 16 美元之多。21 世纪的模式被笼罩上一层阴影,为了确保供给,石油消费国之间反倒竞相抬价购买石油。美国的零售汽油价格涨幅超过 40%。高启的油价极度令人不安,暂时性断供常常发生。美国消费者以前心满意足地开着他们的车,直至油箱几乎空了,而现在则为了几加仑的汽油排着长队。无论何时,只要有油便争着加满油箱。一名记者这样描述纽约市附近的一幕:

> 那些心急火燎的车主昨天挤满了纽约各个加油站,一大早许多加油站就售空了。一个加油站的老板希望 2 月份安排的送油车在本周三能够到达,这样可以安抚一下大家的情绪。
>
> 布鲁克林的 Z 字大道东 17 街的伊斯加油站的业主马里·科恩(Murray Cohen)说,他只允许每辆车购买 3 美元的汽油,不过,他发现许多人需要 75 美分就加满了。他说,有一个男人排了一个小时但是只加了 35 美分的汽油。
>
> 在华盛顿,联邦能源部主任威廉·西蒙(William E. Simon)曾经要求开车的人不要一次购买超过 10 加仑的汽油,昨天又呼吁大家不要抢着到加油站,除非至少购买 3 美元的汽油。"恐慌性购买于事无补。"〔1〕

美国的许多州都施行了基于车牌号数字的单双日加油的机制。

美国的社会经济文化基本上被石油消费所界定,所以这一时期的短缺让美国民众感到猝不及防。从 1973 年到 1974 年,美国机动车司机时不时就需要排上一两个小时甚至更长时间的队为汽车加油,而具有讽刺意味的是,在排队过程中,汽车的引擎始终在运转。而有的区域,更不祥的先兆开始出现,直接亮牌"对不起！今天没有汽油!"。高速路的车速从每小时六七十英里降为每小时 50 英里。有些过路费对那些在城区拼车的司机暂免征收。即使没有执行配额的社区,由于计划泄漏给了公众,美国的石油文化也发生了改变,至少暂时的改变确

〔1〕 *New York Times*, February 5, 1974.

资料来源:美国国会图书馆印刷品与图片部,档案号 LC-DIG-ppmsca-03433。

图 7.1　在 20 世纪 70 年代不同时间段都出现了汽油危机,美国以及全球其他消费者应对暂时的汽油短缺。由于国际政治相左而造成的汽油短缺让许多加油站都出现了排长队等待加油的景象。

实发生了。政府也在采取措施,例如,联邦能源部根据纽约城区的情况评估,18 岁以上的居民有望收到每月 37 加仑的汽油券。[1]

1973 年年底,大量天然气管道穿越美国和欧洲。虽然西海岸的石油供应受到的影响最小,但到了 2 月,加利福尼亚州也实行了单双日加油的配给制。加油站经营者受到虐待、暴力,甚至死亡威胁和袭击。人们为了争先加油常常以恶相向。残酷的现实是愤怒的根源,人们的日常生活需要石油——送孩子上学,大人上班,购物,货物四面八方的运输,甚至割草。美国民众发现他们的选择受到了限定,炫耀性、扩张性消费被挤进了墙角。所以说,20 世纪 70 年代危机的影响是多样的,并且具有变革性,特别是对最依赖石油进口的国家来说。

面对美国的石油消费

由石油输出国组织实施的石油禁运开始其实是一项政治行动,但是这一行

〔1〕 *New York Times*, January 21, 1974. Karen R. Merrill's collection, *The Oil Crisis of 1973—1974: A Brief History with Documents* (Boston: Bedford/St. Martin's, 2007).

动有其经济影响，因此，尼克松政府以多种手段(包括政治谈判)处理石油禁运。这些谈判基于世界上新兴的地缘政治组织，尽管这些组织事实上在处理石油贸易问题上所起的作用微乎其微。谈判在几条战线上同时展开，包括在以色列与其阿拉伯邻国，美国与其盟友以及石油消费国与阿拉伯石油出口国之间。其中，当务之急是针对贸易网络中的相互关系，建立能够展示相互尊重的对话，这成为所有关涉方优先考虑的事情。以“石油禁运如若依然实施，则谈判将不会开始”这样的条件来劝说阿拉伯石油出口国，并且，在 1974 年 3 月尼克松政府撬动最大力量恢复石油生产。一方面政府在努力，另一方面无论是政界还是普通民众对现实也展开了反思。石油短缺激起许多美国政客考虑改革美国消费模式，同时，美国消费者也认识到这样的消费文化是难以持续的。

现象背后的震动永远是更剧烈的，中东的内部关系在石油禁运和供给困难的影响下发生了极大改变。在《石油大王们》(*Oil Kings*) 一书中，安德鲁·斯科特·库伯(Andrew Scott Cooper)展示了伊朗国王和尼克松合作对抗石油输出国组织的各方压力和产量限制。库伯写道：“凭借大量的石油美元供给和武器输入，伊朗帝国及其领导人对统治波斯湾和掌控进入中亚的陆桥直至非洲东部海岸信心十足，无所畏惧。”[1]20 世纪 70 年代初，美国和伊朗之间的武器交易和灵活的石油配额，实际上动摇了伊朗国王在该地区和其国家的权力。1975 年后，美国增加了从沙特阿拉伯的石油进口，伊朗国王的地位被进一步削弱，基本上处于无保护状态。

20 世纪 70 年代末，石油进口问题变得更为复杂，一些美国人指出石油供给问题是一桩过往，于是美国与伊朗的关系便急转直下。1979 年当伊朗人把美国外交官作为人质，美国总统吉米·卡特(Jimmy Carter)下令禁止伊朗向美国出口石油并对伊朗人的资产实施冻结。1980 年第二波油荒随之而来并且雪上加霜，两伊战争的爆发使得世界原油市场每日 400 万桶原油被消耗——这占石油输出国组织石油输出量的 15%，占西方世界对石油需求的 8%。

对于美国和许多发达国家的诸多行动主义者、政客和规划师来说，20 世纪 70 年代似乎是一个转折的契机，他们认为这十年将可以让美国摆脱从其他国家大量进口石油的依赖，那是一份令人不安的依赖。对于许多消费者而言，美国生

---

〔1〕 Andrew Scott Cooper, *Oil Kings: How the U. S., Iran, and Saudi Arabia Changed the Balance of Power in the Middle East* (New York: Simon and Schuster, 2011), p. 163.

活的消费特征发生了明显的改变。尤其是,美国民众开始反思和审视能源使用的态度和观点。这一影响在曾经受训成为核能工程师的总统卡特的椭圆形的办公室里清晰可见。他对一些革命性的新思想加以反思,例如由经济学家阿莫里·洛温森(Amory Lovins)在1976年的一期《外交》(*Foreign Affairs*)杂志上发表的文章《软能源之路》(Soft Energy Paths)。而在其接下来的一本书中,洛温森对比了"硬能源之路"和"软能源之道",前者由当时大多数电力公司所预言,后者由洛温森和其他公共事业评论家所倡导和提出。他写道:

> 能源问题,根据传统认识,就是如何提高能源供给来满足计划性的需求。但是,当我们以耗能达到社会目标作为一把尺子时,这把尺子,与其说用来衡量成功,还不如说用来丈量失败。而"软能源之道"可以同时为失业者提供工作,为商人提供资本,为环保主义者提供环境保护,为军队加强国家安全,为小企业创新和大企业自我循环提供机会,为世俗提供令人兴奋的技术,为宗教带来精神价值的重生——老人崇尚传统美德,年轻人崇尚激进的改革,全球主义者崇尚世界秩序和公平,孤立主义者崇尚能源独立。因此,尽管当前政策与几个强权体制的预期短期利益一致,但是最终,软能源之道与发生在草根阶层的逐渐汇合的社会变革中的更多方面相一致。[1]

为推广煤炭和核能,卡特直接向美国民众推行节约能源的理念。[2] 卡特政府为历史所铭记是因为几个事件,其中最有名的是伊朗劫持美国外交人员的人质危机事件,然而,当卡特掌控议程时,他将国事议题转向能源问题。在1977年的国文咨询讲话中,卡特敦促:

> 今晚,我想与你们展开一场并非令人愉悦的对话,是美国历史上前所未有的一个问题。除了战争防御,这个问题是美国自诞生以来所面临的最大挑战。能源危机还没有把我们压倒,但是如果我们不尽快采取行动,那就为时不远了。
>
> 这是一个在接下来的几年我们不能解决的问题,而且在本世纪余

---

[1] Amory Lovins, *Soft Energy Paths: Towards a Durable Peace* (New York: Friends of the Earth International, 1977), pp. 121—122.

[2] Daniel Horowitz, *Jimmy Carter and the Energy Crisis of the 1970s* (Boston: Bedford Books, 2005), pp. 20—25.

下的时间这一问题将越发严重。

如果我们希望为我们的儿孙留下一个体面的世界，我们就不能自私和怯懦。

我们必须要在对能源的需求和国内资源急剧萎缩之间做出平衡。现在行动，我们还能够把握未来，否则，就只能任由未来拿捏我们。

我们对能源问题所做出的决定将检验美国民众的品质和美国总统的能力与国会的管理能力。这一任务之艰难堪比战争，只不过这次我们是齐心协力去建设而不是摧毁。[1]

在这一步极具风险的政治举措中，卡特试图引领美国民众慢下来，不过，踏上这条路必将面对更大的困难，需要激进的社会和文化转型。卡特指出，战后，美国人对“未来世界”的畅想和对动力汽车的依赖，需要改变。美国人需要将资源管理提上首要议程，应该受到紧缩和节能的理念的刺激。

在 20 世纪 70 年代末的美国，这一提议是孤立的。那时，大多数美国人对环境视角一无所知。卡特说，这一理念与基于石油生态文化的炫富型消费正好相反。尽管他清晰地指出，由于面临攫取型能源资源不断减少的约束，未来前景堪忧，但是即使到了 20 世纪 80 年代，许多美国人还是依然故我甚至变本加厉。在应对 20 世纪 70 年代的石油危机中，虽然美国是一个例外，但是其他国家被唤醒。70 年代的转折性影响给他们炫富消费的幻想敲响了警钟，能源危机让围绕着对石油的无节制使用而形成的美梦被惊醒。由此，70 年代标志着对于能源认识的一个翻天覆地的转变，即开始关注可再生能源。

在其他以石油为财富繁荣起来的国家，政权集中化成为一种手段，用来快速应对 70 年代石油危机的后果，实施大规模转制以及能源供给的多样化。对 70 年代能源危机转折的应对在这些国家中画出了一条清晰的界限——分化出将 70 年代转型制度化的国家（以欧盟为代表）和以美国为代表的回归型国家，在发达国家之中对于石油资源“拥有”还是“没有”的理念形成了一个新的、更具罪恶感的变种。在接下的几个十年，对于进口原油的过度依赖界定了一个国际关系的新时代，甚至为发动战争提供了理由和借口。

---

[1] Daniel Horowitz, *Jimmy Carter and the Energy Crisis of the* 1970*s* (Boston: Bedford Books, 2005), pp. 43—46.

囤积时代:战略石油储备

应对石油短缺最明显的反应可能就是通过创造一种存储石油供给的手段佯装能够对其有所控制。构想于20世纪70年代,美国战略石油储备是世界上最大的应急原油供给储备。尽管20世纪末的美国人没有因此把存储燃料作为首要任务,但是战略石油储备在国家战略规划中是值得借鉴的。从美国的视角,这一规划最好不让公众知晓,当然也不让其他国家知晓。关系到战略石油储备,不让他国知道即将采取的严厉而且立竿见影的措施,对于美国来说是有利的。[1]

面对需要从其他地方获取石油这一显而易见的现实,美国把对石油的获取视为国家安全之要义,同时基本上让这一思维逻辑不为公众所知。尽管战略石油储备的创立基本上就是承认了石油资源的有限性,但是没有关于石油峰值全国性的讨论。作为一种大宗商品,石油应该在和平和安全时期囤积,如此一来,当因某种原因平衡难以为继,国家的这一储备便可应对不时之需。

尽管自20世纪40年代美国就一直在考虑储备石油,不过,直到1973年和1974年当石油输出国组织实施禁运时,才彰显了储备石油的必要性,因为对于政治家来说,只有拥有了石油储备,才可以抵消无论是由政治事件还是自然事件造成的石油供应中断的影响。1975年12月22日,福特总统签署了《能源政策和保护法案》,该法案宣布建立高达10亿桶的石油储备。墨西哥湾地区提供了便利的石油运输和炼油通道,以及必要的地质基础构架,即地下矿盐穹。从沙特阿拉伯等地开采石油,然后运输到这里,泵回地下,成为美国储备用油。

穹拱是在之前讨论过的几个替代方案中选定的,其中包括在地面上安放布置小型运输油船和大号橡胶袋。巨型洞穴一旦被选中,通过"溶矿"技术,就可以使这些洞穴用来贮存石油,具体的操作是,把大量的水冲入穹拱然后再吸出,直到地表下面形成一个巨大的空洞。通过实施矿盐工程,巨型洞穴就不会渗漏。矿盐像塑料一样把石油包裹起来,这样洞穴就不会漏油了。接下来的20年里,美国联邦政府花费370亿美元修建这些工程,用于存储石油。

---

[1] 关于战略石油储备的更多信息参见:Bruce Beaubouef, *The Strategic Petroleum Reserve: U.S. Energy Security and Oil Politics*, 1975—2005(College Station: Texas A&M University Press, 2007)。

1977 年 4 月,美国政府收购了几个本已存在的巨型矿盐洞穴作为第一批战略石油储备点(估计有 500 个这样的巨型洞穴)。1977 年,第一批地面设施 6 月开建,7 月注油。在接下来的几十年里石油灌注持续进行,不过,美国民众真正听说战略石油储备是当《能源政策和保护法案》授权总统考虑撤资之时。储备的石油能源紧急情况下会通过竞争性销售进行分销。不过,这样的情况只发生过两次:1991 年的沙漠风暴行动期间,2005 年的卡特里娜(Katrina)飓风之后。

该项目的支持者认为,战略石油储备可以不惧怕切断进口石油的威胁,也是外交政策中的关键手段。他们认为,在石油产量下降的时代,战略石油储备让美国克服了"能源无能"问题。但是,如果每个国家都有自己的战略石油储备,那么这一手段还会有效吗?我们可能需要弄清楚:到 2006 年,那些宣布拥有某种形式的战略石油储备的国家包括欧盟的每个国家(这是建立 27 国联盟的指令所要求的)、中国、以色列、约旦、新加坡、韩国、泰国、日本和南非;建设石油储备的国家包括印度、俄罗斯、伊朗、澳大利亚、新西兰和菲律宾。

资料来源:美国国会图书馆印刷品与图片部,档案号 LC-DIG-matpc-13159。

图 7.2　在如伊拉克这样的地区,石油将西方在该地区的利益和当地的权力机构结合起来。

据美国能源信息署的数据,美国的战略石油储备大约为 41 亿桶,其中,政府控制 14 亿桶,其余的由私营企业持有。目前,美国的战略石油储备位列世界第

资料来源:美国国会图书馆印刷品与图片部,档案号 LC-DIG-matpc-13161。

图 7.3 在如伊拉克沙漠这样的地方开发油井需要西方石油公司的建筑工程部门施工。

一,这些石油储备位于得克萨斯州、路易斯安那州和密西西比州:得克萨斯州的两处分别位于自由港附近的布莱恩土丘(Bryan Mound)和维尼(Winnie)附近的大丘,路易斯安那州的两处分别位于查尔斯湖(Lake Charles)附近的西哈克波里(West Hackberry)和巴吞鲁日的乔克托河口(Bayou Choctaw),而密西西比州的唯一一处位于里奇敦(Richton)。建设发展战略石油储备对于石油生产商来说利润惊人。不过,这是由石油稀缺形成的竞争性市场,不是 1973 年禁运造成的虚假短缺。而且,这种源于"石油峰值"概念的资源稀缺为社会带来了一种终结的气氛。在这一激进的新逻辑下,石油供应的科学现实与消费文化一致,消费者几乎毫无例外地争相成为获得稀缺资源的第一人,而这一稀缺资源是由这些你争我夺的个体所组成的社会赖以生存的资源。

石油独裁者以持续加重的石油稀缺相互较量

在囤积石油的时代,那些拥有石油的国家理所当然地享受到了飙升的国际声望。"石油独裁者"这一专属名词冠予不同地区的各类领导人,从阿塞拜疆到委内瑞拉。每个石油独裁者或者其集团都利用石油这一大宗商品所赋的权力为其个人谋利以及提升其国家在世界政治舞台的地位。尽管这是新石油战的一部分，但是这些领导人不止利用石油简单地获取收租人的利益。伊拉克领导人萨达姆·侯赛因定义了“石油独裁者”的内涵，其实伊拉克石油国有化是在1972年，但是在1979年到2003年执政期间，萨达姆对石油这一资源的财富攫取用力过猛，大大超过拥有这一资源的其他人。萨达姆·侯赛因过分利用了石油优势，那些后来的石油独裁者从他那里汲取了教训，审慎考虑在资源战的时代如何处理好石油这一大宗商品。

在一项石油限产行动中，萨达姆·侯赛因在石油输出国组织大胆地寻求强行发号施令的角色来掌控国际油价。而科威特在20世纪80年代连续超出产量限额以迎合美国。尽管这样加强了科威特与西方强权的关系，但是石油输出国组织其他国家的领导人对科威特颇有意见。伊拉克的萨达姆·侯赛因1979年掌权实施独裁统治并开始建设该地区规模最大的军队。该军队的首次亮相是1979年出兵入侵伊朗，而1990年，侯赛因对科威特进入波斯湾开采石油予以格外关注，宣称作为石油输出国组织的执行者出兵科威特。当侯赛因将其石油储备一夜之间增加20%，全世界都是在静观其变，并想象后续的结果。如果其军队继续挺进武装力量薄弱的沙特阿拉伯和阿拉伯联合酋长国，那么伊拉克将掌控全球石油探明储量的近一半资源。在对石油持续需求的驱使下，美国及其盟国决定插手中东地区事务。

在接下来的几个月是努力利用联合国的力量对中东局势加以非军事渗透。最终，在1991年1月17日，大批多国部队在联合国的授权下由美国率领空降波斯湾，目的是把萨达姆·侯赛因的军队逼回伊拉克。大部分战斗都是只持续几个小时，在美国最先进的军事技术装备军队对战斗力的加持下，萨达姆·侯赛因的军队遭到惨重打击。事实上，战争本身就象征着发达国家和发展中国家之间的差别，在中东地区和非洲称霸的萨达姆·侯赛因军队一败涂地，毫无还手之力。然而，这不意味着他的部队不能对资源造成巨大的破坏，在撤退之前，萨达姆·侯赛因的军队点燃了科威特800多口油井，造成当代最大的环境灾难。

萨达姆·侯赛因被允许撤退到巴格达并保留其统治权力，直到又一届美国总统，人称小布什的美国第43届总统乔治·沃克·布什在2003年抓紧时机派出大批美国军队推翻这一独裁政权。2003年战争的逻辑是2001年的“9·11事件"对美国本土的袭击。布什总统强调,反对如萨达姆·侯赛因这样的领导人是先发制人的新战略,其目的是防止未来有可能遭受的袭击或冲突。批评家直接指出这场战争是资源战,即有意打开伊拉克的石油储备,以便美国对其的使用和开发,不必碍手碍脚。事后看来,获取原油至少是推翻萨达姆·侯赛因附带的好处之一。不过,随着萨达姆·侯赛因倒台、被俘和死亡之后的局势不稳,开发伊拉克石油产业的希望熄灭了,2010 年,伊拉克新的石油秩序才清晰可见。

近几年俄罗斯遵循一种不同以往的政体模式,然而,石油仍然呈现出作为其国家权力基础的主要构架元素。石油产业不再由国家财政预算资金支持,现在取而代之的支持来源于把石油卖给其他国家获得的收益。至少在一个地区——西西伯利亚——是苏联解体、俄罗斯联邦出现后的一个独立区域,在这里有一个苏联石油部向莫斯科申请组建的股份有限公司——卢克石油(Lukoil)。[1] 在俄罗斯独立的早期,西西伯利亚之外其他的石油资源以复杂的并且非常不明晰的方式划分给工人和私营公司。历史学家约翰·D. 格雷斯(John D. Grace)写道:"到了 1995 年,在俄罗斯有大约 36 家源于苏联时代的产油企业,其中 20 多个仍然属于国有单位,13 个是私营公司。在这些公司中最重要的是卢克石油公司、尤科斯公司(Yukos)、苏尔古特石油公司(Surgutneftegaz)、斯拉夫石油公司(Slavneft)、辛丹科公司(Sidanco)、科密尼公司(Kominift)、东方石油公司(Eastern Oil)和奥纳可公司(Onako)。"格雷斯指出,在伏尔加一乌拉尔盆地,还有两家公司仍在地方政府控制之下:鞑靼斯坦和巴什科尔托斯坦(Bashkortostan)。[2] 由于少数俄罗斯人控制了国家的银行信贷系统,这些寡头很快就成为新石油行业的主角,尤其是卢克石油公司。

到了 21 世纪,卢克石油以西方石油和天然气公司作为样板,兼并小公司并且除石油开采和生产之外又多样化地发展了其他国际业务,包括炼油厂、市场推广和建立石化企业。在 2002 年,卢克石油成为俄罗斯第一家在伦敦上市的石油公司。[3] 卢克石油公司还活跃在哥伦比亚和伊拉克,同时还承建里海附近主要石油运输管线。石油的新交易发生在与亚洲国家的贸易中,特别是日本和中

---

〔1〕 John D. Grace, *Russian Oil Supply: Performance and Prospects* (London: Oxford University Press, 2005), p. 105.

〔2〕 Ibid., p. 107.

〔3〕 John D. Grace, *Russian Oil Supply: Performance and Prospects* (London: Oxford University Press, 2005), pp. 110—112.

国，这使得卢克石油公司在新兴市场上占尽先机。不论公司是否真的独立，像卢克石油这类取得快速商业成功的公司，使得俄罗斯成为当今世界石油生产和运输的佼佼者。

石油独裁者通常想方设法延长执政期。然而，越来越多的证据表明，独裁政权片面强调石油开发不会有好结果。无论如何，石油供应都已经成为发展中国家在与发达国家力求缩小差距的较量中单一的重要平衡因素。

其他国家利用国有或者其他模式利用石油开发所获资金支持基础建设。例如，在开发北海石油中，欧洲国家实施了联合起来的倡议。在1968年之后，英国、丹麦、挪威、德国、荷兰实施联合税收及特许经营来开发困难重重的北海海上石油。例如，在挪威，其国有石油公司挪威国家石油集团(Statoli)的产量就让其国家成为世界第三大石油出口国和第八大石油生产国。挪威没有加入石油输出国组织，而是在1990年把石油销售和授权开发所获资金聚集起来，成立世界上最大的公共基金——挪威石油基金，这在很大程度上确保了该国的经济平稳，特别是当遇到石油供应紧缩之时。最近几年有批评家质疑是否有必要成立这样规模巨大的石油储备基金，尤其是考虑到挪威人口不到500万。近来，很多批评家呼吁使用石油基金改善挪威内部建设和满足国家在其他方面的需求。

发展中的非洲：地区的冲突与现代化进程

去殖民化为许多国家带来了变革，无论是否拥有价值可观的石油资源。以许多非洲国家为例，第二次世界大战之后的几十年，经历了农业生产大规模扩张。但是相比许多亚洲、中美洲和南美洲国家在粮食生产上取得的绿色革命的成功，非洲地区不太成功。

在农业变革中，石油发挥了重要作用。而上述国家中有些国家也掉进了现代生活的陷阱，犹如发达国家中所呈现的一样。然而，在许多非洲国家，由于这样或那样的原因，殖民时代结束后所发起的现代化进程让位给动荡与冲突，农业生产力革命偶尔导致冲突甚至使国家分裂，这使得许多非洲国家的生产力很难维持在一定的水平。

非洲苏丹的达尔富尔(Darfur)就是经典例子，动荡使得原有的民族矛盾和经济矛盾升级恶化。以放牧为生的阿拉伯游牧民连年骚扰以种植作物定居生活的非洲农耕民。因为人口的扩张导致了生态环境危机和动荡,每个部落都指责这是其他部落的责任。在达尔富尔,每一个部落为了生存都拼尽全力与其他部落争夺资源,更准确地说:游牧部落向南发展寻找新的牧场,而农耕部落向北寻找可耕作的土地。冲突中的血腥残杀来源于种族的不同,然而,发展和可持续性的压力又使得生存压力加大,从而更加剧了冲突。

在赤道几内亚,困境则完全不同。与上面所说的石油独裁者的行径相似,总统西奥多·奥比昂(Teodoro Obiang)利用新近发现的石油资源为自己拨得政治头筹,但是,他的国家却毫无收益。石油财富被腐败的国家领导人窃为己有在发展中国家里尤甚,他们接受贿赂或者在官方指定的石油开采和生产合同的交易中大捞油水。在20世纪90年代的石油开发中,赤道几内亚异军突起,到了21世纪,这个国家是非洲撒哈拉地区第三大产油国。总之,奥比昂总统与发达国家的关系——特别是与美国的关系,使得他个人收入数百万美元,但对赤道几内亚缩小与发达国家的贫富差距毫无作为。

赤道几内亚是由一系列分散的岛屿组成的国家,在20世纪60年代独立,实业家只能在一穷二白的基础上搞工业建设。但是,在追求利润最大化的驱使下,许多石油公司在赤道几内亚这样完全没有电网的地方使用进口原材料和劳动力建立石油采收和生产基础设施。运用早期新兴城市的理念,马拉松石油公司等很快进入了赤道几内亚,创造所需的石油生产场地。该公司在赤道几内亚建造了一座混凝土工厂,当石油枯竭时,这座工厂拆除并转移到其他地方。石油厂来自亚洲的工人住在从国外进口的拖车里。该公司的每个设施都有自己的卫星通信网络,直接连接到位于得克萨斯州休斯敦的总部。石油开发在赤道几内亚这样的国家变得愈发简单,这些国家的领导人只要在石油开发计划上保证不提出任何异议或讨论即可。

从法律和道义的立场上看,更大的问题是,开采石油储备的收益与赤道几内亚国民无关。记者彼得·马斯指出,石油“不仅是一种可偷的宝藏,还是一个政治护身符,保护小偷不被遗弃或惩罚”。[1] 奥比昂凭借开发石油的收益过着优渥的生活,此外,他在华盛顿特区的里格斯银行(Riggs Bank)开设账户,方便那些与他合作的美国公司为其存款。这样的安排巧妙地吸纳了那些石油公司支付

---

〔1〕 Peter Maass, *Crude World*: *The Violent Twilight of Oil* (New York: Vintage Books, 2009), pp. 29—31.

的近10亿美元,这些石油公司也乐于对这些资金的去向不闻不问。在得知此事后,美国参议院进行了调查并发布了报告《洗钱和外国腐败:爱国者法案的执行和有效性,涉及里格斯银行的案例研究》。[1]尽管赤道几内亚蕴藏巨大的石油财富可以利用,但国内政治结构和权力限制了石油对这个国家的价值和意义。

对非洲国家来说,石油往往只意味着采掘业;在石油被抽干并用于帮助其他国家繁荣之际,开采石油的收益对缩小本国与外界的发展差距毫无帮助。

为获取石油而战

在发达国家看来,以石油资源供应作为政治武器需要日益活跃的文化互通。在1989年就任美国总统时,老布什直指中东和石油独裁者:“他们用石油和天然气产业,直接就搞定了美国总统,他们是知道的,绝对是知道的。”布什总统的世界观与他的商业经验相结合,使他成为第一批清晰地看到并公开指出在石油输出国组织主导的中东地区对美国影响力的战略重要性的西方领导人之一。中东地区生产全球2/3的石油。

在这一历史的交汇点,为了所有成员国的利益,石油输出国组织绞尽脑汁调整油价,但由于自身的经济需要,许多国家都不愿限制产量。1990年萨达姆·侯赛因入侵科威特时,老布什协调统筹联合国部队的联合行动阻止了侯赛因的进程,并最终迫使伊拉克军队离开科威特。当伊拉克军队逃离科威特时,他们点燃了那里的500口油井。这一恐怖行为造成了环境危害并削弱了科威特对石油的直接生产能力。然而,最具破坏性的是侯赛因的失算,让美国将其军队留存在世界关键的石油地区。布什实现了在波斯湾国家和美国之间建立相互依赖关系的目标。然而,这并不一定意味着稳定的油价会持续下去。20世纪90年代末带来了更多与产量不足有关的问题。生产不平衡导致汽油价格在1999年和2000年上涨了两倍。玛丽·卡尔多、特里·林恩·卡尔和雅赫亚·赛义德追溯了21世纪伊拉克战争的根源,他们认为,美国试图利用石油这一大宗商品来促成参战的决定,来打一场关于石油的“旧战争”。据悉,伊拉克的石油收入将基本

---

〔1〕 Ibid. ,pp. 40—42.

被吸纳并用来支付战争消耗。[1]

在曲折的历史命运中,2000 年的总统大选让前总统老布什的儿子乔治·沃克·布什入主白宫。伊拉克领导人萨达姆·侯赛因和中东石油供应是新总统的首要任务,此时,油价仍处于低位。然而,在 2001 年 9 月 11 日的恐怖袭击之后,能源安全呈现在公共视野里。尽管与萨达姆·侯赛因无关,但这些攻击成了撬动后续事件的支点,使得布什总统可以将推翻伊拉克领导人作为美国军队的一个使命。这样做有两个理由:首先,侯赛因的不可靠性和可能的危险与由他控制的重要石油储备相结合导致的风险;其次,进攻伊拉克后,石油销售收入将有助于迅速稳定新的伊拉克,并减少美国或任何其他在该地占领的国家必要的财政支出。这两个支持战争的论点其实都源于石油的重要性。

2003 年以美国为首的入侵是关乎石油供应吗?问题与我们的石油生态紧密相连,发达国家需要稳定的石油供应。很显然,20 世纪,维护海外能源安全的需求稳步上升。直到第二次世界大战结束,美国国内的石油供应让美国人在相比之下看到欧洲列强对中东石油资源的殖民和开发;战争结束时,美国的外交政策制定者对此有了同样的认识。显然,21 世纪的世界几乎在每一项外交互动中都将地缘政治纳入外交决策。在半个多世纪的虚假信息的蒙蔽下,美国消费者必然成了最后理解美国对石油严重依赖之后果的人群。历史可能表明,入侵、占领和支持重建伊拉克的核心都是石油。这场战争显然是全球新石油秩序的一个主要象征,这一秩序是根据是否"拥有"石油而构建的,通过各方努力,针对性地弥补了各国在石油组织中的地位。

为了让新的石油秩序更加清晰,2004 年南希·伯索尔(Nancy Birdsall)和阿尔温德·萨勃拉曼尼亚(Arvind Subramanian)在颇具影响力的《外交》杂志上发表了《用石油拯救伊拉克》(Saving Iraq from Its Oil)。这篇文章劝谏美国和其他盘踞在此的国家如何让伊拉克的石油成为推动伊拉克发展为一个新国家的有利资源。该论点是基于一个简单却不同凡响的理念。他们以这样的笔触指出,石油是一种"资源诅咒",并认为:"石油财富远非如人们想象中的福祉。事实上,一些国家穷得底儿掉,恰恰是因为它们拥有丰富的石油。石油和矿产财富可能不

[1] Mary Kaldor, Terry Lynn Karl, and Yahia Said, eds., *Oil Wars* (London: Pluto Press, 2007), pp. 6—8.

利于经济增长和民主的实施,而是阻碍制度的发展,阻碍形成开放的市场经济和政治自由的重要价值观的发展。"[1]当然,伊拉克战争的苦涩讽刺之处在于,战争源于伊拉克,这里随即又变成一场新石油战的焦点,而在这其中,恐怖分子积极煽动持不同政见者而使美国对伊拉克的占领复杂化。在这个过程中,恐怖分子的活动削弱了以石油获利协助重建一个新伊拉克的能力。

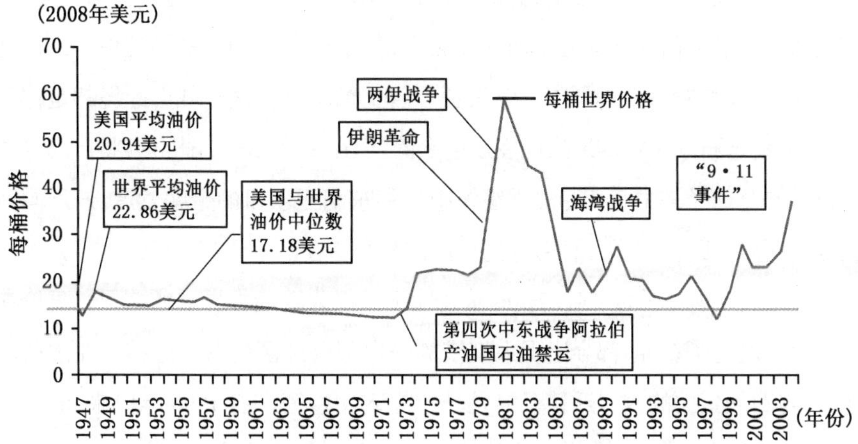

资料来源:美国能源信息署。

图 7.4 中东市场的原油价格(以 2008 年美元计)波动与事件的关联性

结论:迪拜和那些逐梦人

对于整个人类社会来说象征性的标识非常重要。如 2001 年的"9·11 事件"表明,对于一些发展中国家的人来说,纽约世贸中心那两座标识性的办公大楼让他们倍感无力,这是由于缺乏机会,缺乏开发其国家资源的路径。这两座塔楼以似乎微小而又颇具重要意义的方式标记出一个点,在他们看来,就在这个点上那一差距可能被打破。那一天成千上万的美国人丧生,也正是那一天导致美国扩大军事行动,强化其国土安全文化。这一世界的天际线告诉人们,那一差距并未趋于缩小;只是权力中心开始转移。

2010 年初,迪拜的哈利法塔(Burj Khalifa)拔地而起直冲云霄,其象征意义

[1] Nancy Birdsall and Arvind Subramanian, "Saving Iraq from Its Oil," *Foreign Affairs* 83, no. 4(July-August 2004), p. 77.

远大于实用价值。作为新兴世界秩序的象征,哈利法塔是一座高达 828 米的火箭状引人注目的建筑。它是世界上最高的建筑,视野可达 100 公里。哈利法塔耗资约 15 亿美元,耗时 5 年建成,有 160 多层楼,轻松超过了台北之前的纪录保持者。如果说 20 世纪 70 年代的石油危机标志着发达国家被迫承认需要发展中国家的石油,那么迪拜塔的建造则标志着这一石油供应现实已成为常态。

迪拜,这座拥有哈利法塔的城市,在 21 世纪的头十年成为全球注目的焦点。它是阿拉伯联合酋长国的七个酋长国之一,位于波斯湾南部的阿拉伯半岛。迪拜市政府有时被称为"迪拜国",以区别于酋长国。尽管这座城市的崛起是伴随着 20 世纪末石油工业的发展而发展起来的,但在 21 世纪初,迪拜就将自己定位为新兴的全球经济中心。专注于组织中东和东南亚项目的金融发展,迪拜同时也是波斯湾地区发展多工种劳动力市场的重心所在。

21 世纪伊始,石油日益增长的重要性不仅仅为政治领导层所瞩目。无论在什么地方发现了石油,都会出现大规模的来自邻近地区的劳工迁移。在波斯湾地区,与石油相关的人口迁移已经是一个界定性特征。自 1990 年以来,流入波斯湾的最重要的劳动力来自印度的喀拉拉邦(Kerala)。例如,1998 年,近 140 万喀拉拉邦人从印度移民,他们中大约 95%的人前往中东的阿拉伯国家。其中近 40%移民到沙特阿拉伯,30%移民到阿联酋。

在中东地区,一代代产业工人随着石油工业迁移。由于国内收入较低或者无法就业,几十年来,许多人就到国外打工,做出租车司机,或者开小饭馆,然后把钱寄到家里或者逢年过节的时候自己回家带回去。近年来专业技术工人的数量一直在增加,特别是来自埃及等国的技术工人。而在过去,工程师和其他专业人员都是在欧洲或者美国受训和找工作,现在他们发现在离家不远的地方就不断有机会。埃及大约有 500 万工人在国外,其中 150 万在波斯湾地区。对于埃及来说,外迁的埃及人从美国、欧洲和波斯湾地区往家里寄的钱是其外汇主要来源。埃及人在 2007 至 2008 财年寄回埃及的钱就有 85.6 亿美元,而前一年是 63.2 亿美元。

这些工作主要集中在一个已经在该地区形成的新城市上:既包括国际经贸工作,也包括在该地区的实体建筑工作。融合了世贸中心的敬业和拉斯维加斯的颓废,现在,迪拜的重心就围绕着哈利法塔,这里布满了夜总会、清真寺、豪华套房和高级董事长会议室。在哈利法塔,你可以看到世界上第一家阿玛尼酒店的奢华,世界上最高的游泳池(在 76 层)、最高的清真寺(在 158 层),以及 54 部时速可达 65 公里的电梯。对于居住在这 600 万平方英尺的 12 000 多名居民来说,哈利法塔是沙漠里的一片绿洲,除了真正的沙漠,还有围绕在处于极度贫困状态的阿拉伯联合酋长国的大多数民众。

更具讽刺意味的是,2008 年全球经济放缓让迪拜和哈利法塔更像是一个象征,而不是真正的成就。这座城市的房地产市场崩溃了,哈利法塔工程在接近完工时受到了震动。当时,这座建筑被命名为迪拜塔。为了挽救该项目并确保其在 2010 年完工,邻国阿布扎比王国为其提供了资金支持。“迪拜不仅拥有世界上最高的建筑,而且还达成了似乎是有史以来最昂贵的冠名权交易。”《黄金之城:迪拜与资本之梦》(*City of Gold*:*Dubai and the Dream of Capitalism*)的作者吉姆·克兰(Jim Krane)写道:“把迪拜塔改名为哈利法塔,如果不能说成是投桃报李,那也是在接受了邻国在 2010 年给予 100 亿美元的援助后,迪拜的一份微薄心意。”[1]

经济观察人士毫不怀疑经济会复苏,不过,即使复苏了,它仍将基于一定的、基本的、全球的现实状况来构架。当然,这其中最主要的是对石油日益增上的需求,而这,是通过哈利法塔的熠熠生辉呈现出来的。

---

[1] Jim Krane, *City of Gold*:*Dubai and the Dream of Capitalism*(New York:St. Martin's, 2009).

基本框架:纽约商品交易所与石油大宗商品

“如果美国庆祝经济的里程碑与庆祝军事和政治事件的方式一样,”商业专栏的记者丽莎·马格奈利(Lisa Margonelli)在《思考中的石油》(*Oil on the Brain*)中写道,“那么我们将有一个在3月30日的假期,来纪念1983年的这一天原油期货开始交易,让我们所有人都参与石油这一巨大的全球市场。”[1]随着局势的变化,石油价格不再由富有的石油大亨和政治领导人的“幕后交易”决定。现在,信息流通更加自由并且价格的起伏是随着石油在现货市场上的买入卖出而波动。油价很大程度可能是谎报,是种基于假设和主观观察的虚构。油价波动加剧是因为交易员们时不时地灵光一现会即刻反映在市场交易中。

开放市场的进程始于1978年建立的取暖油交易所,取暖油交易所大致是基于如土豆等粮食作物种植者使用的交易所类型。自1872年纽约商品交易所(NYMEX)成立以来,大宗粮油交易一直是其主要目的。这种交易的一个重要组成部分是期货合约的交换。就石油而言,期货合约是代表1 000桶石油的凭证,将在未来一个月到六年内的某一天交割。简而言之,交易者是在赌未来某个特定时刻的石油价格。购买期货有助于炼油商和生产商更好地管理预算,并对冲价格大幅下跌的风险。

这个抽象的系统近乎怪异,因为纽约商品交易所的合约实际上只涉及一种石油:通过管道输送到俄克拉荷马州库欣(Cushing,Oklahoma)的西得克萨斯中质原油。然而,全球指数是由这一点决定的,因此,从这一点开始,全球范围内的原油——包括161种原油(含石油输出国组织和非石油输出国组织的)的买卖价格都由此反映出来。更糟糕的是,这个价格是由大宗商品交易大厅里的一群交易员决定的,他们呼喊着,挥舞着卡片,通常是对当天的新闻做出反应。马格奈利形容:“交易所这个‘油井’是动作片和美国橄榄球超级碗令人陶醉的混合体。”[2]引用乔治华盛顿大学和资源期货经济研究所的罗伯特·韦纳(Robert

---

[1] Lisa Margonelli, *Oil on the Brain: Petroleum's Long, Strange Trip to Your Tank* (New York: Doubleday, 2007), p. 120.

[2] Ibid., p. 122.

Weiner)的评论，马格奈利写道：

> 对石油市场的一种批评是指责它鼓励投机，推高油价。但是韦纳说："石油业人士说投机是不好的。不过，市场需要投机者，他们就像油脂，通过大量交易让整个体系得以运转，而不至于摩擦不断。没有投机者，就不会有纽约商品交易所，因为买家和卖家没有交易对手。"[1]

作为对20世纪70年代石油危机的一种反应，纽约商品交易所的期货交易动摇了石油的权力结构。权力并没有从产油国的领导人手中转移，也没有从世界大型石油公司的领导人手中夺走。相反，石油作为一种大宗商品，允许其他参与者(即期货交易员及其代表的投资者)分享权力。至少，这些结构性变化增加了目前油价的波动性。因此，在21世纪，当沮丧的消费者摇着头问："他们是怎么制定出这些油价的?"最准确的回答可能是耸耸肩。

---

〔1〕 Margonelli, *Oil on the Brain*, pp. 129—131.

第四部

生活在能源有限与能源转型的时代

（1980年至今）

基本框架:气候变化让人们看到一个新的世界秩序

当一些政客和媒体评论员在争论气候变化是否真在发生的时候,世界范围内的冰川覆盖率下降了大约20%,某些地方整片陆地消失,变成海平面。从丹麦哥本哈根贝拉中心的大厅到孟加拉湾印度岛屿的红树林,人类不得不适应气候变化——气候变化正改变着我们的生活方式,也改变着我们对未来的希望。

大约在1973年阿拉伯石油禁运的时期,在一场台风之后,新摩尔岛从孟加拉湾浮现出来之后就一直处于争议之中。这个岛屿有1.3英里长,1.1英里宽,成为印度和孟加拉两国有争议的领土,孟加拉国一方称该岛为南塔尔巴提(South Talpatti)。在20世纪90年代,政治较量发生之际,科学家注意到在过去的40年里孟加拉湾的桑德本斯(Sunderbans)泥滩面积减少81平方英里,而新摩尔岛作为该区域较大的一部分,其面积也在不断缩小。孟加拉湾这一片海域和岛屿在气候变化的影响下很有可能消失,特别残酷的现实是这个岛上的大多数村庄处于极度贫困之中。联合国的一个专家委员会预测,如果海平面如预报的那样上升3.3英尺,那么到了2050年17%的孟加拉国土将消失,这将使得这个国家150万的人口中有20万人口被迫迁移。然而,就新摩尔岛问题,加尔各答(Calcutta)加达普尔大学(Jadavpur University)海洋研究学院的主任苏加塔·哈兹拉(Sugata Hazra)评论说:"这两个国家在多年的谈判中无法取得的成就,已经通过全球变暖解决了。"[1]当这一有争议的岛屿不复存在时,自然而然就不再有争议。

在另一个例子中,位于热带西太平洋由600个岛屿组成的偏远地带的密克罗尼西亚联邦(Federated States of Micronesia)的一个偏远地伊法利克(Ifalik),2008年年底遭遇了极端的涨潮,潮水破坏了房屋,侵蚀了海岸线,淹没了庄稼。当地居民北开成(Pekaicheng)清楚地知道该责备谁,他说:"大国正在污染整个宇宙,但是灾难没降临他们之前先降临我们这里。"据美国国家航空航天局的卫

[1] Mark Mangier, "India-Bangladesh Dispute Is Moot after Island Sinks," *Seattle Times*, March 25, 2010, seattletimes. nwsource. com/html/nationworld/2011432281_island25. html.

星数据,1993年至2008年间,热带西太平洋的海平面上升了约10厘米,这比地球上大多数其他地区的海平面上升速度都要快,也远远超过了4.5厘米的全球平均水平。2008年11月24日,由顶级气候专家组成的研究小组发布的一份报告指出,到21世纪末,海平面可能会上升1到2米。密克罗尼西亚联邦即使不从地图上消失,地图也会发生巨大的变化。[1]

这种结果让国际机构开始积极帮助岛屿居民为这一不可避免的结果做准备。廷德尔中心(Tyndall Center)在《气候变化下岛屿生存指南》(*Surviving Climate Change in Small Islands—A Guidebook*)一书中指出,小岛屿需要为这一不可避免的海平面上升做好准备。[2] 与此相回应的是一些岛国决定不再坐以待毙。基瓦林纳(Kivalina)是北极圈以北一个屏障岛上有400人的因纽特的村庄。该村指责20多家燃料和公用事业公司助长了气候变化,称气候变化正在加速岛屿的侵蚀。该村要包括埃克森美孚和壳牌石油在内的大石油公司支付搬迁到内地的费用,这笔费用可能高达4亿美元。该案件是美国各地的环保组织、私人律师和州政府官员对温室气体大生产商提起的三大诉讼之一。

通常,这类案例依照扰民普通法法条处理,相同的概念如邻里互相诉讼噪声扰民、异味扰民等干扰其他人享用自身产权的事件。起初,几乎没有人把气候变化的影响放在这一类别下,并且这类法律案件被认为是无事生非。然而,现在,国际保险公司把这类诉讼案与那些导致诸如生产铅和石棉瓦企业破产的诉讼做比较。那么,这是否意味着下一个宣布破产的将是石油巨头呢?

---

〔1〕 Justin Nobel, "A Tiny Pacific Island Faces Climate Change," *Time*, *December* 14, 2009, www.time.com/time/specials/packages/article/0,28804,1929071_1929070_1947456,00.html#ixzz0lA3rQ9Fj.

〔2〕 Emma L. Tompkins et al., *Surviving Climate Change in Small Islands—A Guidebook* (Norwich, U.K.: Tyndall Centre for Climate Change Research, University of East Anglia, 2005), available at www.tyndall.ac.uk/sites/default/files/surviving.pdf.

第八章　“石油达峰”、气候变化和被围剿的石油资源

在浩渺的印度洋上，几艘快艇紧紧尾随着航行中的“马兰射手号”(Maran Centaurus)油轮，在油轮所掀起的巨浪中时隐时现。当年马库斯·萨缪尔等人创造出大号的舢板船装载着世界上第一桶商业石油沿着宾夕法尼亚州的油溪顺流而下，而今，众多像“马兰射手号”这样的巨型油轮在大洋间穿梭往来，石油运输技术的突破已是今非昔比。石油运输效率的提高大大缓解了石油分销中产生的问题，最终能以较小的价格波动将石油运到消费国。然而今天，这样巨型的原油运输所代表的东西也与往日不同，那就是围绕着人类与石油的关系所连带出来的林林总总的现实，即开篇中罗伯特·马克斯等历史学家所说的“贫富差距”。如此一来，远洋油轮便如同航行时代的帆船一样，在远离家乡而且没有悬挂出港国的国旗作为防御的时候，就成了被海盗袭击的目标。据国际海事局报告，2009年和2010年全球海上袭击事件激增39%，达到406起。报告说，其中217起海上袭击由索马里海盗所为，他们劫持了47艘船只，其中越来越多的是油轮。

2009年11月29日，在距离索马里海岸约1 500公里处，两艘快艇直冲这艘悬挂希腊国旗、载有价值1.5亿美元的200万加仑原油的“马兰射手号”油轮。而监管这艘油轮以及船上巨大货值原油的船员不过15～30名，他们来自世界各地，几乎没有受过任何军事训练。劫持像“马兰射手号”油轮这样的船只，对现代

海盗和来自索马里部落的打家劫舍的人来说，如同探囊取物。海盗们的恐怖行为是针对石油集团和那些购买石油的国家。由此，这些关键航线上的不确定性如遭遇海盗劫匪等让那些依赖进口石油的国家比以往任何时候都有打破这种依赖的冲动，尽管这种依赖已经界定出他们的生产生活与石油的生态关系，然而，那些热衷于工业化的国家仍然坚信扩大石油使用是其发展的必然需要。就在2010年年初，中国取代了美国成为世界上最大的新车市场。

与此同时，像沙特阿拉伯这样的主要石油出口国，正在制定以新的替代能源为基础的国家发展战略。沙特王室比任何人都更明白其石油储备的价值。随着全球石油供应的萎缩，他们的石油用在国内消费简直就是浪费，必须卖到国际市场上。另外，当中国寻求获得全球石油供应之时，同时也在优先发展基础设施建设，这使中国将很快成为替代能源技术的全球领跑者。同样，包括美国在内的许多发达国家的21世纪第二个十年的能源场景是以前所未有的力度强调替代能源。一些能源形势观察家指出，人类正在经历一场“能源转型”，摆脱对包括石油在内的化石燃料的依赖。

20世纪里，那种视石油资源为巨大机遇和无限可能的文化已成往事，21世纪的石油文化里满含愤懑之情，甚至近乎歉疚和忏悔。简单地说，我们希望情况不是这样。石油文化已经变得难以置信的复杂，拥有石油的国家利用石油来与别国进行权力制衡以稳固其地位，需要石油的国家利用石油制造巨大财富或发展军事力量。现在科学家已经获得的令人信服的数据显示：地球上的每个人都因发达国家对石油的使用而陷于危险处境。大型石油公司仍然不顾一切地扎进这一行业，而且刻意地回避讨论这一资源在未来的稀缺性；与此同时，消费者和消费国咬牙切齿地努力激发一种转型——向一种可持续的、也更复杂的能源未来挺进。

这些更大的担忧澄清了“马兰射手号”油轮和其他被围困油轮作为人类当前能源转型案例的困境。欧盟和“马兰射手号”油轮管理公司支付赎金（据称550万美元）后，这艘油轮和船员毫发无损地获释了。像支付过路费一样，仅是增加了生意成本，这如同拍苍蝇一样，很烦，但是也没那么难。现在，杀虫剂的生产或者更大的战略目标可以卓有成效地减少这场节外生枝带来的损失。不过，这类运输的重要性在减弱是指日可待的。石油生态正在进入21世纪的头几十年的一个重要的过渡时期。

哈伯特峰值与石油供应的现实

历史学家威廉·克罗农(William Cronon)描述北美新英格兰殖民地发展起来的资本主义模式时,勾勒出资本主义的一般消费模式:"生活阔绰,耗能多。"[1]尽管石油供应商努力让消费者看到石油的资源除了得克萨斯州的纺锤顶,还有巴林,还有沙特阿拉伯,然而,时至今日,石油的现实就是,这一资源终将耗尽。今天,石油的这一被认可的现实叫作"石油峰值"。这一基于石油地质学家马里奥·金·哈伯特(Marion King Hubbert)对自然资源的统一性理论而推演出来的"石油峰值"与美国等国家在20世纪的石油文化背道而驰。哈伯特曾服务于壳牌石油公司,当1949年哈伯特第一次预测石油时代是一场转瞬即逝的盛宴时,他的雇主和许多专业人士都认为他对石油资源供应的看法纯粹是杞人忧天,他们用童话里那只因为一颗橡子砸在头上而四处奔走说天要塌下来的"小母鸡潘丽"来形容他,讽刺他是现代的"潘丽",一个世纪中最重要的"预言家"。1956年,哈伯特将重点放在了美国国内石油储备上,他预测美国国内储备将在30～35年内达到峰值,然后慢慢下降。直到1970年美国石油产量达到顶峰,他的预言被证实是正确的,他的职业地位才有了改变。随后,他的理论冠以"哈伯特峰值"而声名鹊起,地球物理学家开始将他的计算方法应用于全球已探明的石油储量。例如,肯尼斯·德菲耶思(Kenneth Deffeyes)指出,在21世纪的头十年,全球的哈伯特峰值可能出现。[2]

在这期间,石油地质发生了巨大的变化。精确地绘制地壳下未开发的石油储量、地震等值线制图现在使之成为可能。有了这项新技术,对石油储量的估计获得了相当大的可信度,哈伯特峰值等理论也得到了技术支撑。在这一公认的模式框架下,人类对石油资源认识的重要变化是,人们意识到竞争的加剧可能会使石油供应寿终正寝那一天来得比预期的还要快,尤其是在伴随着发展中国家工业化的情况下。尽管地质学家几乎不可能明确指出石油耗尽的具体日期,而且一些批评家继续对哈伯特的计算模型吹毛求疵,但到21世纪初,能源预测专

〔1〕 William Cronon, *Changes in the Land* (New York: Hill and Wang, 1991), p. 183.

〔2〕 Kenneth Deffeyes, *Hubbert's Peak: The Impending World Oil Shortage* (Princeton, N. J.: Princeton University Press, 2001), p. 4.

家开始转变原有的石油文化，这反映出对石油资源供应即将下降的一种意识。大型国际石油公司开始在某种程度上实施多样化的工作，特别是在公共部门。例如，在 2001 年，英国石油公司实际上将其官方名称的缩写 BP 做出新的诠释，即“超越石油”，并将此作为口号。

不管哈伯特所服务石油企业是否公开采纳其理论，石油巨头的企业文化在 21 世纪确实发生了剧烈改变。依仗源源不断的石油资源供应的运筹帷幄抑或神机妙算已然禁不起地质现实的拷问。当代的石油文化很大程度上源于对“石油峰值”概念的普遍接受，人们的脑海里不断回响着这样的疑问：“石油供应能否再持续 30 年或 50 年？”无论怎样，人类生活在一个资源重新整合配置的时刻，现在正重新考虑在发达社会的未来，石油需要发挥什么作用。

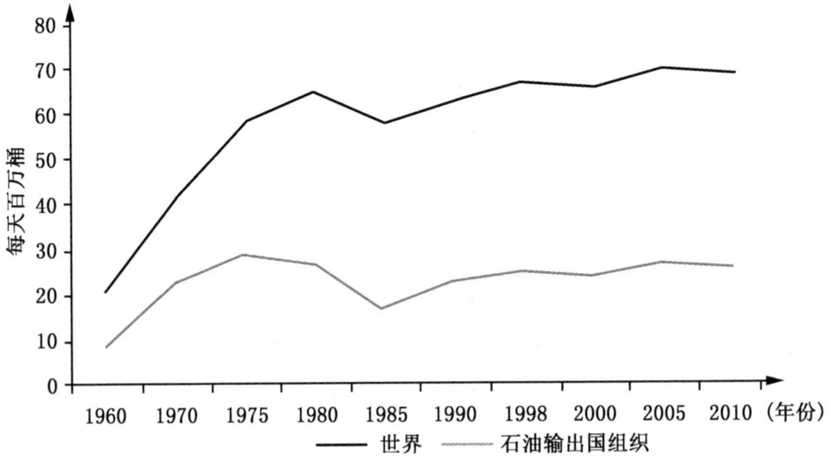

资料来源：美国能源信息署。

图 8.1　世界石油产量

21 世纪初石油价格不稳的时候，人们对这样的未来有过初步感受。2007 年和 2008 年石油价格飙升尽管有地缘政治、天气和经济等方面的原因，但是，这一必需的大宗商品价格高得无法想象就是实实在在的结果。从 20 世纪 80 年代中期到 2003 年 9 月，在纽约商品交易所每桶原油价格经过通货膨胀调整后通常低于 25 美元/桶。而在 2004 年，每桶价格涨到高于 40 美元，然后又升至 50 美元。一系列事件导致油价在 2005 年 8 月 11 日突破每桶 60 美元，并在 2006 年中期短暂突破 75 美元。随后，油价在 2007 年年初的某些时候跌至 60 美元/桶，然后在 2007 年 10 月再次飙升至 92 美元/桶。而贯穿整个 2008 年春季这些创纪录

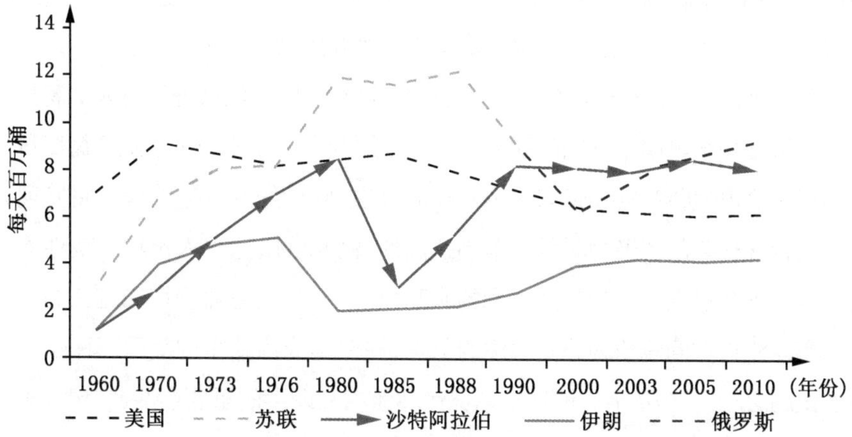

资料来源:美国能源信息署。

图 8.2 主要石油生产国

的价格不断被打破,直到 2008 年 7 月 11 日达到 147.02 美元/桶。一些分析家预测,到 2013 年油价将达到每桶 300 美元。尽管这种情况仍有可能发生,但在 2010 年至 2011 年的大部分时间里,油价都在每桶 70 美元至 90 美元。随着石油峰值短缺的追近和全球消费的增加,大多数分析家都认为,油价只会从目前的水平上涨。

在 21 世纪头十年油价飙升的这些年里,消费者有了另一个嗔怒于石油巨头的理由,这些大型石油公司聚敛了世界商业史上最大的利润。2004 年至 2007 年间,埃克森美孚、道达尔、壳牌、英国石油、雪佛龙和康菲石油等超级巨头的利润总计为 4 948 亿美元。很明显,高油价主要导致了这些公司的高利润。这样的现实为消费者在 21 世纪对石油巨头更进一步的恼怒和阻挠做好了准备。

理解化石燃料使用之后的影响

这一惹人注目的新现实从科学对石油的发现中获得了额外逻辑,这些发现不是仅仅锁定在供应问题上。在 20 世纪的大部分时间里,科学家们致力于量化全部化石燃料燃烧之后的结果,尤其是石油。到 20 世纪下半叶,发达国家的许多人发现他们身边有一个恶棍:内燃机。在最早的版本中,对内燃机的重新描绘无关石油供应的日益短缺;重点在于批评人士强调汽车发动机燃烧石油不可避免的后果:尾气排放和空气污染。在公众了解温室气体和气候变化等概念之前,空气污染被认为是令人不快且很可能影响身体健康的。

总的来说,工业化产生的空气污染自20世纪初以来已被证明对人类健康有影响。雾霾和汽车尾气之间的联系应归功于加利福尼亚州理工学院的德裔科学家阿里·哈根-斯密特(Arie Haagen-Smit)。在20世纪50年代,为了将发现公之于众,哈根-斯密特极力驳斥汽车制造商的猛烈批评,这些人声称一辆性能良好的汽车不会对空气产生如此不利的影响。[1] 加利福尼亚州接二连三的严重雾霾事件使这一问题成为公众关注的焦点,并使其成为新生的美国环保运动的主要议题之一。1970年的地球日是现代环保主义诞生的重要事件,它包含了许多与空气污染有关的活动。

在20世纪60年代末,随着科学家对空气污染的复杂组分开始抽丝剥茧的分析,问题越来越清晰了,除了特定的有毒排放物(例如铅),空气污染和雾霾主要来自汽车的内燃机。在美国,近2亿辆小轿车和重型卡车排放的尾气占全美境内空气污染大约50%,占城市空气污染80%以上。美国联邦立法在1965年开始讨论并推行《机动车和空气污染法案》,随后1970年又通过了《清洁空气法案》。1975年,加利福尼亚州的一项法案要求汽车排气系统必须在改装消音器之前加装催化转化器。早期的转化器一只大约需要花费300美元,是由不锈钢和陶瓷制成的一种容器,内部为颗粒或蜂窝构造,汽车尾气经过催化转化器里的颗粒或蜂窝过滤而排放出来。这种催化转换器为美国当时大批既已存在的汽车提供了一种极具性价比的改造方式,满足了人们对降低汽车排放的新期望。

此外,对汽车排放的科学审查进一步涉及另一个更具体的前沿领域。对汽车尾气以及由汽车排放产生的雾霾所进行的空气检测揭示了一个现在不容否认的结果:铅中毒。从20世纪20年代开始,人们就一直愿意容忍汽油中添加铅。然而,在20世纪70年代,汽车制造商面临着一个巨大变化,那就是公众对铅的感觉。1971年1月,美国环境保护署第一任行政长官威廉·D.鲁克尔肖斯(William D. Ruckelshaus)宣布:"大量的资料表明,在汽油中加入烷基铅会产生铅颗粒,而铅颗粒会威胁公众健康。"继加利福尼亚州率先推出催化转换器后,美国的汽车制造商们响应美国环境保护署逐步淘汰铅的时间表,从1975年开始在

〔1〕 Jack Doyle, *Taken for a Ride: Detroit's Big Three and the Politics of Air Pollution* (New York: Four Walls Eight Windows, 2000).

新车上安装专为使用无铅汽油而设计的降低空气污染的催化转化器。随着大批汽车改装,国会最终在 1989 年禁止美国全境使用含铅汽油。

对大多数科学观察家来说,汽车尾气及酸雨等环境问题的根源都是化石燃料的燃烧,这一过程将大量的碳(以一氧化碳和二氧化碳的形式)释放到大气中。仅仅运输业就占全美二氧化碳总排放量的 1/3。内燃机自然是首当其冲被谴责的对象。雾霾不仅令人不快和危害健康,甚至可能导致整个地球的毁灭。[1]

有些科学家的看法甚至更为激进。他们认为,化石燃料的燃烧已经把人类对环境的影响扩大得如此严重,应该将一个新的地质时代命名为:人类世。化学家保罗·约瑟夫·克鲁岑(Paul Jozef Crutzen)2002 年在其发表在《自然》(*Nature*)上的一篇文章中指出,人类已然成为一种地质成因,其影响可与水土流失和火山喷发相比,因此,"提议使用术语'人类世'为当前的地质时期命名以强调人类在地质和生态中的核心作用,这在我们看来非常合适"。[2] 人类在这一范式内已经变得很不道德,极度盘剥地球上有限的资源,尤其是高耗能人群。现在有证据表明,人类这种对地球资源的依赖性影响地球上每一个人的生活和其他生命的存在。

石油的使用和气候变化

在 20 世纪末,对气候变化的科学认识逐渐显现为一项国际事业。1985 年,《保护臭氧层维也纳公约》认为,臭氧的损耗需要采取行动,否则它将导致大量的、由于暴露在紫外线辐射下引起的健康问题(如皮肤癌),这终将使社会付出巨大的代价。两年后的 1987 年,在《蒙特利尔议定书》中维也纳框架被赋予了真正的权力。该议定书规定了正式的排放限制,并让包括美国在内的 20 个国家接纳签署。这份引人注目的国际协议为日益关注全球变暖的气象科学家、政要和普通公众提供了一个行动模式。当关于全球变暖的科学共识形成之后,为此采取行动的呼声便越来越高。[3]

---

[1] Ross Gelbspan, *The Heat is On* (Reading, Mass.: Perseus Books, 1995), pp. 9—13.

[2] Paul Crutzen, "Geology of Mankind," *Nature* p. 415, No. 23 (January 3, 2002).

[3] Brian Black and Gary Weisel, *Global Warming* (New York: Greenwood/ABC-Clio, 2010), pp. 67—70.

在美国,大量的科学评论向政策制定者发出日渐强烈的警告。可以说,全球变暖作为一个国家和国际政治问题而出现,是民众知识和民主获得更大发展的最佳例证,简单地说,民众比过去任何时候都更了解基本的生态原理。到 20 世纪 80 年代末,由于人们对环境问题的意识增强,媒体的报道力度加大,政治体系的响应能力增强,全球变暖这一理念即将在公众意识中占据一席之地,如有事情发生需要采取行动,会应声而起。

1988 年来得正是时候。首先,1988 年美国夏季的热浪和干旱,尤其是在中部和东部各州的情况,在杂志、报纸和电视节目上制造了大量的新闻。美国国家气候数据中心估计,这场灾难造成了大约 400 亿美元的经济损失,5 000～10 000 人死亡。在这个艰难的夏天一开始的 6 月下旬,美国宇航局科学家詹姆斯·汉森(James Hansen)给国会的咨询证明中说,几乎可以肯定,人类活动对全球变暖的趋势有不可推卸的责任,而这在未来可能带来更多的风暴、洪涝和酷热。汉森发表了引起强烈反响的评论:"是时候停止含糊不清了……温室效应就在这里,正在影响我们的气候。"[1]民意调查显示,在接下来的一年里,民众对全球变暖的意识显著提高。然而,美国的政治和文化包袱不允许这个国家在这一问题上领导全球行动。

在气候变化行动方面,英国是主要的领导者。英国特别关注这个问题,这是因为在地理上它是一个相对较小的国家,它将在气候变化方面损失很大。首先,它的温带气候依赖于墨西哥湾流,而墨西哥湾流可能受到全球变暖的威胁。1988 年,保守党首相玛格丽特·撒切尔(Margaret Thatcher,拥有牛津大学化学学位)成为第一位将全球变暖视为重要议题的政要。在听取了顾问克里斯平·蒂克尔(Crispin Tickell)关于全球变暖科学的简要介绍后,撒切尔夫人在给英国皇家学会的一次重要演讲中提出这一问题,引起全英科学家的注意。[2] 1988 年,对于全球变暖,日渐增强的学界兴趣和政界关注促使世界气象组织和联合国成立了一个国际机构,即政府间气候变化专门委员会(IPCC)。这一专门委员会的任务是组织国际科学家小组的工作,定期发布报告,总结世界气候方面高质量的研究结果,帮助政治领导人做政策决定。美国总统罗纳德·里根非常支持这

〔1〕 Brian Black and Gary Weisel, *Global Warming* (New York: Greenwood/ABC-Clio, 2010), p. 150.

〔2〕 Ibid., p. 145.

个机构的成立。从1990年开始,通过一系列报告,该委员会开启了一个长达十年的、努力向国际社会解释气候变化影响的历程。在整个20世纪90年代和进入21世纪期间,关于人为全球变暖的共识不断加深。21世纪伊始,一个令人瞩目的、减少对石油依赖的新理由呈现在人类眼前。

基于这些科学认识,减缓那些被认为引起气候变化的因素的全球性努力稳步增长。1997年,联合国在日本京都组织召开了气候变化会议,最终达成了《京都议定书》,并于2005年全面正式签署。为了将政策和科学现实推向主流,美国副总统阿尔·戈尔(Al Gore)和电影制片人劳里·大卫(Laurie David)创作了纪录片《难以忽视的真相》(An Inconvenient Truth),以抗衡他们认为通过流行文化和政治手段传播给公众的关于自然环境的不正确信息。《难以忽视的真相》是一部设计精良并大量发行的纪录片,同时他们还与其他媒体合作,如出版由戈尔撰写的一本书,戈尔和大卫为全球变暖问题注入新的能量和意识。该片的高光时刻是获得艾美奖,而戈尔和政府间气候变化专门委员会在2007年获得诺贝尔和平奖。作为具有潜在破坏性气体排放的主要推手之一,石油的燃烧迅速成为一个新的复杂情况的一部分。尽管彻底抛弃内燃机的转变尚未发生,但气候变化为激发全球从石油转型为新能源的兴趣提供了新的思路,特别是在交通运输业。

打破交通运输对石油依赖的固有模式

内燃机是社会基础设施中根深蒂固的一部分,打破这一习惯是具有挑战性的,特别是在美国,从最好的方面说也是一场持久战。政策历史学家理查德·安德鲁斯(Richard Andrews)指出,1973年的石油禁运引发了美国与能源相关的三种政策变化:第一,越来越强调利用国内供应或能源;第二,有一种新的认识,即节能是任何解决方案的基本要素;第三,供电公司被迫接受任何发电厂输送的电能并支付批发电价。每一项倡议都成为公之于众的能源转型的组成部分;然而,对美国人来说,能源消费中最棘手的部分显然是个人交通工具的改革。

特别是,天然气危机促使一些美国人重新审视电动汽车,这种汽车仍然"健在",不过在整个20世纪几乎没有出现过。没有政府的支持,第二次世界大战后尽管大公司如火如荼地在搞内燃机车的改进研发,独立自主的机动车制造商仍反其道而行，继续做电动车开发的实验——力求开发出运行成本低、续航时间久的电动车。他们所要解决的问题与当年爱迪生以及早期的其他发明家所面临的问题类似：减少电池重量和提高行驶里程。其中一些公司已经涉足汽车行业，包括密歇根州兰辛市(Lansing)的工具供应商基什工业公司(Kish Industries)。1961年，该公司推出“新可丽—星光”(Nu-Klea Starlite)的广告，这是一款带有透明泡沫屋顶的电动汽车。这款车售价3 950美元，没有收音机和加热器，该车的邮寄广告承诺“设计精良的车身和底盘，使用铅酸电池提供动力，以时速每小时40英里可以行驶40英里。”1965年，该公司向消费者寄送另一封信讲述了一个不同的故事：“我们在电动汽车上做了大量的工作，为了完成它花费大量资金，现在资金耗尽，所以暂时搁置。”[1]从此，“新可丽—星光”杳无音信。

作为安德鲁斯如上提出的政治倡议的一部分，1976年，美国国会通过了支持电动和混合动力汽车研究的立法。这项立法主要围绕着一个7 500辆汽车的示范项目，但是从一开始就遭到了汽车行业的抵制。电池技术被认为是如此缺乏，即使是一批示范车也不太可能。立法的最终版本强调了发展这一特定技术。历史学家大卫·基尔希认为，很大程度上导致这项计划失败的原因是：“并没有把电动汽车视为汽车运输系统的一部分，也不认为其必然是汽油车的直接竞争品，1976年的法案只是赞助了一系列有潜在价值的偶然的创新。”他写道：“那份创新会使电动技术赶上汽油技术。然而，考虑到内燃机已经领先了60年，联邦计划注定要失败。”[2]

不过，美国确实进行了一项测试。加利福尼亚州将清洁空气立法与电力技术相结合，提出了21世纪后期唯一真正的倡议。加利福尼亚州空气资源委员会帮助促进了“呼唤后起之秀”(CALSTART)的发展。“呼唤后起之秀”是一个由州政府资助的非营利组织，在20世纪90年代，是美国开发替代燃油汽车的技术孵化器。该财团专注于电动汽车项目，几乎是单枪匹马地面对汽车制造商的猛烈抨击。他们与通用汽车公司合作开展了电动汽车试点项目，该项目呈现在电影《谁杀死了电动汽车》(Who Killed the Electric Car)中，被永久记录下来。在20世纪90年代末获得巨大成功后，这一项目被取消，因为通用汽车从试验电动

---

〔1〕 Jim Motavalli, *Electric Car* (San Francisco: Sierra Club Books, 2001), p. 40.

〔2〕 David A. Kirsch, *The Electric Vehicle and the Burden of History* (New Brunswick, N. J.: Rutgers University Press, 2000), p. 205.

汽车转向购买悍马生产线，制造大型重型运动型多用途汽车，这一类汽车非常吸引美国某一消费群体。

美国人似乎无法打破这个循环。因此，美国汽车制造商在内燃机领域的坚不可摧的把持，使得日本汽车制造商有机会全盘占领混合动力汽车的市场，而美国汽车业的这一战略决策将作为一大败笔记录于商业史。能源转型已是"箭在弦上"的第一个证据是美国消费者对汽车需求的转变：变化始于 2005 年，到 2008 年达到顶峰。油价长期上涨至每加仑 4 美元的区间，不可挽回地改变了美国的汽车市场，并显示出消费者对汽车产业的影响有多大。丰田和本田引领了混合动力汽车的普及。此外，当美国人对大型车的喜爱让位于经济判断之后，他们开始选择小型车。美国的汽车制造商几乎完全破产，因为他们倾注于生产大型车，包括运动型多用途汽车和各种尺寸的敞篷载货卡车。紧随汽车市场转变的是 2008—2009 年的全球经济崩盘，几乎所有的美国汽车制造商除了申请破产或请求联邦政府的援助外毫无选择。

以美国三大汽车制造商为例，在 20 世纪 90 年代的大部分时间里为中产阶级消费者生产价值 1 万英镑的大型车，所有这些专门生产运动型多用途汽车和卡车的工厂要么关闭，要么转向生产小型车。市场上最大的输家是大型敞篷载货卡车和运动型多用途汽车，福特及其国内竞争对手通用汽车和戴姆勒克莱斯勒的大部分利润都依赖这种车型。福特公司的首席执行官艾伦・R. 穆拉利(Alan R. Mulally)说："2008 年 5 月的前两周，我们就看到了行业需求在敞篷载货卡车和运动型多用途汽车上的真正变化。我们意识到公司达到了一个临界点。"[1]2007 年，敞篷载货卡车约占全美市场的 14%，但在接下来的一年，这块的市场份额下降到 9%。穆拉利表示，消费者从卡车和运动型多用途汽车转向小型车和混合车型的惊人转变，现在看来是"结构性的"，而非对油价的短期反应。他说："我们需要现在就采取行动。"

对这类汽车，福特公司没有能拿到桌面上可以讨论的设计。为了尽快将汽车卖给消费者，从 2010 年年初，福特公司将一家墨西哥大型卡车工厂转产生产欧版嘉年华小型车，面向北美市场销售。墨西哥城附近的一家汽车生产厂卡帝特拉(Cuautitlán)原本生产福特系列敞篷载货卡车，现在转型为整个北美生产小

[1] Bill Vlasic, "As Market Shifts, Ford Sees Profits Fleeing," *New York Times*, May 23, 2008, www.nytimes.com/2008/05/23/business/23ford.html.

型车,而对于墨西哥对敞篷载货卡车的需求,未来将从美国进口。福特的穆拉利表示:“福特公司一定会致力于平衡公司的全球资产加速转型,满足人们特别想要的更节能的小型车和看重的动力技术。”福特公司美洲业务总裁马克·菲尔兹(Mark Fields)表示:“在车展上,看到神威小型概念车的轿车和掀背版后,客户反应非常积极。”“我们知道市场正朝着小型车和混合车型的方向发展。凭借我们的产品和制造灵活性,我们将能够提供两种型号,并增加生产能力。”[1]

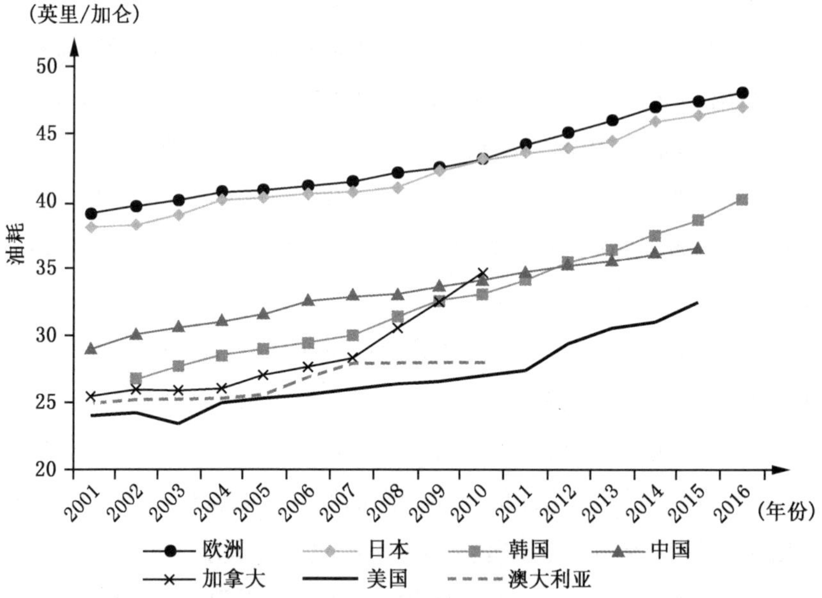

资料来源:世界资源研究所。

图 8.3　各国机动车耗油经济情况

这与丰田和本田形成了鲜明对比,这两家公司已经拥有生产高能效汽车(如飞度和雅力士),以及普锐斯和思域混合动力车的生产能力。2006 年之前,飞度和雅力士已经生产多年,但从未在美国销售。本田和丰田所要做的只是做些小改动,从 2006 年开始将它们运往美国,同时增加混合动力车的产量,以满足日益增长的需求。再一次,国际制造商的灵活性使其比美国汽车制造商具有强大的竞争优势。

如今,美国汽车制造商必须涉足全球市场,因此也需要关注国际消费者的品

---

[1] David Kiley, “Ford to Build Small Fiestas in Mexico: Hatchback Coming,” *Business Week*, May 30, 2008, www.businessweek.com/autos/autobeat/archives/2008/05/ford_to_build_s.html.

位。推动北美市场增长的是年龄在13岁到28岁之间的年轻人,他们被称为"千禧一代"。这些完全在高价汽油环境下成长起来的消费者意识到,替代品是必需的。在2008年的夏天,汽油价格保持在每加仑4美元,美国三大汽车厂商——通用汽车、福特汽车公司以及由戴姆勒克莱斯勒售出的克莱斯勒集团,与上一年相比7月份的销售下降19%,而大部分海外汽车制造商的销量是个位数下滑,甚至与同期相比略有增长。这一下降使得本土品牌在美国国内的销量仅占48.1%,较上年同期下降4个百分点,低于2008年6月创下的50.2%的低点。作为一个整体,亚洲品牌在美国的销量下降了5.6%,但仍旧占据美国总销量的44.6%。[1] 欧洲品牌的销量仅下降2.4%,还占有7.3%的市场份额。

除了减少产品种类之外,美国汽车制造商还加大力度生产商用混合动力和替代燃料汽车。分别在2006年和2008年,本田和丰田对其商用混合动力车不得不采用登记预售方式。每家美国公司都为混合动力车做广告,但很少有混合动力车真正上路。相反,通用汽车和福特都在战略上选择了开发插电式全电动汽车,美国制造商通过销售可以使用更多生物燃料的汽车,让其产品显示"绿色环保"特色。"弹性燃料"的标签把那些稍做调整的汽车从标准的燃油车中划分出来。

因此,美国汽车制造商在应对能源转型问题上已经略显笨拙了。2008年和2009年更大的经济崩溃给美国汽车制造商带来了糟糕的局面,使其困境更加严重。只有福特公司在没有政府援助的情况下生存了下来,整个美国汽车工业进行了重组。美国汽车工业没有彻底崩溃,而是利用联邦政府来重塑自己,重新调整优先事项,以更符合新时代要求。尽管美国的汽车行业仍落后于一些国际公司,但其目前的发展轨迹与丰田和本田有明显的相似之处,正努力模仿国际制造商,主动调整甚至重新定义不受内燃机限制的交通方式。

在全球范围内效仿替代品

今天,交通运输业为新的可能性敞开了大门。尽管丰田在可靠的混合动力汽车领域取得了突破,但在2010年所暴露出来的安全问题打破了其在汽车市场

[1] "GM, Ford, and Chrysler Lose to Imports in July," FQuick, August 1, 2007, www.fquick.com/blog/sort.php? keyword=honda&page=3.

上的霸主地位。世界各地新的汽车制造商踊跃开发新技术，这让人期待在人类的出行方面会有一个充满活力的新时代，这有点类似于一个世纪前。然而，在这个创新时代，最显著的区别之一是它真正的全球性。早期汽车的发展是一项跨国事业，并且完全是由欧洲和美国的发明家推动的。今天的制造商往往不仅仅是发明家，他们寻求开发的市场延伸到东南亚，重点是印度和中国。

在过去几十年里，巴西领导人进行了一项最引人注目的实验，对交通运输业实施了一些最激进的改革。2007 年，在确保了足够的燃料作物生产后，巴西几乎完全致力于使用生物燃料作为交通动力。30 年前，这个国家 75%的石油来自进口，为了应对 20 世纪 70 年代的石油危机，他们开始使用从甘蔗中提取的乙醇，以摆脱对进口石油的依赖。当石油输出国组织的石油禁运使巴西经济陷入瘫痪时，当时的巴西领导人大力补贴和资助了新的乙醇工厂。此外，他还指示国有石油公司巴西国家石油公司(Petrobras)在全国各地安装乙醇罐和泵。中央政府以提供税收优惠的方式鼓励巴西汽车制造商无论好坏、一哄而上地生产纯乙醇汽车。1985 年后，巴西中央政府之前的举措为能源转型提供了一个良好的开端。

巴西交通运输业的转型为其他国家树立了榜样。到 20 世纪 80 年代中期，几乎所有在巴西销售的汽车都只使用酒精，也就是乙醇。仅十年后，巴西的乙醇工业已可以自给自足，不再需要政府补贴。记者焦耳 · K. 伯恩(Joel K. Bourne)写道："如今，在巴西销售的汽车中，近 85%都是灵活型的：在圣保罗，你可以看到小巧、运动设计的汽车在笨重的柴油卡车面前飞驰而过。"巴西的汽车并不依赖以玉米为原材料生产的乙醇，这类乙醇的生产只使用玉米粒，而且需要用酶来分解淀粉才能开始发酵。巴西的方法是用整只甘蔗茎为原料，甘蔗已经含有 20%的糖分，几乎从地里割下来就可以开始发酵。业内人士评估，糖基乙醇产生的二氧化碳比汽油少 55%～90%。[1]

当然，中国严格控制其工业化道路的能力。例如，中国在 21 世纪第二个十年加快工业化进程，成为世界上最大的化石燃料消费国之一，而与此同时，中国也在能源生产和运输方面强调可再生能源。在全球经济衰退导致全球石油需求

---

〔1〕 Joel K. Bourne Jr.,"Green Dreams: Making Fuel from Crops Could Be Good for the Planet—after a Breakthrough or Two," *National Geographic*, November 2007, at ngm. natiaonalgeographic. com/2007/10/biofuels/ biofuels-text.

萎缩时,中国超过美国成为沙特阿拉伯最大的石油进口国。[1] 除了建造专门加工沙特原油的炼油厂外,中国还为此在沙特建造了两座炼油厂。不过,中国能源的快速增长主要以煤炭为基础,煤炭占中国全境近 80%的能源供应。然而,作为中央控制的工业化进程的一部分,中国已经设计了一条低碳道路来降低其能源消耗强度。中国在太阳能热水供暖装机容量和风力发电容量方面处于世界领先地位。核能和碳捕捉技术在未来也将很重要,因为中国努力平衡经济发展、资源限制和环境的可持续性。

这一低碳工业化战略的核心是中国 1997 年制定的《节约能源法》。2007 年 10 月,全国人民代表大会对这一法律进行了修订,使之成为世界上为数不多的需要切实实施的全面节能法之一,为中国长期的资源节约提供了法律依据。该法内容如下:

> 资源节约是我国的基本国策。国家实施节约与开发并举、把节约放在首位的能源发展战略。
>
> 国务院和县级以上地方各级人民政府应当将节能工作纳入国民经济和社会发展规划、年度计划,并且组织编制和实施节能中长期专项规划、年度节能计划。
>
> 实行节能目标责任制和节能考核评价制度,将节能目标完成情况作为对地方人民政府及其负责人考核评价的内容。
>
> 实行有利于节能和环境保护的产业政策,限制发展高耗能、高污染行业,发展节能环保型产业。[2]

除了将人均国内生产总值能耗降低 20%之外,该计划还寻求将二氧化硫和其他污染物的排放量降低 10%,以解决空气和水污染问题。2008 年,在这一法律中颁布了 46 项新标准,包括 22 项每生产单元的能耗限制,11 项相关产品的终端使用能效,5 项交通运输业经济节约型燃料的使用指标,8 项能效计量计算的基本标准等。中国还公布了汽车燃油经济性标准,涵盖了所有种类的汽车,比

---

[1] Jad Mouwad, "More Saudi Oil Goes to China than to U. S. ," *New York Times*, March 20, 2010.

[2] Dadi Zhou, "The Process of Sustainable Energy Development in China," Carnegie Endowment for International Peace, August 7, 2009, www. carnegieendowment. org/publications/index. cfm? fa=view&id=23482.

国际社会的标准更为严格。中国总共制定了近 200 个能效标准。

因此,中国不仅是世界上工业化速度最快的经济体,也是世界上可再生能源使用速度最快的国家。目前国家规划确定的到 2020 年风电发展 2 亿千瓦的原定目标已经超额完成。中国已成为世界风电装机容量的领导者,长期来看,其潜力将达到几百亿瓦。该国还拥有世界上最大的水力发电系统。到 2030 年,水电装机容量将达到约 5.2 亿千瓦,其中常规水电站 4.2 亿千瓦。中国也已成为世界太阳能光伏电池的领导者。在全国范围内,中国使用了超过 1.2 亿平方米的太阳能集热器,取代了大约 2 000 万吨煤炭。中央财政投资 20 亿元,为边远、贫困乡镇购买光伏发电系统,解决国家电网没有覆盖的地区基本用电问题。太阳能也被用于许多公共建筑和设施,包括北京的奥运村。

在交通运输方面,中国为汽车制造商提供了 21 世纪最大的机遇之一。在新车产业并购方面,中国在 2010 年超过美国成为世界上最大的新车市场,因此,美国汽车制造商福特公司正积极地迎合这一独特的需求。在 2010 年《纽约时报》一篇题为《在中国,回归亨利之路》(In China, Back to Henry's Way)的文章中,基思·布拉德舍(Keith Bradsher)和维卡斯·巴贾杰(Vikas Bajaj)指出,福特公司对小型廉价车型的新的重视,以及对大型豪华车型的缩减,其实是回归福特公司的本源。福特在亚洲销量的上升是在通用汽车在 2010 年决定将重点放在欧洲市场,并允许其中国合作伙伴上海汽车接管其在中国和印度的业务之后,虽然通用汽车仍在亚洲销售更多汽车。显然,现在是全球运输业发生重大变化的时期。我们还没有讨论可能的世界上最具创新力的汽车制造商。

作为工业发展新时代的另一个标志,印度拥有增长最快的内燃机汽车制造商之一——塔塔汽车公司(Tata Motor)。其他制造商也发现了印度市场的可能性,包括本田,2006 年本田在印度建立了生产中心,目标是到 2010 年每年生产和销售 15 万辆汽车。而事实是,本田的销量几乎是预期的两倍。这个市场增长的背后推力之一是印度本土汽车制造商塔塔汽车公司。塔塔公司的制造和组装厂已经扩展到印度本土的五座城市贾姆谢普尔(Jamshedpur)、潘那贾(Pantnagar)、勒克瑙(Lucknow)、艾哈迈达巴德(Ahmedabad)和浦那(Pune),以及海外(如阿根廷、南非和泰国)。作为公共汽车、卡车和火车的制造商,塔塔近年来在许多重要方面实现了汽车部门的多元化:首先,在 2008 年,当美国汽车制造商破产并寻求出售特定品牌时,塔塔从福特公司手中收购了路虎和捷豹。其次,塔塔推出了世界最便宜的汽车:塔塔纳诺,售价 10 万卢比(约合 17 000 美元),在发达经济体,该车进一步研发为塔塔纳诺欧罗巴,于 2010 年推向市场,而普通塔塔纳诺车在 2009 年年底推向南非、肯尼亚以及其他亚非国家的市场。再次,这两款车在 2010 年都推出了可充电款。

塔塔正在为汽车制造商创立一种新的模式,从早期阶段,塔塔公司就像一个真正的国际公司一样运作。塔塔的电动车型将通过其英国子公司在芬兰市场首发。该车型目前在韩国、泰国、南非和阿根廷等多个国家生产和组装,并计划扩张至土耳其、印度尼西亚和东欧国家。塔塔还在肯尼亚、孟加拉国、乌克兰、俄罗斯和塞内加尔发展合资组装业务,并在四大洲的 26 个国家拥有经销商。显然,塔塔已经做好了国际业务增长的准备,但它的主要消费基础仍在印度次大陆,主要是印度、孟加拉国、不丹、斯里兰卡和尼泊尔,尽管它在意大利、西班牙和南非的消费基础也在不断增长。塔塔的家乡印度在过去十年中公路数量翻了一番,世界银行目前正在为农村公路的扩建提供资金。塔塔将自己定位于充分利用这一扩张时刻,就像一个世纪前的福特公司一样。

随着全球交通模式向各个前沿领域发展,有必要回顾一下史上最重的民用消费型汽车——悍马。以辎重军车作为悍马品牌的消费者卡通形象,一开始就是一个象征。21 世纪初,由通用汽车公司收购,悍马品牌展示了美国汽车制造商清晰明确毫无悔意的一刻:通用汽车推出的不是给予交通运输能量的高效或新型车款,而是为美国消费者提供一种可以吸引他们对原始动力的那份激情的设备(每加仑汽油驾驶的英里水平处于高个位数)。

尽管所有的汽车公司都希望盈利,但很少有其他公司像通用汽车公司那样草率地做出决定。在 2008 年和 2009 年的经济崩溃之后,通用汽车需要政府救助以避免破产,悍马成为美国汽车制造商问题的一个象征;然而,它并没有失去原本的消费群——至少一开始没有。随着通用汽车出售旗下的小品牌,中国四川腾中重工机械有限公司对悍马产生了兴趣,该公司出价 1.6 亿美元收购悍马。据报道,此次交易失败的原因是中国政府当时正在全国范围内推广小型高效汽车。四川方面开始认为,他们可以轻而易举地制造出一个更轻、更高效的品牌;然而到了 2010 年 2 月,这笔交易夭折了,品牌也不复存在,组装生产线工厂也关闭了。[1]

在个性化出行的新时代,制造商优先考虑的是汽车外观和动力的灵活性。然而,最重要的是,无论在制造和分销上,还是实际生产的产品方面,企业优先考虑的是在全球市场上扩展产品所需的灵活性。经过几十年的审美衰落,汽车再次成为全球各地人类活动的实用工具。

对能源生产和内燃机的全面核算

从一个科学概念到一个需要缓解的全球性问题,气候变化这一成熟过程激发了人们建立能源定价的兴趣,这是一种将结果纳入成本考量的定价体系,特别是燃烧所有化石燃料(尤其是石油)所带来的污染。尽管人类刚刚开始设想可能的场景、科技和政策,这些可以减轻气候变化的影响,在 21 世纪的第二个十年政策倡议正在形成,可能会影响运输模式,特别是内燃机的使用。不同的国家推行了各种各样的经济模式,评估了以天然气为动力的内燃机产生的碳。然而,到目前为止,这些方法遵循几个一般性的主题或思想。

最重要的是,燃烧石油等化石燃料产生的排放现在正通过"碳核算"计入商品成本。非正式的"碳抵消"是一个例子;而现在更广泛的例子正在考量中。在充分考虑到化石燃料能源及其对人类健康、环境和气候变化的影响后,替代能源已成为主流。这种对化石燃料价格的全面核算可以通过多种方式实现:

> 第一,理想情况下,应该要求某种能源的生产者为其生产以及对社会和环境的所有有害影响支付费用。如果这样做,生产者就会将这些成本转嫁给消费者。而如果消费者选择低能耗生活方式,他们就能获得经济利益。即使没有完整的生产端核算,政府可以在能源核算中发挥重要作用,通过激励那些使用可再生能源和购买低能耗产品的人,推动低碳生活方式。这些激励措施本质上几乎都是经济上的,所以它们不会提供更清洁的空气或环境。
>
> 政府推动全面核算能源生产的第二种方式是建立碳税或碳交易计划。二氧化碳的排放是全球气候变化的主要原因,并将对后代产生巨

[1] Paul Gregan et al. "GM's Hummer China Deal Collapses," *Financial Times*, February 23,2010.

> 大的影响。通过征收碳税,政府并没有阻止二氧化碳的排放和随之而来的气候变化,但它确实使这些排放变得更加昂贵。那么,排放二氧化碳的能源生产者必须将这一成本转嫁给消费者。这与生产端核算类似,鼓励使用不排放二氧化碳的能源生产商。
>
> 政府参与的第三种方式是通过法律防止有害污染物的排放或释放。这有时被那些反对这一做法的人称为“命令和控制”结构。根据这一法律要求,能源生产者必须采取必要措施,不惜一切代价防止有害污染。这些成本随后被转嫁给消费者。这是生产端核算。如果做到了这一点,就没有必要鼓励再生能源或实施碳排放税。然而,这种防止有害污染的法律要求很难颁布和执行。

实践中,发达国家的政府混合使用这些核算方案,其效果是使替代能源的生产具有成本竞争力。当更多的方案用于核算化石燃料造成的额外有害污染,替代能源将继续变得更具性价比,而石油等化石燃料的成本将变得更高。

结论:对老习惯的最后的理解?

在 21 世纪,我们的石油生态显然在不断变化;然而,这并不意味着石油现实的所有细节在逐渐消退——几乎没有!2008 年 9 月 14 日,《纽约时报》专栏作家托马斯·弗里德曼(Thomas Friedman)在题为《让美国变傻》(Making America Stupid)的专栏中,毫不掩饰他对眼前形势的看法。当鲁迪·朱利安尼(Rudy Giuliani)带领共和党全国代表大会高喊口号“继续钻探,宝贝,继续钻探!”时,他让读者想象一下来自俄罗斯、伊朗和委内瑞拉的观察员的反应。弗里德曼说:“我来告诉你他们会怎么做。”

> 俄罗斯、伊朗和委内瑞拉的观察员会从他们的座位上站起来,互相击掌,并加入高呼中,比大厅里任何人都更响亮——“是的!是的!继续钻探,美国,继续钻探!”,因为一个专注于开采石油的美国必定是一个专注于满足其石油文化习惯的美国,而不是可以戒掉石油文化的美国。

2008 年的美国总统大选,共和党的口号响彻全国,显然有一个关于能源消耗的全民公投的维度。事实上,对石油的依赖是前一个时代的标志,因为变化似乎正朝着减少对石油的依赖的方向的诸多前沿领域展开。然而对此也不能过于乐观,作为最大的能源消费国,美国会在 2008 年晚些时候投票支持了一个不同的、不确定的走向。而巴拉克·奥巴马(Barack Obama)的当选表明,大多数美国人认识到能源转型正围绕着我们,这要求美国从一切照旧中走出来。

奥巴马政府提出了许多基于新能源模式的倡议,特别是承认气候变化的影响的倡议。以"旧车换现金"计划开始,这一计划是以旧车换燃油效率更高的汽车,一系列工作现在成为辩论如何最好地建立碳经济的一部分,所谓碳经济就是量化燃烧化石燃料产生的污染物。很快,奥巴马政府环境保护署宣布二氧化碳和其他温室气体一样是污染物。在诺贝尔物理学奖得主朱棣文(Steven Chu)的领导下,奥巴马政府能源部采取多元化视角看待美国的能源未来。

在美国试图摆脱一个世纪以来的能源衰退之际,发展中国家在挑战中寻求机遇。以中国为例,每天大约有 2 000 辆新车上路,造成了严重的交通拥堵和空气污染。2010 年,北京的新车登记数量为 70 万辆,高于 2009 年的 55 万辆、2008 年的 37.6 万辆和 2007 年的 25.2 万辆。虽然已经在努力发展公共交通和自行车道,但随着中国中产阶级的增长,对车辆的需求预计只会增长。"15 年前,"中国道路运输协会秘书长王丽梅(音)说,"几乎没有人买得起车。今天,每个人都可以。历史只是在以自己的方式发展。每天我们都有更多的汽车上路,每周我们都在修建更多的道路。"然而,在中国,道路建设无法跟上这种显著的增长。

人类能源转型的画面正在浮现。虽然世界各国都在追求新的、更可持续的工业发展战略,但目前最直接的工业化途径仍然是使用化石燃料。由于美国和其他国家对化石燃料的持续依赖,像"马兰射手号"油轮这样的原油运输将继续作为贫富差距两极化的一个象征符号。如果从石油资源转型的模式继续,并且结合石油峰值和气候变化的压力,那么,这些油轮可能成为一个不同差距的象征符号,即控制着自己的能源未来的自治国家与争夺日益减少的有限的石油资源的国家。这样的未来似乎注定会导致越来越多鉴于石油资源的侵略性战争和冲突。显然,这是最可怕的石油现实。

美国对石油的使用:一副瘾君子的样子

作为世界上最大的石油消费国,我们在描绘人类与原油的关系时,美国值得特别考虑。图 8.4 到图 8.9 用原始数字展示了几个重要的历史阶段的用油状况。

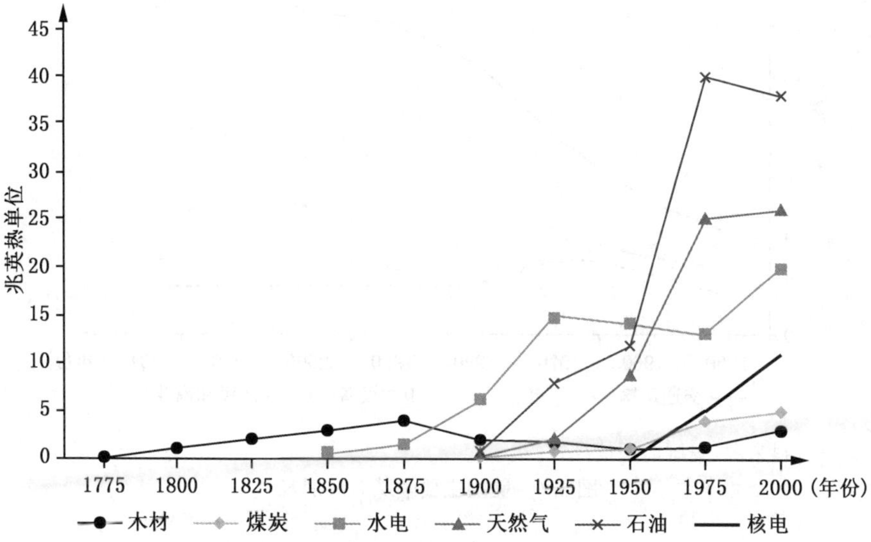

资料来源:美国能源信息署。

图 8.4　不同类型的能源消耗

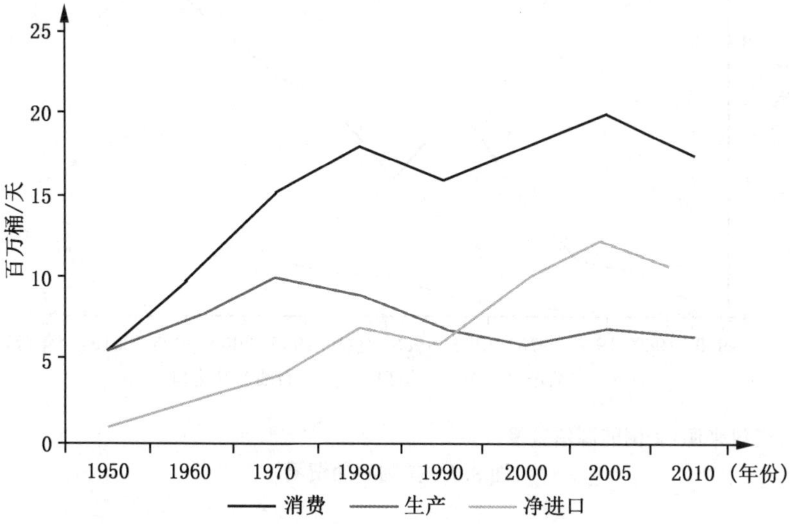

资料来源:美国能源信息署。

图 8.5　1950—2010 年美国汽油生产、消耗、净进口总览

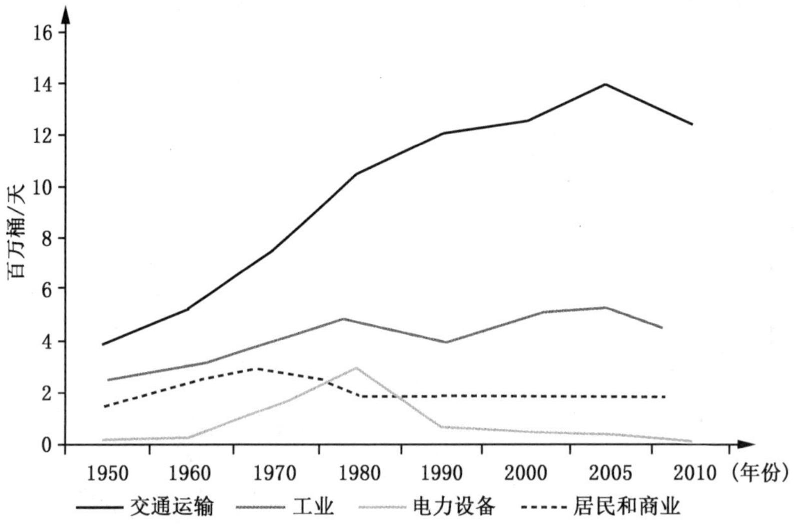

资料来源:美国能源信息署。

图 8.6 美国主要领域石油消耗

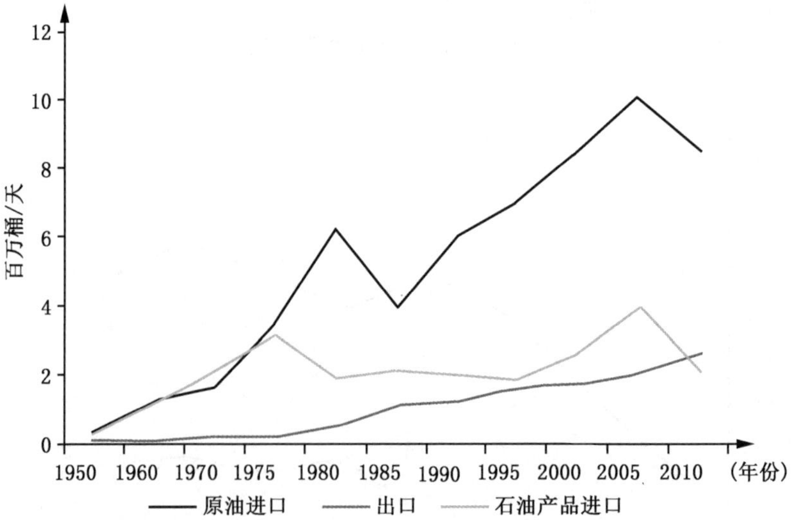

资料来源:美国能源信息署。

图 8.7 美国石油贸易

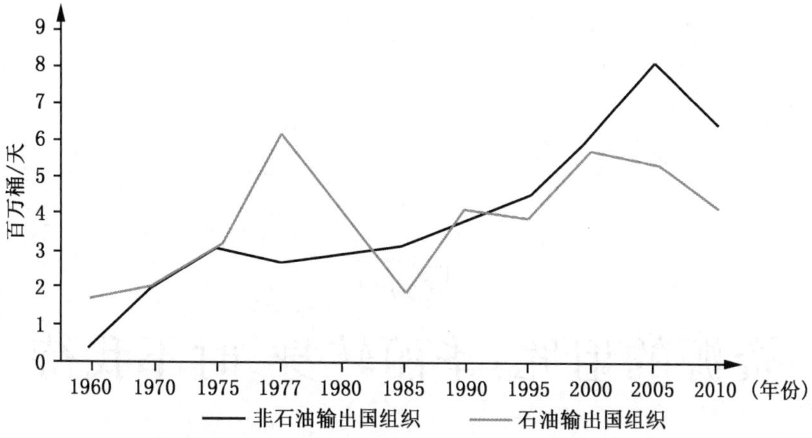

资料来源:美国能源信息署。

图 8.8　美国原油进口(从石油输出国组织和非石油输出国组织)

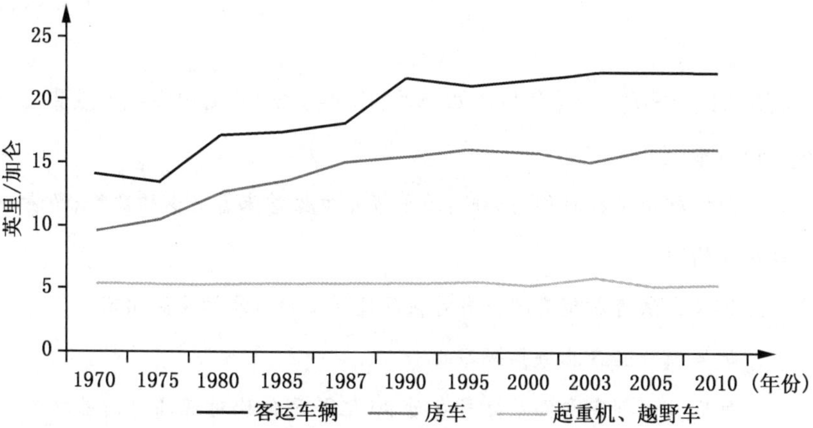

资料来源:美国能源信息署。

图 8.9　美国机动车燃料经济效率

尾声
资源的诅咒:华丽转身,时不我待

跨越21世纪第二个十年仅仅两个月的这些头条新闻,也许就可以造成一个较小的行业地震。

> 节能就是拯救我们的部队:简单节能步骤意味着更少的危险、昂贵的燃油输运
>
> 荷兰立法者希望壳牌公司对在尼日利亚的石油污染做出回应
>
> 俄罗斯开始在北海钻探石油
>
> 厄瓜多尔判定雪佛龙公司支付90亿美元作为对亚马孙河破坏的赔偿
>
> 利比亚石油公司收买贫弱的非洲邻国来支持或拥戴卡扎菲
>
> 石油价格在中东地区的飙涨没有停止
>
> 石油输出虽然没有停止,但是高价竞争让世界感到不安
>
> 伊朗威胁阻断霍尔木兹海峡——全球能源运输处于危险状态
>
> 欧盟达成协议禁止从伊朗进口原油

关于石油巨头转产的报道当然催生出人们对未来在没有石油巨头的情况下如何生产生活的准备,但是,当下被严重夸大了,反之,这些头条消息和其他的新闻代表这一行业处于上风。前面的章节里所呈现的20世纪的每一个主要发展

趋势都延伸到21世纪的最初几年，也被重点关注：石油与人类文明之间的关系变得越来越复杂，全球范围内石油文化深深地与人类社会诸多层面缠绕在一起，各国的政治和外交关系、世界范围内经济的可持续增长和发展模式，以及基于大规模科学探索发现上的全球政策的界定和考量。然而，尽管有如此大的影响力，石油产业模式的转变仍然清晰可见——石油巨头已是明日黄花。但是，这又会如何？事实上，赤裸裸的现实是人类社会现在完全依赖石油，如果没有了石油，人类这一物种将会继续生存吗？

资料来源：美国国会图书馆印刷品与图片部，档案号 LC-DIG-highsm-06278。

图 E.1　全球包括那些非产油国的加油站将人们与石油生态联系起来

21世纪，许多历史性的关键时刻呈现出清晰的以石油为背景的画面。一种相反的表述甚至也获得了支持，其观点完全背离20世纪引领石油产业孤勇向前的发展模式。在21世纪，作家（如彼得·马斯）和一些学者（如特里·林恩·卡尔）提出“石油诅咒”理论，这一学派敦促拥有石油储备的国家从刚刚过去的历史中吸取教训——看看那些领导人和社会在过去的50年里石油开发留下的烂摊子。他们写道：“石油美元实际上就是那条民众与其政府之间的脐带，是政府对群体大众掌控的根本所在。”[1]马斯在其著作《原油世界》中写道：“有太多东西

〔1〕 Peter Maass, *Crude World: The Violent Twilight of Oil*, (New York: Vintage Books, 2009), p. 169.

锁定在如石油这样的自然资源里,如腐败的诱因、经济的扭曲、矛盾的激化、运气的使然。”[1]经济学家卡尔补充道:“只要石油满足一种基本的需求并且为强国和私营企业产出利润,政府就会选择开发——而且认为他们得其所幸。”[2]从煤油约翰尼到杰德·克拉佩特,再到现在的领导人,如总统乌戈·查韦斯和西奥多·奥比昂,世界各地的人,世界各地的各个国家都已经被石油俘获和腐化。

但是,卡尔同时也指出,这一诅咒不是不可避免的:“对于石油或者任何其他大宗商品所带来的反作用力,没有什么是不可避免。”[3]在某些情况下,这些警示故事鼓励领导人在对石油的利益追逐中更为谨慎。然而,不可否认的是,许多拥有石油资源储备的发展中国家正厉兵秣马准备成为石油勘探开采传奇未来的担纲主角,其实,非洲国家正严阵以待。例如,2011 年南苏丹独立公投的根源就在于石油。正如许多观察人士所言,南苏丹和北苏丹错综复杂的政治派系即始于石油的诅咒,而派系的分歧还在于石油的收益是在民众中分派还是集中在与国际石油财团勾结的政治精英手里。

新近得到承认的南苏丹就是石油及以及与石油相伴的资源的良田沃土。例如,据估计,大约有 2.4 万中国人生活在苏丹,中方在那里投资了 150 亿美元,这些资金全部用于中石油每天 30 多万桶的产油量,具体是位于石油资源丰富的南部省份阿卜耶伊(Abyei)。这里的石油而后被运往北 930 英里外的苏丹港。[4]苏丹目前以日均原油产量 49 万桶位列撒哈拉以南非洲地区产油国第三,公投让南苏丹掌控了 80%的石油产量。不过,大多数炼油厂位于北苏丹,而且,南苏丹是内陆国家,通往港口的唯一输油管道要经过北苏丹。与苏丹石油主要进口国的既得利益相结合的地区权力平衡改变着 21 世纪的石油文化。

这将导致新的政治独裁或者内战爆发吗?当外部利益与这种大宗商品的未来有着如此明显的利害关系时,政治结果还能被信任吗?很明显,石油与地区和国际政治利益正变得越来越不可分割。

---

〔1〕 Peter Maass, *Crude World: The Violent Twilight of Oil*, (New York: Vintage Books, 2009), p. 222.

〔2〕 Terry Lynn Karl, *Paradox of Plenty: Oil Booms and Petro-States*, (Berkeley: University of California Press, 1997), p. 241.

〔3〕 Ibid., p. 222.

〔4〕 Steve LeVine, “The Oily Subtext of South Sudanese Independence” *Foreign Policy*, Jan. 11, 2011, oilandglory. foreignpolicy. com/posts/2011/01/11/the_oily_subtext_of_south_sudanese_independence.

一些学者甚至推翻了“石油诅咒”这一理论原有范式并提出：石油消费国——即使他们已经达到了令人难以置信的生活标准——将受到石油诅咒的冲击，因为他们仍然试图获得足够的石油供给，尽管全球的石油资源正在衰减。[1] 这一观点指出，像美国这样的国家由于其石油消费习惯在未来的几十年将会发现自己身处一种不利的竞争态势。至少，在石油短缺日趋严重的情况下，获取石油资源的供应将变得代价高昂，不论是从经济层面还是从政治层面。

然而，当另一位美国总统在 2011 年讨论能源保护问题时，他的发言持有一种深刻的新颖的全局性的能源观点。在 2011 年春季，在描述了飙升的石油价格之后，美国总统巴拉克·奥巴马解释道：

但是，这里有一件事情——在以前我们业已谈到过。还记得，也就是在三年前汽油的价格升至每加仑 4 美元。上班族不会忘记这个。这个价格让大多数人感到难以承受。但是它同时为选举季带来一个高潮，你可以看到很多口号和花里胡哨的承诺，以及震怒的政客们为两美元的汽油大肆呼吁三点施政纲领——当没有谁去真正想解决问题的时候。可以想象以下华盛顿的那个场面。

当然，真实的情况是所有这些噱头毫无作为。当汽油价格最终下跌时，绝大多数是因为全球的经济衰退所导致的对石油的需求低迷。现在处于经济的恢复期，需求在逐步恢复。加之中东地区的骚乱，油价过高就不足为奇。国际市场上每桶原油价格每上升 10 美元，每加仑汽油就上升 25 美分。

所以这里有一个底线，就是我们已经了解到几十年来美国石油依赖于其他国家和地区的危险性。每一届总统和政客都承诺能源独立，但是远远没能实现。我也呼吁降低美国对能源的依赖，并且我为过去两年我们为向这一目标迈进所取得的进步而骄傲。但是我们也陷入了同样的政治僵局和惰性之中，这使我们倒退了几十年。

这种情况必须改变。

对于能源保障问题，我们不能总是这样，从震惊到茫然无措：当油价上涨之时匆忙采取行动，然后油价下跌时来个硬着陆。对于一种终

---

〔1〕 Tyler Priest, *Journal of American History special issue*—“Oil in American Life”, Spring 2012.

将耗尽的资源，美国不能总是这样没有一个长期的展望和保障。绝不要这样！不要等到美国经济、国家，乃至我们这个星球需要付出更大的代价之时。不要等到你们这一代回过头来需要我们将此事理顺。

现在是我们能做点什么来确保美国能源未来的时候了。所以，今天，我提出一个新的目标：一个有理有据，一个可以达到的，而且是必须达到的目标。我如果当选，美国将每天进口 1 100 万桶燃油。从现在开始在十年左右，我们将降低对原油 1/3 的需求。

在经历了 20 世纪的国际社会的林林总总事件之后，石油的战略意义不再是一个秘密。解决手段也不再是一个秘密。那些对石油有着庞大需求的石油消耗国也许会面临步履维艰的处境，因为人类文明正在向可持续能源转型。

本书追溯了人类在围绕着必需资源的获取和使用时，世界经济全球化和重组的轨迹，石油是诠释这一过程最好的样本。说一千道一万，对于全球竞相角逐石油资源的故事，可以这样概括：发达国家正被迫加入对地球上所剩无几的石油资源开采的残酷竞争，正在实施工业化的国家（如印度）对石油资源的海量需求使得这一竞争态势越演越烈。事实上，以关注能源转型以及意识到 20 世纪石油资源对人类文明的深刻影响这些角度来看，你会看到未来的战略优势明显地从发达国家滑向那些善于变通的发展中的经济体，因为这些经济体不受发达国家与石油之间的关系所拖累。

全球石油大事记

公元前 450 年 希腊历史学家希罗多德(Herodotus)记载了巴比伦王国附近的石油矿坑。

公元前 325 年 古希腊征服者亚历山大大帝(Alexander the Great)利用以原油为燃料的火把,吓退敌人。

大约公元 100 年 希腊历史学家普鲁塔克(Plutarch)记载了在当今伊拉克境内的基尔库克附近的冒油现象(即在非外力条件下,原油从地下向地面自然汩汩涌出的地质现象)。

公元 347 年 中文文献记载人们使用竹制的天车,采用钝钻冲击法开凿出含油盐卤深井。[1]

大约公元 8 世纪 由于缺少木材,巴库人把石油浸拌泥土燃烧取暖。[2]

大约公元 9 世纪 阿拉伯旅行家(波斯历史学家)埃尔-巴拉佐海里・艾哈迈德(Al-Belazuri Ahmed)在《被征服的土地》(*The Conquest of the Countries or The Conquest of Lands*)一书中记载了阿布西隆(Absheron)半岛的政治和经济生活很久以来都与石油相关。[3]

大约公元 10 世纪 阿拉伯旅行家阿布-杜拉夫(Abu-Dulaf)到阿布西隆半岛,描述那里的石油资源,他写道:“这里有两种油,黑油和白油。白油作为有价

---

〔1〕 人类学研究根据非文字证据推测这一事件可以向前推 500 年左右:第一口盐卤井开凿大约在 2 250 年前,即公元前 238 年,中国历史上的战国中后期。——译者注

〔2〕 几乎同一时期,即公元 863 年前后,《酉阳杂俎》记载了“高奴县石脂水,水腻浮水上,如漆,采以燃灯,极明”。高奴即现在陕西省米脂地区,长庆油田开采所在地,2009 年长庆油田探明储量为 85.9 亿吨油气储量。——译者注

〔3〕 阿布西隆半岛即今天阿塞拜疆共和国首都巴库所在地。瑞典工程师 19 世纪的石油巨富罗伯特・艾尔马・诺贝尔[Robert Hjalmar Nobel,著名诺贝尔奖设立者化学工程师阿尔弗雷德・伯纳德・诺贝尔(Alfred Bernhard Nobel)的哥哥],以及阿塞拜疆的石油巨富基纳拉伯廷・塔吉耶夫(Zeynalabdin Taghiyev)的石油产业就源起于这里。——译者注

值的东西出口到如今的两伊地区和印度。”

大约公元12世纪 来自阿塞拜疆纳夫塔兰(Naftalan)独特的药用石油被人们用来治疗各类身体不适。这种石油被装在盛葡萄酒的羊皮袋子里穿过当今的格鲁吉亚境内到黑海,然后从那里再运送到各个国家。[1]

1273年 马可波罗记录他到达当今阿塞拜疆的里海沿岸巴库所在的波斯国,看到当地人从石油渗出点收集石油用于医药和照明。

1849年 加拿大医生、地质学家亚伯拉罕·格斯纳研发了一种从原油中蒸馏出煤油的方法。

1858年 加拿大的安大略省的蓝普顿郡(Lambton county)油泉村(Oil Springs)由詹姆斯·米勒·威廉(James Miller Williams)钻出北美洲第一口商业油井。

1859年 埃德温·德雷克在宾夕法尼亚州的泰特斯维尔钻出69英尺深的油井,开启了19世纪美国石油经济时代。

1861年 首次有记录的国与国之间的石油远洋运输是“伊丽莎白·沃茨号”将224吨石油从美国宾夕法尼亚州运往伦敦。这是一艘双桅横帆船。

1862年 法国罗氏(De Rochas)获得四冲程内燃机设计专利。

1863年 约翰·戴维森·洛克菲勒(John Davison Rockefeller)在美国克利夫兰成立炼油厂。

1877年 洛克菲勒掌控美国全国炼油业务的90%。

1878年 在委内瑞拉的马拉开波湖钻探出第一口油井。

1879年 托马斯·爱迪生发明了电灯泡。

1882年 标准石油信托集团组建。

1885年 荷兰皇家石油公司在苏门答腊勘探到石油。

1892年 位于俄亥俄州的标准石油公司依照联邦规章解散。

---

[1] 在意大利旅行家马可波罗的游记中,也记录了纳夫塔兰这种有独特药效的石油作为贸易品最远被运至印度和中国。如今纳夫塔兰的药用石油SPA是阿塞拜疆的重点旅游项目,纳夫塔兰疗养中心有1 000张床位,在疫情之前每年接待75 000名休养度假游客。纳夫塔兰药用石油在日俄战争期间被作为军需医药物资管理使用,现代医学研究证明这种石油对治疗银屑病、关节炎和风湿病有明显疗效。——译者注

1895 年 内燃机被发明。[1]

1896 年 亨利·福特设计的首辆汽车诞生。

1901 年 纺锤顶的石油自喷井于 1901 年 1 月 10 日在得克萨斯州东部的博蒙特附近爆发。它是由安东尼·卢卡斯上校钻探的,并预示着得克萨斯石油工业的诞生:海湾石油公司和德士古石油公司。

1902 年 艾达·塔贝尔开始与标准石油信托集团的垄断以及不合理的商业行为做斗争,在接下来的两年里(1902—1904 年),她在杂志《麦克卢尔》上发表了一系列相关文章。

1903 年 莱特兄弟试飞第一架飞机。

1905 年 巴库油田在俄国革命期间发生了大火。

1906 年 联邦政府依照反托拉斯法起诉标准石油集团。

1907 年 英国壳牌石油公司与荷兰壳牌石油公司合并成为荷兰皇家壳牌石油公司。

1908 年 波斯发现石油,盎格鲁—波斯石油公司(即后来的英国石油公司)成立。

1910 年 墨西哥湾沿岸的坦皮克首次发现石油。美国国会授权立法留出这部分土地作为海军石油储备。

1911 年 美国最高法院裁令标准石油信托集团解散。

1921 年 第一项利用地震波呈现地球表面图像的实验由威廉·赫斯曼(William Haseman)、克拉伦斯·卡彻(Clarence Karcher)、欧文·珀赖因(Irvine Perrine)和丹尼尔·欧亨(Daniel Ohern)在俄克拉荷马州中南部的瓦因斯(Vines)的分实验室实施。

1924 年 茶壶顶油田受贿丑闻发生。

1930 年 哥伦布·马里奥·乔伊纳老爹(Columbus Marion Dad Joiner)发现东得克萨斯油田。

1931 年 法国地质物理学家康德拉和马塞尔施朗姆伯格兄弟(Conrad and Marcel Schlumberger)成功地通过测量电阻率来鉴定地层中是否存在石油。

---

[1] 此处有误。第一台商用内燃机是由比利时裔的法国工程师艾蒂安·勒努瓦(Etienne Lenior)在 1859 年发明出来的。——译者注

1932 年 巴林岛发现石油。

1933 年 沙特阿拉伯授予加利福尼亚州标准石油公司(Standard of California)石油开采权,该公司后来成为加利福尼亚州阿拉伯标准石油公司(Casoc)。

得克萨斯石油公司推出了第一艘潜水钻井驳船,用于路易斯安那州佩尔托湖(Lake Pelto)附近的河口油田开采。

1934 年 第一座浮式钻井平台首次报道在里海作业。

1938 年 墨西哥将外国石油公司国有化;所有资产由墨西哥石油公司(Pemex)控制。

科威特和沙特阿拉伯发现石油。

1942 年 日本入侵印度尼西亚以开采那里的石油矿藏。

1944 年 加利福尼亚州阿拉伯标准石油公司改制为阿美石油公司。

1947 年 科麦奇石油公司(Kerr McGee)在路易斯安那州外大陆架的第一口油井首次产油获利。

1948 年 世界上最大的常规油田——加瓦尔油田(Ghawar)——在沙特阿拉伯发现,探明储量约 800 亿桶。

1950 年 阿美石油公司与沙特阿拉伯达成协议。

1951 年 盎格鲁－伊朗石油公司国有化。

1954 年 盎格鲁－波斯石油公司重新命名为英国石油公司。

1960 年 欧佩克,即石油输出国组织在巴格达成立,成员国有沙特阿拉伯、委内瑞拉、科威特、伊拉克和伊朗。

1967 年 加拿大大油砂有限公司[Great Canadian Oil Sands Ltd,后来的森科尔石油公司(Suncor)]开始在加拿大阿尔伯塔省麦克默里堡(Fort McMurray)北部生产焦油砂,这是世界上最大的石油资源首次商业化生产。

1968 年 阿拉斯加的北坡地发现石油。

1969 年 圣巴巴拉公司(Santa Barbara)的石油泄漏事故发生在距加利福尼亚州萨玛兰 6 英里的近海;该事件引发了民众对石油工业的强烈反对。

北海发现石油。

1971 年 石油输出国组织的国家开始将石油资产国有化;利比亚收回英国石油公司的开采权,并将其国有化。美国石油产量达到高峰。

1972 年 伊拉克收回所有外国公司在伊拉克的石油开采权,将其国有化。

1973年 伊朗石油国有化。沙特政府收购了沙美石油公司25%的股份。第四次中东战争(Yom Kippur War)爆发。阿拉伯国家因美国在第四次中东战争中支持以色列而对美国实行石油禁运;油价从2.90美元上涨到11.65美元。

1974年3月 阿拉伯国家解除了对美国的石油出口禁运。

1975年 委内瑞拉石油国有化。北海第一次产油。美国政府授权战略石油储备,在盐丘储存紧急石油供应。

1977年 阿拉斯加石油管道建成。

1980年 沙特政府从美国石油公司手中买下了阿美石油公司的剩余股份。

1989年 "埃克森·瓦尔迪兹号"油轮在阿拉斯加威廉王子湾(Prince William Sound)搁浅。

1990年 伊拉克入侵科威特;联合国对伊拉克实施禁运。

1991年 海湾战争开始,战斗行动被称为"沙漠风暴行动";科威特油田燃起大火。

1997年 限制温室气体排放的《京都议定书》正式生效。

1998年 英国石油公司宣布计划以482亿美元收购阿莫科石油公司(Amoco)。

埃克森石油公司决定以754亿美元收购美孚石油。

1999年 亚特兰大里奇菲尔德石油公司(Arco)被英国阿莫科石油公司(BP Amoco)收购。

2001年9月11日 恐怖分子袭击美国。

2002年 康诺克石油公司(Conoco)和菲利普斯石油公司(Phillips)合并组建为康菲石油公司。

2003年3月19—20日 美国入侵伊拉克;希求推翻萨达姆·侯赛因并防止大规模杀伤性武器扩散。

2005年3月23日 英国石油公司在得克萨斯城的炼油厂爆炸,造成15人死亡,170人受伤。

2005年4月4日 雪佛龙—德士古(Chevron-Texaco)出资164亿美元收购美国优尼科(Unocal)石油公司。

2005年8月 雪佛龙完成对优尼科的并购。

2005年9月 全长1 770公里的巴库—第比利斯—杰伊罕输油管线在巴库

的桑加哈尔油田(Sangachal)开始运营。这是继俄罗斯的德鲁日巴输油管线之后,世界上第二长输油管线。

2006 年 9 月 俄罗斯将其民族主义的压力施加到多国的石油公司——壳牌、埃克森和康菲石油公司——头上。

2006 年 12 月 18 日 挪威国家石油集团和挪威北方水电(Norsk)合并为市值 923 亿美元的企业。

2006 年 12 月 22 日 俄罗斯天然气工业股份有限公司(Gazprom)花费 74.5 亿美元从壳牌公司及其伙伴手中购买了库页岛第二油田(Sakhalin-2 Project)的一半资产,这是俄罗斯继续努力掌控其自身石油产业的一部分。

2007 年 3 月 27 日 委内瑞拉结束与中石油的谈判,取代美国向中国出口更多的石油。

2007 年 5 月 1 日 委内瑞拉石油产业的国有化部分被康菲石油公司、雪佛龙、埃克森美孚、英国石油公司(BP)和挪威国家石油集团全线收购。

2008 年 7 月 11 日 在对供应和美元持续疲软的担忧下,原油价格创下历史新高,每桶逾 147.27 美元。

2008 年 7 月 18 日 沙特阿拉伯巨型油轮在索马里被劫持。

2010 年 4 月 20 日 在墨西哥湾英国石油公司在钻探马孔多(Macondo)油井时,其租用的深水地平线(Deepwater Horizon)钻井平台发生爆炸起火、11 名工人遇难,引发人们对墨西哥湾沿岸巨大环境灾害的担忧。

重大石油泄漏大事记

下列重大石油泄漏事故自 1967 年起。

1967 年 3 月 18 日,英格兰康沃尔(Cornwall):“托雷·卡尼翁号”(Torrey Canyon) 触礁搁浅,在锡利群岛(Scilly)周围泄漏 3 800 万加仑原油。

1976 年 12 月 15 日,马萨诸塞州巴泽兹湾(Buzzards Bay):“阿戈尔号”商船(The Argo Merchant)触礁搁浅并在楠塔基特岛群岛(Nantucket Island)的东南端损毁,其所载的 770 万加仑燃油全部泄漏。

1977 年 4 月,北海:在挪威的埃科菲斯克(Ekofisk)油田发生油井爆裂,泄漏 8 100 万加仑原油。

1978 年 3 月 16 日,法国波尔萨勒(Portsall)港口外:破损的阿莫科·加的斯号(Amoco Cadiz)巨型油轮泄漏 6 800 万加仑原油,所造成的环境危害殃及英国海岸 100 多英里。

1979 年 6 月 3 日,墨西哥湾:伊克—斯托克 1 号(Ixtoc 1)油井发生爆炸,约 1.4 亿加仑原油泄漏到公海。

1979 年 7 月 19 日,多巴哥(Tobago):“大西洋皇后号”(The Atlantic Empress)和“爱琴海上尉号”(The Aegean Captain)两油轮相撞,泄漏 4 600 万加仑原油,“大西洋皇后号”在 8 月 2 日被拖走的过程中在巴巴多斯(Barbados)外围再次泄漏了 4 100 万加仑原油。

1980 年 3 月 30 日,挪威斯塔万格(Stavanger):在北海的一艘海上旅馆发生撞船事件,123 名油田工人遇难。

1983 年 2 月 4 日,伊朗波斯湾:诺鲁兹(Nowruz)油田钻井平台发生 8 000 万加仑原油泄漏。

1983 年 8 月 6 日,南非好望角:西班牙油轮“卡斯特罗贝尔维号”(Castillo de Bellver)起火,向海岸周边泄漏 780 万加仑原油。

1988年7月6日，苏格兰岛周边的北海：在北海的欧美派珀一阿尔法(Piper Alpha)钻井平台发生爆炸起火，166名工人遇难，64名生还，这是世界上最严重的石油泄漏灾难。

1988年11月10日，纽芬兰岛(Newfoundland)圣约翰(Saint John's)："奥德赛号"(Odyssey)油轮泄漏4 300万加仑原油。

1989年3月24日，阿拉斯加威廉王子海峡："埃克森·瓦尔迪兹号"油轮触礁，向水体泄漏1 000万加仑原油，造成美国历史上最严重的原油泄漏事故。

1989年12月19日，加那利群岛(Canary)的拉斯帕尔马斯(Las Palmas)港口外：伊朗石油巨轮"可汗5号"(Kharg-5)发生爆炸，向拉斯帕尔马斯港口以北400多英里的大西洋泄漏1 900万加仑原油，浮油散落在周围100多平方海里的海域。

1990年6月8日，得克萨斯州的加尔维斯敦(Galveston)的港口外："伯格号"(Mega Borg)巨型油轮，向加尔维斯敦的南部和东南部60海里左右泄漏5 100万加仑原油，引起了泵房爆炸并随后起火。

1991年1月23—27日，科威特南部：海湾战争期间，伊拉克故意将2.4亿至4.6亿加仑的原油泄入科威特海岸线10海里以外的海湾。然而，这次泄漏并没有发生伊拉克所期待的军事意义，1月27日，美国战机炸毁原油输送系统，阻断原油外流。

1991年4月11日，意大利热那亚："天堂号"(Haven)油轮在热那亚泄漏4 200万加仑原油。

1991年5月28日，安哥拉："ABT夏日号"(ABT Summer)油轮爆炸并向安哥拉海岸一带泄漏1 500万～7 800万加仑原油。

1992年3月2日，乌兹别克斯坦费尔干纳山谷(Fergana)：油井泄漏8 800万加仑原油。

1993年8月10日，佛罗里达州坦帕湾(Tampa)：驳船"布沙尔B155号"(The Bouchard B155)、货船"巴尔沙37号"(The Balsa 37)和驳船"海洋255号"(The Ocean 255)相撞。"布沙尔B155号"驳船向坦帕湾泄漏大约33.6万加仑6号燃油。

1994年9月8日，俄罗斯：一座储油的围坝发生爆裂，向科尔瓦河(Kolva)的支流泄漏原油。美国能源部估计这次泄漏了200万桶原油。俄罗斯国有石油公司宣称这次泄漏仅有10.2万桶。

1996年2月15日，威尔士海岸线外：石油巨轮“海洋王后号”(The Sea Empress)在威尔士的米尔福德港(Milford Haven)触礁搁浅并溢出7万吨原油，生成25海里的浮油污染带。

1999年12月12日，法国的大西洋沿岸：在马耳他注册的油轮“艾丽卡号”(Erika)在英国外海折损沉没，300万加仑原油泄漏入海。

2000年1月18日，里约热内卢港口外：巴西政府石油公司的输油管线崩裂，向瓜纳巴拉湾(Guanabara)泄入34.32万加仑原油。

2000年12月28日，新奥尔良密西西河北部：“维斯切斯特号”(The Westchester)油轮熄火搁浅在路易斯安那州硫黄港附近，向下游的密西西比河倾泻出56.7万加仑原油，此次原油泄漏是“埃克森·瓦尔迪兹号”之后美国最大的水上原油泄漏事件。

2002年11月13日，西班牙：“威信号”(The Prestige)油轮外舱受损，被拖入公海沉没，致使2 000加仑原油滞留水下。

2003年7月28日，巴基斯坦：“塔斯曼士气号”(The Tasman Spirit)油轮搁浅于卡拉奇港附近，最终船体解体。其所运载的四罐原油中的一罐爆裂，向周边海域泄漏2.8吨原油。

2004年12月7日，阿拉斯加阿留申群岛(Aleutian Islands)：集装箱货船“美女早安号”(Selendang Ayu)被一场暴风雪推向礁石海岸，船体一分为二。船上泄漏的33.7万加仑原油又被暴风雪推至马库希诺(Makushin)和斯勘湾(Skan)海岸。

2005年8月和9月，路易斯安那州新奥尔良：美国海岸警卫队估计卡特里娜飓风袭击中，700万加仑原油入海，这些原油来自输油管道、储油罐和炼油厂。

2006年6月19日，路易斯安那州卡尔克苏河(Calcasieu)：受暴风雨影响，大约7.1万桶废油从CITGO炼油厂的油罐泄漏入卡尔克苏河。

2006年7月15日，黎巴嫩贝鲁特：以色列空军用炸弹袭击了朱尼耶市(Jieh)沿岸的变电站，有300万至1000万加仑原油泄入周边海域，影响近百英里的海岸线。

2006年8月11日，菲律宾吉马拉斯岛(Guimaras)：一艘载有53万加仑石油的油轮在菲律宾海岸沉没，使该国的渔业和旅游业面临巨大风险。

2007 年 12 月 7 日，韩国：石油泄漏造成了环境灾难，破坏了海滩，油污附着海鸟和牡蛎，恶臭赶走了游客。“河北士气号”在韩国西海岸 5 英里处与一艘拖船和驳船之间的钢丝相撞，导致 280 万加仑原油泄漏。

2008 年 7 月 25 日，路易斯安那州新奥尔良：在新奥尔良附近的密西西比河上，一艘载有 41.9 万加仑的原油、61 英尺长的驳船与一艘 600 英尺长的油轮相撞。大量的原油从驳船中泄漏，造成河道航运暂停，同时开始清理工作，以降低环境恶化对当地野生动物的影响。

2009 年 3 月 11 日 澳大利亚昆士兰：飓风“哈米什”(Cyclone Hamish)来袭，集装箱船“太平洋探险者号”(The Pacific Adventurer)上未固定的货物在甲板上松动，导致 5.2 万加仑原油和 620 吨硝酸铵(一种肥料)流入大堡礁。昆士兰阳光海岸大约 60 公里被油污覆盖，导致该地区一半的海滩关闭。

2010 年 1 月 23 日，得克萨斯州阿瑟港(Port Arthur)：“雏鹰号”(Eagle Otome)油轮和一艘驳船在萨宾—内奇斯运河(Sabine-Neches)的航道中相撞，造成约 46.2 万加仑原油泄漏。根据美国海岸警卫队报告，此次事故对环境造成的破坏不大，大约 4.6 万加仑原油被回收，17.5 万加仑原油顺海流分散或者蒸发。

2010 年 4 月 24 日，墨西哥湾：“深水地平线”是一个半潜式钻井平台，在 4 月 20 日发生爆炸后，于 4 月 22 日沉没。11 人在爆炸中丧生。当钻井平台下沉时，立管(即连接井口和钻井平台的 5 000 英尺长的管子)脱落并开始漏油。此外，美国海岸警卫队的调查人员发现了井口本身的泄漏。每天有多达 6 万桶石油泄漏入周围水域，威胁着路易斯安那州海岸的野生动物。4 月 30 日，石油到达路易斯安那州海岸，影响长约 125 英里的海岸。到 6 月初，石油漂浮到佛罗里达州、亚拉巴马州和密西西比州。这是美国历史上最严重的石油泄漏事故。

“偷洒一滴泪”

——《黑金——世界石油政治经济史》译后记

又是14个月的时间，又是将近20万字的书稿，翻译终于画上了句号。按说，这一字一句、一个标点符号的使用都要琢磨半天的工程结束后，应该是欢欣鼓舞、迫不及待地把书稿交给编辑。然而，我没有。我发消息给编辑李成军老师：“书稿全部完成了，但是我得自己先捋一遍再发给你和邱老师，不然……”不然，我怕编辑们受伤。因此，我又花了两周的时间从头到尾把书稿检查修改了一遍。这本书真的太难了！难到什么程度呢？难到出版了两本书、已经完成了上百万字翻译工作的我，在译完这本书后，不敢把初稿直接交给编辑，主动要求自我审查一遍。难到我把译后记起名为“偷洒一滴泪”。

14个月的艰辛译程……但是，我知道，译者的痛苦只能在译后记里与大家分享，而无权让那份纠结与无奈呈现在译文里让读者和编辑与我共担。尽管，在现代快节奏的阅读体验中读者会有多少心思对我译后记里分享的经历共鸣共情，我也不曾期待，但是，有些东西还是要写出来与大家分享的，这种感觉似乎有点像谈恋爱，动了真情之后，除了向所爱慕的人表白，又恨不得让全世界都知道，而且总是忍不住找到自己的好友分享恋爱中的细枝末节。既然翻译一本书都翻译出恋爱的感觉了，那总是要写点什么的。下面我就以几个小标题为引子，把遇到的问题，引发的思考，择其一二，叙述如下。

1. 为什么是“难以忽视的真相”？

《难以忽视的真相》是书中第八章中涉及的一部纪录片 An Inconvenient Truth 的汉译名。这部电影获得2006年奥斯卡最佳纪录片奖，是以美国第45届副总统(任期时间1993—2001年)阿尔·戈尔的环保主义理念、主张和宣传经历为核心，向世人告诫人类活动对全球变暖和环境生态的影响的纪录片。An Inconvenient Truth 更贴切的汉语对应词组应该是“忠言逆耳”。解读它的英文含义应该是“一个将会给你们带来问题、带来麻烦的真相，但是我又一定要告诉你们”,这样的一个语意内涵在汉语中就是“忠言逆耳”。但是,考虑到“忠言逆耳”在汉语文化中的历史背景和通常使用的语境,用这个词来翻译这部纪录片的片名,并不合适。戈尔的环保主义思想形成于早期他在哈佛大学读书的时候,这一诞生于年轻的时候,又在随后几十年的时间里不断发展不断传播的思想理念,在中年时呈现给大众的时候,仍然需要“小心翼翼”,即便经过导演大卫·古根海姆(David Guggenheim)的艺术加工,以让大众更能接受的方式呈现出来。原因就是在很长一个历史阶段,环保主义的理念被很多人看作对经济发展的一种挑战。这种认知尤其是发生在美国、中国和印度经济强劲发展阶段。所以,将 An Inconvenient Truth 译为《持平之论》也是合适的,但是考虑到“持平之论”在现代汉语实际使用中的出现率和应用率极低,一些读者对这个词可能要琢磨一会儿,最后,我还是采用了既已存在的,并广为使用的译名《难以忽视的真相》。这里随便说一下,《难以忽视的真相》是一部非常优秀的科学纪录片,字幕内容全部出自戈尔之手。这是一部不可错过的科教纪录片,在爱奇艺视频的评分为 8.5 分。其实,大家可以想象一下这位哈佛大学毕业、从政前曾经做过记者、其著作《濒危的地球》(*Earth in the Balance*)曾被《纽约时报》选为 1992 年最佳畅销书的作者的文笔。

下面继续谈关于对“An Inconvenient Truth”的翻译,这个问题涉及对于书名、电影名、戏剧或歌曲等艺术作品名称的翻译的“从先原则”。一部艺术作品的名称一旦被翻译并确定之后,再修改是相对具有挑战性的。这一挑战性包含双层含义:一是新译名对既已存在译名的挑战;二是新译名本身必将面临来自译界和读者的质疑和追问这样的挑战。例如,这两年国内最有名的关于小说名称的翻译的讨论案例是《麦琪的礼物》(*The Gift of the Magi*)。即便对旧译名的质疑是合理的,新译名《圣人的礼物》也很难获得读者的接受和认可,类似的还有托马斯·艾略特(Thomas Eliot)的《荒原》(*Waste Land*)。《荒原》所呈现的那种生态,在赵梦蕤先生翻译这首诗的时候,汉语文化里还没有类似的问题,所以 waste land 的内涵当时在译出语中很难找到相应的词语做其外延,于是借用汉语“荒原”来对应 waste land。随着经济和社会的发展,我们的语言文化诞生了相关的概念,不过,仍然“不便”开创一种新的译法来翻译 waste land。这种“不便”并非是出于对权威的遵从和畏惧,而是《荒原》的汉译本的流传使得“荒原”这个汉语词语已经吸纳或者说被赋予了,或者说扩展出了相应的语意内涵,不再仅仅局限于汉语中原有的“古道西风瘦马”的景象。我所知道的成功的名著的译名改动案例是法国作家马赛尔·普鲁斯特的(Marcel Proust)《追忆逝水流年》(*À la recherche du temps perdu*)的英译本,原来的英文译名为“*Remembrance of Things Past*”,后来改为“*In Search of Lost Time*”,后来的译名在英语版本中得到了保留和流传。

翻译的乐趣就在于反复琢磨,翻译绝不是一个信息解码传递的过程,像写作一样,翻译其实是一种思维过程(processing),认真地译好一本书需要慢工夫,而这一过程,苦乐相间。既是苦乐相间,那份感受便如多尼采蒂(Donizetti)在《爱的甘醇》(*L'elisir d'amore*)里的描述“偷洒一滴泪”。

2. 何来“偷洒一滴泪”?

Crude Reality-Petroleum in World History 是一部关于人类社会与石油资源纠缠不清的经济关系和政治较量的专题史著作。作者布莱恩·布莱克是宾夕法尼亚州立大学环境史教授,以石油资源为轴心,作者用八个章节,另附引言、尾声和石油大事记年表详细讲述并且分析了在人类社会文明进程中,特别是距离当今最近的150年历史中,石油这一地矿资源在改变人类文明进程、塑造当代消费文化、构建国际关系、平衡地缘政治等方面,是如何发挥而且仍然在发挥其他任何一种资源都无法替代的作用。

你也许会问为什么是石油?为什么是最近150年?

因为石油资源与工业文明、农业文明和战争息息相关;因为石油渗透到当代人类生活衣食住行的各个方面;因为人类对石油这一资源的爆发式利用起始于1859年……并且,随后,一发不可收拾!如果你觉得这三个“因为”并没有澄清两个“为什么”,那么,你已经开始体会这部专题史著作的魅力、分量和价值!这样的一份魅力既然会吸引读者,同样也会吸引译者。两年前当我第一眼看到这本书的时候,我就把书名翻译为《黑金——世界石油政治经济史》。

专题史著作的魅力和难度在于,作者不是在宏大的叙述中指点江山,而是在某一具体领域观察事物之间的因果关系、逻辑关联。对作者来说,完成一部这样的著述,需要丰富的知识架构、缜密的逻辑思维,既要在叙述中不偏离轨道,同时又能够触类旁通把相关的内容以合适的比例呈现出来。对译者来说,翻译专题史著述,需要有跨领域、跨学科的知识储备,需要有敏锐的思考和博闻强识来发现原书可能的或许也是难以避免的失误,需要认真、耐心、不辞辛苦地查阅文献核实资料的工作态度和行动。而对读者来说,阅读这样一本书,可以开启认识世界的又一扇窗,可以让自己的思考和认知更有根基。

《黑金》这本书翻译的难度系数在我翻译完成的四部专题史著述中排列第二(排列第一的是《美迪奇家族与意大利文艺复兴》),在内容吸引力方面位列第一,这一点在上面两段已经表述了。下面谈谈构成翻译这本书高难度指数的几个因素:

(1)译者需要有理科专业背景,具体的包括地球物理化学(尤其是地矿学)、环境生物毒理学。对于这些内容的翻译不仅仅是涉及专业词汇的问题,更主要的是专业性的表述,但是在一部史学著述中,这些专业的表述又必须是以专业的水准精炼出普及性的知识叙述,而不是专业技术的阐述。好在我的教育背景给了我驾驭这一任务的能力,即便如此,涉及地矿学内容时,也需要反复查找资料和请教该领域的专业人士。

(2)译者需要有政治经济学领域的专业素养。石油是现代国际关系的制动杠杆,是地缘政治结构的物质基础,这部著述的核心是谈石油在全球政治经济关系中的作用。还好,这方面的知识在翻译关于《斯穆特-霍利关税法案》即 20 世纪 20 年代美国贸易保护主义那本书的时候,我已经完成了相对系统的学习,加之平时阅读的知识储备,让我对这部分内容的语言表述也可以做到驾轻就熟。

(3)译者需要有良好的文笔,对原著所引用的文学内容,产出生动的译文,而不只是一个信息的转递。在这里展示几个例子。

[例 1]　原文:Said Jim Krane, author of *City of Gold*: *Dubai and the Dream of Capitalism*, "Renaming the Burj Dubai after Sheikh Khalifa of Abu Dhabi—if not an explicit quid pro quo—is a down-payment on Dubai's gratitude for its neighbor's $10 billion bailout in 2010."

文学化译文:《黄金之城:迪拜与资本之梦》的作者吉姆·克兰写道:"把迪拜塔改名为哈利法塔,如果不能说成投桃报李,那也是在接受了邻国在 2010 年给予 100 亿美元的援助后,迪拜的一份微薄心意。"

down-payment 在英文中是首付款的意思,而 quid pro quo 是英文借用拉丁文表示 something that is given to a person in return something they have done,用汉语表达就是"回馈"。这句话也可以比较平直地翻译为:"以哈利法重新命名迪拜塔,如果不说是迪拜对邻国在 2010 年给予 100 亿美元的援助一份公开的回馈,那就是一笔首付款。"而这一平直的译文很难表达出吉姆·克兰对整个迪拜文化的态度和情感。(有兴趣的读者可以自己找来《黄金之城》这本书来读一读。)当然,用"微薄心意"来异化"首付款"是否合适,可能会有不同的看法。也许有人会提出——从迪拜塔命名为"哈利法塔",阿布扎比及其国王谢赫·哈利法可能在未来会有更大的收益,"从其名"这点荣耀只是一份"首付款"而已。但是鉴于这本书接下来没有再谈及阿布扎比国王如何从这座摩天塔的存在中获利,甚至没谈及二者任何关系,所以,用"微薄心意"来异化"首付款"并非不可取。

[例2] 原文:Profits increased and the EV's last bastion was gone by the early 1910s.

文学化译文:利润增加了,但电动汽车的最后堡垒在20世纪10年代早期却成了无人坚守的空阁。

last bastion was gone 直译是"最后的堡垒也不存在了"。当然,这句话可以翻译为:利润增加了,但电动汽车的最后堡垒在20世纪10年代早期也不存在了。不过,我觉得文学化的表述"最后堡垒……成了无人坚守的空阁"可以增加读者的阅读快感,而且译文并没有偏离源文本的内容。

[例3] 原文:The difficulty with locating crude still allowed luck to play an important role for any oil seekers.

平直的译文:尽管定位原油很困难,但有时也会很幸运,这对于任何寻找石油的人来说是至关重要的。

文学化译文:定位原油虽然困难,但是任何寻找原油的人又都有可能受到命运女神的眷顾。

这句话直译可以译为:寻找原油的困难仍然允许运气对任何找寻原油的人都起着重要作用。从汉语的语法结构来说,也没有错,但是,这是明显的欧式汉语。为什么翻译出"尽管……但是……"这样的转折句式呢?因为原句 the difficulty... still allowed... 意思就是"虽然有困难,但是仍然给'运气'预留了空间,让命运的女神发挥作用",即 to play an important role。所以这句话的文学化译文:定位原油虽然困难,但是任何寻找原油的人又都有可能受到命运女神的眷顾。当一个人得到命运女神的眷顾的时候,就意味着时来运转,那么当然是"运气对他来说很重要了"(luck to play an important role)。这一表达与这句话所在段落的内容背景也非常吻合。这一段讲述的是电影《比弗利山庄里的乡巴佬》。

该电影是 1993 年好莱坞拍摄的反映美国普通民众的道德价值观受到得克萨斯州石油繁荣冲击和考验的一部批判现实主义喜剧,从一个侧面了解美国的石油生态文化,是经典的 20 世纪 90 年代的喜剧表现手法,有兴趣的读者可以找来看看。

这里补充一点,对于书中出现的这部电影 Beverly Hillbillies,其实网络上有中文译名《贝弗利山人》,对于这个译名,我有不同的看法,所以没有采用。我把 Beverly Hillbillies 翻译为《比弗利山庄里的乡巴佬》原因如下:这部电影是一部喜剧,影片的名字本身极具戏剧冲突感,Beverly——著名的洛杉矶富人区,奢华,时尚,Beverly 作为一个经典的地名,已经约定俗成在汉语中译为"比弗利山庄"而不是"贝弗利"。至于 hillbilly(复数形式为 hillbillies),《剑桥英语词典》的定义是生活在美国山区里,过着简单的日子,在城里人看来有点蠢的人(a person from mountainous area of the US who has a simple way of life and is considered to be slightly stupid by people living in towns and cities),可用汉语"乡巴佬"作为外延。所以,《比弗利山庄里的乡巴佬》的喜剧冲突的效果一目了然。然而,"贝弗利"这个音译词不能够让人一下子想到好莱坞的富人区,这样就不会形成戏剧冲突的预设场景。"山人"这个词并非是汉语中既已存在的词,而是通过对 hillbillies 的直译产生的新生词。本来并不存在并非是不能使用的理由,经由翻译引进新词或创造新词来丰富某一种语言的词汇和表达是语言发展的常态。不过,这一新词在这里是否适用呢?注意,汉语里有两个词"乡下人""山里人"通常被用来称呼生活在大城市以外的人,这两个词本身没有明显的褒义贬义,需要根据上下文和语境来判断其感情色彩。另外一个词"乡巴佬"与以上两个词有着同样的指代对象,但是具有明显的贬义色彩,与 hillbillies 在英文中的 disapproving 的属性一致。而新词"山人"是否经常出现在汉语的口语和书面语的交流中呢?其褒贬义的属性是否清晰呢?对这两个问题的回答是"否"。那么这一新词的诞生即使是被接纳的,用在对这部喜剧电影片名的翻译上也是被否定的,因为它很难在"比弗利山庄"这一预设的场景中贡献出戏剧冲突的效果。以上就是我对 Beverly Hillbillies 翻译为《比弗利山庄里的乡巴佬》的考量。

翻译的时候,对于每一个字句的处理都需要字斟句酌,把各种相关因素考虑进去。我理解,德里达的解构主义(Derrida's Deconstructivism)之所以会成为翻译史上著名的流派,就是在这一理念框架下,译者的大脑必须是动态的、活跃的、构建性的,而不可墨守成规地字对字、词对词地做语素单元上的一一对应。下面就以 institutionalize 一词在书中的翻译为例谈谈这个问题。

3. 不可以"制度化"地对待"制度化"这个词

institutionalize 在剑桥英语词典里的定义是 to make something become part of a particular society, system, or organization,其语意内涵为"成为社会约定俗成的一部分,或者说个体被规范为某一体制某一组织的一部分",其汉语外延为"制度化"。但是,在英译汉的翻译实践中,这个词不可以僵硬地译为"制度化"。德国汉学家顾彬(Wolfgang Kubin)在接受北京第二外国语学院刘燕教授对他的学术访谈时说过:"我们在翻译的时候,最好把字典扔掉。"我对这一观点非常赞同,而且在这几年的翻译实践中也深有体会。在《黑金》这本书里,institutionalize 这个词出现了两次,两个句子的英语语法结构一点都不复杂,理解起来也不困难,但是将其翻译为汉语难度就很高。

[例 1] 原句:Therefore, the occurrence of crude actually perpetuated the rush of wildcatters following others' successful strikes; early oil institutionalized "boom" development as the primary system for acquiring crude.

初始译文:因此,原油的出现其实造成了在一口油井成功开凿之后总是有冒险家蜂拥而至的局面;早期石油资源将"繁荣"发展构成获取原油的主要机制。

这句话的后半句,读者在阅读的时候可能会一带而过,但是如果停下来思考,认真仔细琢磨一下,就会感到费解,越琢磨越糊涂。当把 oil institutionalized "boom"development as the primary system 澄清为"石油一经发现,便会有人口的大量涌入,随之而来的就是该地区的繁荣,而这已经成为一种基本模式了",所以才会 institutionalized "boom"development as the primary system 时,这句话就可以更为清晰地翻译为:因此,原油的出现其实造成了在一口油井成功开凿之后总是有冒险家蜂拥而至的局面;获取石油的基本机制就是石油资源一经发现总会带给该地区应运而生的"繁荣"。

[例 2] 原句:If the 1970s oil crisis marks the point where developed nations were forced to acknowledge their need for oil from less-developed nations, Burj Khalifa marks the permanent institutionalization of this crude reality.

初始译文:如果说 20 世纪 70 年代的石油危机标志着发达国家被迫承认需要发展中国家的石油,哈利法塔则标志着双方在这一石油现实关系中的永久性。

这句话的难点仍然是 institutionalization 所在的后半句，对于这句话的翻译，我思考出六种表达方式，甚至把 crude 的隐喻在译文里都体现出来了，但我总是觉得，虽然创造了六个版本的表达，即使刻意回避了“制度化”这个词，但是仍然能感觉到 Daniel Gile 提出的 gravitational pull 的痕迹。后经上海外国语大学的王光林教授指点的译文就非常流畅，王教授回复说：

> 如果要想让读者容易懂，我觉得不妨翻译为：如果说 20 世纪 70 年代的石油危机标志着发达国家不得不承认他们需要发展中国家的石油，那么迪拜塔的建造则标志着这一石油供应现实已成为常态。
>
> crude 形容词是粗糙，名词指石油，因此 crude reality 应该可以指石油供应的这个现实，institutionalize 一般都离不开制度化，但中文其实还是抽象了点，英文其实就是 to cause a custom，practice，law，etc. to become accepted and used by many people，因此，中文表述可以是“既成事实，常态化了，成为可以接受的现实了”。

另外，一位翻译界的前辈现在移居海外的王教授给我的指点是：英语中的“制度化”的内涵不是单纯的条文和规定，而是包括许多具体的行为(包括机构的安排，项目运作中的活动协调、衔接等)，这些活动在这个句子里就是形成石油供需的买卖关系。经过两位教授的指点，我对 institutionalization 这个词的理解、翻译以及应用，都有了全面的提升。另外，两位教授都觉得没有必要推理出 crude 在句子中的所谓“双关语”的隐喻。在这一点上，我有不同的意见，我在对全书翻译的过程中，能够感受到作者使用 crude 这个词的用意，所以对这本书的标题的翻译我将“crude”的隐喻呈现出来，但是在这句话的翻译上我听取了两位教授的意见，不然会让翻译后的整个句子拖沓而且复杂。

顺着作者使用隐喻这一点，我要说一句，客观地治史著述是一个理想和目标，而不是现实。在翻译了四部专题史著作后，我发现在对历史的叙述中，史学家个人的政治主张或者民族利益倾向性会时不时体现在字里行间，尽管每位作者都力求以客观的视角审视历史事件，尽管专题史的著述有大量的史料文献支撑。谈到大量的史料文献支撑，这涉及我“偷洒一滴泪”的第四个原因——翻译专题史著作需要大量延展阅读和资料查询工作。

4. 以研究的精神做专题史著作的翻译

专题史著作的基础是作者的知识和专业背景，不过成就一部著作，其过程与做任何一项研究项目一样,需要更多资料的补充和支撑,例如,《黑金》这本书图文引用参考文献共计330篇。面对一部专题史的翻译工作,译者虽然已经具有跨领域跨学科的知识储备,但是并非万事皆通,所以更需要认真、耐心和不辞辛苦地查阅文献核实资料的工作态度和行动,以及不断学习的精神。在翻译《黑金》这本书众多的资料查询中,这里分享两段故事。

[例1] 原句:These limitations led entrepreneurs to tap diesel engines for different types of transportation tasks, particularly trucking. Diesel-powered trucks hit the road in Germany in the mid-1920s, and Mercedes-Benz released the first automobile with a diesel engine in 1936.

译文:这些限制让企业家想到把柴油引擎用于不同的运输任务来赚钱,特别是卡车长途运输。20世纪20年代中期,柴油驱动的卡车在德国上路,梅赛德斯-奔驰在1936年推出其首款柴油车。

在翻译这句话的时候,我对柴油发动机卡车在德国上路的时间有个疑问——会不会有印刷错误或者作者笔误把the mid-1930s误写成the mid-1920s呢?疑问来源于梅赛德斯-奔驰对行业中新技术的反应行动怎么会迟于其他汽车制造厂十年呢?出于翻译专题史著作的经验,我觉得有必要查阅资料。经过对柴油发动机的研发历史进程的资料查询和了解:梅赛德斯-奔驰在汽车行业是领先的,但是梅赛德斯-奔驰的第一辆柴油车确实是在1936年发布。具体历程如下:1893: February 23, Rudolf Diesel obtained a patent (RP 67207) titled "Arbeitsverfahren und Ausführungsart für Verbrennungsmaschinen"(1893年2月23日,德国工程师鲁道夫·迪赛尔获得柴油内燃机方法和技术专利)。1893: August 10, Diesel built his first prototype in Augsburg (1893年8月10日迪赛尔做出第一台柴油发动机)。1922: The first vehicle with a (pre-chamber) diesel engine was Agricultural Tractor Type 6 of the Benz Söhne agricultural tractor OE Benz Sendling(1922年奔驰父子联合公司推出第一台农用拖拉机柴油发动机)。1923: The first truck with pre-chamber diesel engine made by MAN and Benz. Daimler-Motoren-Gesellschaft testing the first air-injection diesel-engined truck (1923年德国机械工程集团与奔驰公司联合制造出第一辆使用柴油引擎的农用拖拉机。戴姆勒公司做点火测试)。1936: Mercedes-Benz built the 260D diesel car. First series of passenger cars manufactured with diesel engine (1936年梅赛

德斯-奔驰公司制造出第一辆载客柴油车)。一项技术的改进肯定不是跳跃的,上述所列几个年份之间的每一年都有技术突破,从柴油发动机的发明,到作为农用拖拉机的引擎,再到作为载客轿车的引擎,卡车、汽车、舰船以柴油机作为引擎装置是在不断改进的,而梅赛德斯-奔驰正式推出其柴油车是在 1936 年。所以,这里既没有作者的笔误,也没有印刷错误。然而,我的小心谨慎让我了解到更多更详细的柴油机的技术发展历程,对这部分内容的准确性也更有信心。

[例 2] 原句:The significance of their one step for mankind, though, culminated with neither a golden spike nor an American flag; instead, they sparked an awareness of the importance of roads that initiated a century's worth of reaction from Americans. 译文:尽管对这群人来说在征程的终点,既没有闪亮的金道钉,也没有飘扬的美国国旗为他们欢呼;但是他们的长途跋涉激发了民众对道路重要性的意识,由此激发了美国人长达一个世纪的行动反应。

这句话里的难点在于 a golden spike,查阅剑桥英语词典,对这个词所获信息甚微,查阅英汉词典,甚至还看到"金色的钉子""金色的麦穗"这样的解释。显然,如果这样翻译,恐怕译者自己都不知所云。凭借平时广泛的阅读积累和对新知识的好奇心,我解决了这一问题。记忆中,2015 年我在加利福尼亚州首府萨克拉摩多(Sacramento)开会之余,参观加利福尼亚州铁路博物馆的时候,见过关于 golden spike 的介绍。于是,我开始查找美国铁路发展史的资料,为记忆中的信息做了核实:a golden spike 是美国铁路发展史上一个里程碑的纪念仪式上的纪念物,我将其翻译为"金道钉"。1869 年 5 月 10 日,为庆祝贯穿美国全境的联合太平洋铁路公司的 119 号线和中太平洋铁路公司的 60 号线在犹他州的普罗蒙特里峰(Promontory Summit)合拢的仪式上,由美国斯坦福大学的创办人奥美沙·里兰德·斯坦福(Amasa LeLand Stanford)嵌入的最后一颗道钉,所以在美国的英语中,诞生了两个词:golden spike 和 last spike,意为铁路工程庆典仪式上在铁轨嵌入最后一颗道钉,象征竣工。

经过这样一番资料查询后,我对这句话的文本表述就有了更深的理解,对译文的把握也更为自信。类似的资料查询和延展阅读,贯穿在整本书的翻译过程,三倍于原书稿容量的英文资料阅读,七万字的翻译笔记,虽然辛苦,但是收获也很多。

读懂英文与以准确而且流畅的汉语表达出英文原文的意思是信息处理过程

的两个阶段，而且并非处于同一水平线上的前后两个阶段，而是处于不同水平能动势态的思维。在机器翻译流行的时代，这种思维势能差在逐渐被模糊。但是我坚信，译者最后的尊严还是把持在自己的手中，只要你自己不放弃思考的权利，不把生成译文的过程交由翻译软件处理，不让连自己都看不懂的译文去困惑读者，那么，即使在一个机械化碾压而来的领域，也始终有一片属于你的天空，用心翻译的过程就仿佛是在这一片天空下舞蹈……

朱 莹

2022 年 6 月 27 日星期一于鞍山